NICOLAS VANIER

ABENTEUER
YUKON
QUEST

NICOLAS VANIER

ABENTEUER
YUKON
QUEST

Mit meinen Schlittenhunden
1600 Kilometer durch Kanada und Alaska

Aus dem Französischen
von Antoinette Gittinger

Mit 49 farbigen Fotos,
19 Illustrationen und einer Karte

 MALIK

Mehr über unsere Autorinnen, Autoren und Bücher:
www.malik.de

Erstmals im Taschenbuch
ISBN 978-3-492-40490-7
1. Auflage September 2019
2. Auflage September 2021
© XO Éditions 2015. All rights reserved.
Titel der französischen Originalausgabe: »La Grande Course«,
erschienen bei XO Éditions, Paris 2015
© der deutschsprachigen Ausgabe: Piper Verlag GmbH, München 2017
erschienen im Verlagsprogramm Malik
Redaktion: Renate Dörner, München
Fotos im Bildteil: © Nicolas Vanier / Taïga; außer Seite 13 oben rechts, Mitte und
unten links, Seite 15 Mitte und Seite 16: Julien Schroder
Zeichnungen im Anhang: Camille de Besombes / www.tomate-et-risson.com
Karte: Tomate & Risson
Umschlaggestaltung: Petra Dorkenwald nach einem Entwurf von Birgit Kohlhaas
Umschlagfotos: Nicolas Vanier, Taïga (vorne) und Philippe Petit, Paris Match (hinten)
Autorenfoto: Eric Travers
Satz: Eberl & Kösel Studio GmbH, Krugzell
Litho: Lorenz & Zeller, Inning am Ammersee
Druck und Bindung: CPI books GmbH, Leck
Printed in the EU

Für Johannes Tryba

INHALT

VORWORT

Der Yukon Quest gehört zu den wenigen wirklich legendären Rennen im hohen Norden, die daran erinnern, wie feindlich sich die großartige Welt der Natur dem Menschen gegenüber zeigen kann, der sie nicht respektiert und sich ohne Vorbereitung und Erfahrung auf sie einlässt.

Nicolas Vanier hat viele Erfahrungen im hohen Norden gesammelt, hat wiederholt die eisigen Weiten durchfahren und erforscht, diese wunderbaren, aber auch unwirtlichen Landstriche, in denen nur wenige Menschen leben. Nicolas hat diese schneereichen und eisbedeckten Landschaften jedoch nie allein durchstreift, immer hatte er seine Meute »kleiner Hunde« bei sich.

Wer vom hohen Norden spricht, meint damit immer auch die Schlittenhunde. Und umgekehrt. Wir wissen, dass schon seit über 4000 Jahren Hunde dort die Begleiter der Menschen sind, ohne die sie verloren wären in der eisigen Kälte.

Ich habe das große Vergnügen, Nicolas seit einigen Jahrzehnten zu kennen und natürlich auch seine Hunde, die etwas ganz Besonderes sind. Im Lauf seiner Expeditionen in ferne Länder hat Nicolas beschlossen, eine ganz eigene Art der Ausbildung und der weiteren Entwicklung seiner Meute zu verfolgen, wobei für ihn das Augenmerk auf die individuelle Eigenart jedes Hundes zentrale Bedeutung hat. Dabei hat er sich um die Methoden, wie sie die Stars des Hunde-schlittensports praktizieren, nie gekümmert. Deren Hunde entwickelten sich im Lauf der Zeit nicht nur zu Abenteu-rern und Überlebenskünstlern, was sie von Natur aus sind. Sie wurden vielmehr zu sportlichen Hochleistungsathleten getrimmt; das war der Zweck des tagtäglichen Trainings, wie es bei Spitzensportlern üblich ist.

Für mich, der ich seit über dreißig Jahren den Hunde-schlittensport rund um die Welt betreibe und als Veterinär begleite, war es ein großartiges Erlebnis, als ich in einem gottverlassenen Winkel Sibiriens eines Tages die »kleinen Hunde« von Nicolas kennenlernte und näher in Augen-schein nehmen konnte. Mir war klar, dass auch ein *Musher* wie er eines Tages den Wunsch verspüren würde, sein Hun-degespann bei dem Rennen einzusetzen und zu erproben, das zu den schwierigsten der Welt zählt. Also wurde der Yukon Quest zu einem festen Ziel. Oder vielleicht doch nur eine fixe Idee? Konnte man denn wirklich erwarten, dass jemand wie Nicolas mit einer Meute »kleiner Hunde« es auf 1600 Kilometern mit den Giganten der Piste aufnehmen würde, mit erfahrenen Veteranen von Schlittenrennen, die alle gleichzeitig mehrere Gespanne trainieren und daraus nur die besten Hunde zum Rennen anmelden? Ich kenne diese Welt erbitterter Konkurrenz seit Langem sehr gut. Nicolas erschien mir einfach zu »weich«, um es zu schaffen, bei diesem mörderischen Tempo mitzuhalten.

Der Yukon Quest ist, genau wie das Iditarod in Alaska, ein Hürdenlauf, der es in sich hat. Es handelt sich dabei um etwas gänzlich anderes als eine Expedition: Hier muss ein bestimmter Rhythmus eingehalten werden, die Hunde dür-fen nicht überfordert werden; man darf jedoch auch nicht riskieren, eine Erholungspause von ein bis zwei Tagen einzulegen. Der *Musher* ist ständig gefordert, muss sich permanent konzentrieren, mächtige Berge müssen bei Wind und Kälte überquert werden. Eine echte Herausforderung für einen Mann, der weiß, dass seine Hunde jeden Augenblick mit ihm durchgehen können und deren Motivation vor allem von seiner Gemütsverfassung abhängt.

Es waren diese Bedenken und Zweifel, aber auch Hoffnungen, die unsere Studenten der École Vétérinaire von Alfort und mich immer wieder vor dem PC versammelten, um im Internet das französische Hundegespann zu verfolgen. Nicolas und seine muntere Meute »glücklicher Hunde« haben mich täglich in Erstaunen versetzt. Und schließlich gehörten sie sogar zu den *top ten*, was ich nie zu hoffen gewagt hätte. Noch besser: Ich bin davon überzeugt, dass Nicolas, wäre die Strecke noch 200 Kilometer länger gewesen, uns damit überrascht hätte, dass er sich zu den *top five* hochgearbeitet hätte.

Lieber Nicolas, auch wenn ich damit die Regeln eines Vorworts überschreite, wende ich mich jetzt direkt an Dich: Du warst und bist mein Freund! Mit diesem Rennen jedoch und mit Deinem fürsorglichen Verhalten gegenüber den »kleinen Hunden« hast Du meine ganze Hochachtung errungen. In erster Linie sind es Dein Mut und Deine Art, Wertvorstellungen zu vermitteln, an die viele von uns glauben und die mich mit tiefem Respekt für Dich als *Musher* erfüllen – kein leeres Wort für mich, einen leidenschaftlichen Veterinärmediziner! Das Wort »Respekt« hörte ich, gemünzt auf Dich und Deinen Umgang mit den Hunden, auch aus dem Munde vieler Studenten unserer Veterinärhochschule, aber auch sonst überall in der Welt des Hundeschlittensports. Und ich bin davon überzeugt, dass es den Lesern dieses Buches genauso geht.

Ich danke Dir, Nicolas, von ganzem Herzen! Und ich wünsche Dir, dass Du auch weiterhin mit Deiner »kleinen Meute« Deinen Träumen nachjagen kannst.

Dominique Grandjean,
Professor für Veterinärmedizin an der École Nationale Vétérinaire d'Alfort

1 DER START IN WHITEHORSE

7. Februar 2015, 11.00 Uhr

Vierzehn Hunde, paarweise angeschirrt, hysterisch, mit wildem Blick – sie sind kaum wiederzuerkennen. Sie hüpfen auf und ab, jaulen und knurren gereizt, weil sie nicht losrennen können. Aber sie müssen warten.

Gleich startet der Yukon Quest.

Es ist elf Uhr. Das Thermometer zeigt minus vierzig Grad. Jetzt saust der erste der 26 Teilnehmer los: Allen Moore, der Sieger der beiden vorhergehenden Rennen. Welche Ironie des Schicksals, er hat die Startnummer 1 gezogen.

Drei Minuten später startet Brent Sass unter den Jubelrufen einer großen Menschenmenge, die sich in Whitehorse, der Hauptstadt des Yukon-Territoriums im äußersten Nordwesten Kanadas, versammelt hat. Auch Brent, der bereits mehrere *top-five*-Platzierungen erreicht hat, zählt zu den Favoriten. Dann geht Normand Casavant aus Quebec an den Start: Er hat bei den letzten vier Rennen bereits drei *top-ten*-Platzierungen geschafft, ein guter Teilnehmer, auch wenn er dieses Mal wohl kaum den Sieg erringen wird. Noch sechs Minuten, dann sind wir an der Reihe.

»Schsch! Bleibt ruhig, meine Hunde.«

Sie werden von sechs Männern zurückgehalten. Zu ihnen gehört Pierre, der mich bei fast all meinen Expeditionen, bei all meinen Filmen begleitet hat und der auch »dies nicht verpassen wollte«. Außerdem Fabien, mein Freund und *Handler**[1], der die Hunde mit mir trainiert hat. Alle *Musher**, die von weit herkommen, haben einen oder mehrere *Handler,* was übrigens bei Rennen wie dem Yukon Quest Pflicht ist. Der *Handler* kümmert sich entsprechend seiner Erfahrung und des Vertrauens, das ihm »sein« *Musher* schenkt, täglich um die Hunde. Abgesehen vom Training nimmt er manchmal auch selbst an Rennen teil. Häufig verfügen die Profi-*Musher*, die Zwinger von fünfzig, hundert oder mehr Hunden besitzen, über mehrere Hundegespanne. Der *Musher* führt die Mannschaft A an, die man als ein »Team« bezeichnet, und lässt seinen *Handler* auf derselben Strecke mit dem Team B laufen, das im Allgemeinen aus vielversprechenden jungen Hunden besteht. Der *Handler* ist bei den Rennen unerlässlich. Er sammelt die Hunde wieder ein, die der *Musher* an den Kontrollpunkten (*Checkpoints**) wegen Ermüdung, Verletzung oder aus einem anderen Grund ausgemustert hat. Manchmal lässt man gegen Ende des Rennens die langsameren Hunde zurück, um schneller voranzukommen. Der *Handler*, der im Van von Kontrollpunkt zu Kontrollpunkt fährt, holt die Hunde nach und nach ab und kümmert sich um sie. Auch wenn er sich beim Yukon Quest mit seinem strengen Reglement nicht um die Pflege der Hunde seines *Mushers* sorgen darf – dieser würde sonst disqualifiziert werden –, hat er doch die Aufgabe, sich um alles zu kümmern, was der *Musher* benötigt: Wetterbericht, Zustand und Form der anderen Gespanne, Informationen über die Piste etc. Seine an den *Checkpoints*

---

1 Die mit einem * versehenen Wörter werden im Glossar am Ende des Buchs erklärt.

übermittelten Informationen müssen genau und zuverlässig sein. Die Rolle des *Handlers* besteht auch darin, den *Musher* wieder aufzumuntern und ihm Selbstvertrauen zu vermitteln, wenn es daran mangelt. Fabien und ich, wir kennen uns sehr gut. Er kann hervorragend mit den Hunden umgehen und versorgt sie tadellos. Dieses Rennen ist also auch ein bisschen seines.

»Ruhig Blut. Schsch!«

Ich führe Selbstgespräche, mein Herz rast, die Hunde pfeifen darauf. Nur der Start kann sie beruhigen, nichts anderes. Die Konkurrenz zwischen den 300 Hunden der 26 Teilnehmer erreicht seinen Höhepunkt, versetzt die Hunde in einen Zustand der Hysterie, der unkontrollierbar und auch erschreckend ist. Ich muss unbedingt während der ersten zwanzig oder dreißig Kilometer der Rennstrecke die unglaubliche Ladung an Energie, die in den vierzehn übertrainierten Hunden geballt ist, im Zaum halten. Sonst könnte der über 150 Kilo schwere Schlitten fortgerissen werden.

»Pierre! Gib acht auf Wolf!«

Trotz meiner Versuche, ihn zu korrigieren, zeigt dieser Hund nämlich nach wie vor die ärgerliche Neigung, in die Leinen zu beißen, die ihn zurückhalten.

Die Einzige, die so etwas wie Ruhe und Vernunft an den Tag legt, ist Burka, meine Leithündin. Ich habe sie an der Spitze mit Miwook, einem weiteren hervorragenden Leithund, als Paar zusammengeschirrt. Diese beiden haben mich während des letzten Winters durch riesige Gebiete in Sibirien, China und der Mongolei geführt, vom Pazifik bis zum Baikalsee: eine schöne Strecke von mehr als 6000 Kilometern. Aber dieses Mal werden wir nicht wie damals 1600 Kilometer in circa zwanzig Tagen zurücklegen. Dieses Mal müssen wir über 150 Kilometer in 24 Stunden bewältigen, und das zehn Tage lang. Das wird eine riesige Herausforderung für die 26 Teilnehmer des Rennens, auch wenn einige nicht unbedingt die ersten Plätze anstreben und sich deshalb ein bis zwei Tage mehr genehmigen als die Spitzenteams. Was ist mein Ziel? Ich will aufs Ganze gehen. Und wenn ich es schaffe, wenn mein Gespann gut läuft und ich durchhalte, träume ich davon, unter den *top ten* zu sein. Aber im Augenblick heißt die Devise: *step by step*, ein Schritt nach dem anderen.

Die erste Etappe umfasst 160 Kilometer von Whitehorse bis Braeburn, dem ersten Kontrollpunkt des Rennens. Ich vermute, dass einige der Besten wie Jeff King, Hugh Neff und Allen Moore diese Etappe in einem Zug zurücklegen werden. Ich plane allerdings, diese Strecke in zwei Abschnitten zu bewältigen: Der erste umfasst neunzig Kilometer und der zweite siebzig, mit einer Pause von drei oder vier Stunden. Das bedeutet, dass ich wohl gegen zwei oder drei Uhr morgens am Kontrollpunkt ankommen werde. Ich denke, dass ich dann in der Mitte des Teilnehmerfelds liegen werde. Aber in dieser Phase spielt die Platzierung nur eine geringe Rolle.

Ich gehe von einem Hund zum nächsten und versuche erneut, sie zu beruhigen. Abgesehen von der Erregung des Starts spüre ich, dass sie gestresst sind, überwältigt von der Größe des Ereignisses, das Tausende von Personen in Bewegung setzt und das Millionen von Menschen auf der ganzen Welt verfolgen werden. Sicherlich bemerken sie auch meine Angst. Selten ist mir ein Berg so hoch erschienen: 1600 Kilometer schwierige Pisten durch das Yukon-Territorium bis nach Alaska. Über 150 Kilometer, die täglich innerhalb von

24 Stunden zurückgelegt werden müssen, ungeachtet des Geländeverlaufs, der Kälte und der Erschöpfung. In etwa zehn Tagen muss Fairbanks erreicht sein. Eine sagenhafte Herausforderung, der sich jedes Jahr die besten *Musher* der Welt stellen. Alle verabreden sich für die beiden größten Rennen: den Yukon Quest und im März den Iditarod.

Ich kenne meine Schwächen. Ich bin 53 Jahre alt. Meine Hunde haben keine Ahnung von diesem ganz besonderen Rennen. Außerdem traten bei einigen wieder Sehnenentzündungen auf, als wir die sogenannten *Runs** etwas verlängerten. Das sind Trainingseinheiten von siebzig bis 120 Kilometern, die denen entsprechen, die sie beim Rennen zurücklegen müssen. Sie werden unterbrochen durch mehr oder weniger lange Ruhepausen, um ihren *will to go* wach zu halten. Man muss seine Hunde sehr genau kennen, um klug zu dosieren, wie lange sie brauchen, um sich von einem mehr oder weniger intensiven *Run* zu erholen. Die Profi-*Musher* – an diesem Rennen nehmen fast nur solche teil – mustern jene Hunde aus, die keine langen Etappen durchhalten und Schwächen zeigen. Sie können dies tun, da sie häufig Hundezwinger mit mehr als fünfzig Hunden besitzen, manchmal sogar mit hundert und mit mehr. Ich dagegen habe lediglich fünfzehn Hunde, eigentlich nur vierzehn. Denn Altai ist ein Hund, der noch nie Spaß am Laufen hatte und deshalb doppelt so schnell wie die anderen ermüdet. Für Rennen ist er nicht leistungsfähig genug und deshalb bereits seit Langem im Abseits.

Sicherlich haben wir Schwächen, aber auch Kraft. Die Hunde und ich, wir kennen uns in- und auswendig. Gemeinsam haben wir riesige Weiten durchstreift und noch zuletzt bei unserer besonders gefährlichen Expedition zahlreiche

Abenteuer erlebt. Das Wetter hat uns böse mitgespielt, wir waren immer wieder gezwungen, »nicht passierbare« Stellen zu überwinden und Unmögliches möglich zu machen.

11.09 Uhr. Der vierte Teilnehmer ist startklar. Es ist ein 38-jähriger Amerikaner, der nicht zu den Titelanwärtern gehört; er will lediglich den Quest einmal mitmachen. Als *official finisher* dieses mythische Rennen zu beenden bedeutet, den Heiligen Gral gefunden zu haben, nach dem viele *Musher* streben, und sei es nur einmal in ihrem Leben.

In drei Minuten sind wir endlich auch dran: Startnummer 5. Unsere Anspannung hat den Höhepunkt erreicht, aber ich bin ganz konzentriert. Mehr als acht Personen, die eine Armbinde mit der Aufschrift »*volunteer*« tragen, halten die Hunde im Zaum, während die Zuschauer beim Aufbruch jedes Gespanns jubeln. Aber ich höre nichts mehr, ich sehe nur noch diese schmale weiße Piste, die sich in der Ferne vor meinen Hunden verliert. Das ähnelt einer Etappe der Tour de France, wenn die Radfahrer einen Pass überqueren. Die Zuschauermenge gerät in Bewegung, ist laut, filmt, fotografiert und spornt jeden Teilnehmer an.

Nur noch eine Minute.

»Meine Burka! Mein Miwook! Meine Helden, ich vertraue euch, wir werden einen fehlerlosen Start hinlegen.«

Der liebevolle Blick von Burka beruhigt mich. Als ich wieder zu meinem Platz hinten auf dem Schlitten zurückkehre, streiche ich jedem meiner Hunde über den Rücken.

»Alles gut, Quest! Alles gut, Sidi! Alles gut, Wolf ...«

Noch gut zwanzig Sekunden. Ich umarme ein letztes Mal Fabien und spüre, wie gerührt er ist. Wir haben uns schon so lange auf dieses Rennen vorbereitet. Dann nehme ich meinen Platz ein, einen Fuß auf der Bremse, den anderen auf der linken Kufe, in Erwartung der ersten Rechtskurve, die

uns auf den Weg zum zugefrorenen Yukon führt. Ich umklammere den Lenkbügel und atme tief durch.

»*Three. Two. One. Go!*«

Bei diesem Kommando weichen die acht freiwilligen Helfer blitzschnell zurück. Gleichzeitig springen die Hunde in
die Höhe und stoßen sich von den festen Stellen ab, die ihr
Auf-und-ab-Hüpfen im verhärteten Schnee gebildet hat. Sie
sind begierig darauf, sich auf die Kilometer zu stürzen, die
vor ihnen liegen. Zugleich sind sie erleichtert, ihren Über-
schuss an Energie, der sich in den letzten Ruhetagen noch
weiter aufgebaut hat, endlich loszuwerden.

Mein Herz macht einen Sprung, während sich der Schlitten mit einem heftigen Ruck in Bewegung setzt. Tausende
von Menschen brüllen »Los, Nicolas! Los, Franzose! Viel
Glück!« Ich rufe ihnen ein »*Thank you*« zu, aufrichtig, aber
auch angespannt.

Vorne bahnt sich souverän das Paar Burka-Miwook seinen
Weg durch die Menge. Ich verlagere mein gesamtes Gewicht
auf die Bremse und werde dabei von Fabien unterstützt. Er
begleitet die Startphase auf einem zweiten Schlitten, der mit
meinem verbunden ist, zusammen mit einem »zahlenden«
Mitfahrer. Dieses Verfahren bringt den Organisatoren einige
Tausend Dollar ein und steigert zudem die Rennprämien.
Die *Musher* machen daher bei dieser obligatorischen Übung
bereitwillig mit, die auch nur kurze Zeit dauert. Schon nach
einem Kilometer wird der zweite Schlitten an einer Stelle,
wo andere freiwillige Helfer warten, »zurückgelassen«. Dafür hat Fabien einen Lösungsmechanismus entwickelt, der
nicht einmal ein Anhalten meines Gespanns erfordert. Konzentriert, wie ich bin, merke ich fast zu spät, wie das Seil mit
dem Karabinerhaken ausklinkt und den zweiten Schlitten
freilässt. Ich drehe mich nicht einmal nach Fabien um, um

mich von ihm und seinem Fahrgast zu verabschieden, habe ich doch viel zu große Angst, ein Hund könnte sich im Gespann verheddern. Ich bin mir nicht sicher, ob ich den Schlitten zum Halten bringen könnte, um ihm zu helfen, nicht einmal, wenn ich beide Anker in die Eisfläche rammen würde. Vierzehn von den Leinen gelassene Hunde entwickeln eine phänomenale Kraft, die schwer zu bändigen ist. Deshalb flehen wir alle inständig darum, dass die ersten Kilometer ohne Probleme verlaufen.

Schließlich löst sich die Menge der Zuschauer auf. Nur noch vereinzelte Gruppen, die sich auf dem Yukon niedergelassen haben, spornen uns mit Zurufen an. Viele haben Feuer angezündet, um die extreme Kälte, die seit einer Woche herrscht und wohl andauern wird, erträglicher zu machen.

Dieser Quest wird sich schwierig gestalten. Das wissen wir alle. Schlechte Witterungsbedingungen zu Beginn der Saison führten auf den Flüssen, die wir befahren müssen, zu chaotischen Eisstaus. Von den Freiwilligen, die seit zwei Wochen die Pisten spuren, wurden wir informiert, dass sie häufig in sehr schlechtem Zustand sind, technisch aber sehr anspruchsvoll und daher sportlich herausfordernd.

Die Kälte wirkt bei einem Rennen, bei dem der Körper enorm gefordert wird, doppelt ermüdend, zumal nur wenige Stunden Schlaf – höchstens zwei bis drei Stunden – innerhalb von 48 Stunden möglich sind. Aber nicht diese Faktoren jagen mir die größte Angst ein. Da wir alle im gleichen Boot sitzen, haben wir mit denselben Pisten und derselben Kälte zu kämpfen. Meine Besorgnis gilt vor allem der Leistungsfähigkeit meiner Hunde, der Sorge, ob sie den Rhythmus einhalten können, sich gut erholen, gut fressen und genug trinken. Und die Hunde, bei denen einige Schwächen der

Gelenke diagnostiziert wurden, beunruhigen mich am meisten. Werden sie lange genug durchhalten? Selbst auf die Gefahr hin, zu Beginn des Rennens etwas Zeit zu verlieren und damit auch eine vordere Platzierung, möchte ich unbedingt die Hunde ausreichend schonen, um mit mindestens zehn, ja elf Hunden in Dawson einzulaufen. Zwölf wären ideal. Dawson liegt ungefähr in der Streckenmitte, und das Reglement sieht dort eine Zwangspause von 24 Stunden vor. Mit zwölf Hunden diese Hauptetappe zu erreichen käme bereits einem halben Sieg gleich. Die Hunde hätten dann genügend Zeit, wieder Kraft zu tanken.

Laut Reglement dürfen beim Start höchstens vierzehn Hunde eingesetzt werden, bei der Ankunft müssen noch sechs dabei sein. Die Hunde, die im Verlauf des Rennens ausgemustert wurden, werden an den neun Kontrollpunkten von den *Handlern* mitgenommen. Diese Kontrollpunkte sind nicht ausgewogen über die gesamte Rennstrecke verteilt; einige liegen mehr als 300 Kilometer voneinander entfernt, andere weit weniger. So gut wie nie erreicht jemand am Ende das Ziel mit vierzehn Hunden. Gewöhnlich laufen die Gespanne mit sieben bis elf Hunden über die Ziellinie. Dabei ist zu bemerken, dass die *Musher*, die 300 oder 400 Kilometer vor dem Ziel noch vierzehn Hunde haben, schneller werden, weil sie die »schwachen Glieder«, die nicht mithalten können, dann ausmustern können. Zudem werden auf dem letzten Teil des Rennens die Entfernungen zwischen den Kontrollpunkten kürzer, die Ausrüstung wird auf das Notwendigste verringert, die Schlitten dadurch leichter – und zehn Hunde sind dann völlig ausreichend.

Dagegen setzt man bei den langen Streckenabschnitten von 300 Kilometern und mehr, mit einem stark beladenen Schlitten und großen Höhenunterschieden mit endlosen

Anstiegen besser auf ein Gespann mit mindestens zwölf Hunden. Die Strategie besteht darin, alles dafür zu tun, alle Hunde so lange wie möglich im Rennen zu halten. Seit Beginn des Rennens tue ich mein Bestes, um sie zu schonen. Zum Beispiel verlagere ich fast mein ganzes Gewicht auf die Bremse, um meine wilden Hunde daran zu hindern, in vollem Galopp voranzupreschen. Andere lassen jedoch ihre Hunde mit voller Kraft laufen.

Die ersten zwanzig Kilometer werden auf dem gefrorenen Yukon zurückgelegt. Es ist eine tadellose Piste, auch wenn das Eis manchmal spiegelglatt ist. Dann ist die Bremse wirkungslos, und diese verflixten unbelehrbaren Hunde legen sofort wieder an Tempo zu. Als wir wieder auf Schnee gleiten, beruhige ich sie. Hunde wie Dark, Sidi oder Inuk murren, zeigen knurrend ihre Unzufriedenheit. Es tat ihnen so gut, in vollem Galopp zu laufen. Aber haben sie eine Ahnung, wie viele Kilometer wir noch zurücklegen werden? Wie viele Berge wir bezwingen müssen? Wenn sie es wüssten, wären sie bestimmt einverstanden, dass ich nach dem berühmten Sinnspruch vorgehe: »Wer weit kommen will, muss sein Pferd schonen.«

Ich rechnete damit, dass zahlreiche Gespanne in vollem Tempo an mir vorbeirasen und mich überholen würden, aber das ist keineswegs so. Bei diesen extremen Temperaturen ist für alle Schlitten Vorsicht oberstes Gebot. Bei derartiger Kälte voll aufzudrehen ist riskant. Alle diese erfahrenen *Musher* besitzen zu viel Professionalität, um sich schon zu Beginn des Rennens zu höherer Geschwindigkeit verführen zu lassen.

Gegen Mittag erwärmt die Sonne ein wenig die eisige Atmosphäre dieses schönen Wintertags. Der Atem, den die Hunde ausstoßen, verwandelt sich sofort in eine mit Flitter besetzte Wolke, funkelt und bildet einen goldenen Hof um das Gespann. Ich bin bereits durchgefroren, die Kapuze meines Parkas ist weiß vom Raureif, mein Bart von Frost überzogen. Aber als die Hunde wieder ihr schnelles, aber auch harmonisches Tempo aufnehmen, fange ich an, mich zu entspannen.

Als wir auf den Takhini, einen Nebenfluss des Yukon, abzweigen, entdecke ich an der Stelle, wo die Piste den zugefrorenen Fluss überquert, eine Menge Leute. Als sie mein Gespann sehen, fangen sie an zu brüllen und laufen los, um meine Überfahrt zu sehen. Auf diese Weise feuern sie alle Gespanne an, die mit wenigen Minuten Abstand voneinander vorbeiflitzen. Es sind bereits größere Abstände zwischen einzelnen Gespannen erkennbar; einige setzen auch schon zu ersten Überholmanövern an, und das mit höchster Disziplin: Die *Musher* kennen die Regeln und verhalten sich sehr rücksichtsvoll. Das eingeholte Gespann lässt also das hintere vorbeifahren, wobei der *Musher* entweder auf die Bremse drückt oder den Schlitten völlig zum Stehen bringt, wenn das Gelände es zulässt. Kurze Zeit später überhole ich ein Gespann, bevor ich von zwei anderen überholt werde, die nicht zu den schlechtesten gehören. Es handelt sich um zwei Größen des Hundeschlittensports, die an der achten und neunten Stelle gestartet sind: Lance Mackey und Jeff King, beide lebende Legenden. Sie haben eine beeindruckende Siegerliste aufzuweisen, auf die ich noch zurückkomme. Beide ziehen hinter ihrem Schlitten einen kleinen »Krankenwagen« mit, eine Art gleitenden Hundezwinger. Darin können sich bis zu drei erschöpfte oder leicht verletzte Hunde erholen, während das Gespann weiter voranprescht. Ein beträchtlicher Vorteil, aber man muss dieses Gefährt auf solch schwierigen Pisten wie denen des Yukon

Quest auch handhaben können. Lance gibt mir ein freundliches Zeichen, um mir dafür zu danken, dass ich ihn auf der linken Seite der Piste vorbeilasse. Jeff King setzt seine Fahrt unbewegt fort, zeigt leichte Verachtung für den kleinen Franzosen, der seiner Meinung nach absolut keine Chance hat, dieses Rennen, das für die Champions gedacht ist, bis zum Ende durchzuziehen.

Es ist völlig idiotisch, aber ich kann mir nicht verkneifen, meine Position zu überprüfen. Da ich weiß, dass ich ein Gespann eingeholt habe und zwei mich überholt haben, befinde ich mich also an sechster Stelle. Darauf bereits jetzt zu achten ist total lächerlich, da das in dieser Phase überhaupt keine Rolle spielt. Abstände und die entsprechenden Platzierungen gewinnen erst ab Carmacks, dem zweiten Kontrollpunkt des Rennens und mehr als 300 Kilometer von hier entfernt, an Bedeutung.

Ein *Musher* könnte sich entschließen, 200 Kilometer, ohne anzuhalten, durchzusausen und damit einen Vorsprung vor den anderen von acht oder zehn Stunden herauszuholen (genau das tat der Titelanwärter Hugh Neff im Vorjahr). Aber solch ein Vorteil ist letztlich relativ, denn nach einem derartigen *Run* muss man den Hunden mindestens zehn Stunden Ruhe gönnen, während andere, die nach achtzig oder hundert Kilometern ihren Hunden eine Erholungspause gewähren, wieder früher aufbrechen können. Erst nach 300 oder 400 Kilometern gewinnen die Platzierungen für den Rennverlauf an Bedeutung, aber die Geschichte eines Rennens ist damit lange nicht zu Ende, weit gefehlt.

Bei der ersten Etappe ist das Ziel Braeburn, 160 Kilometer vom Start entfernt. Die ersten vierzig Kilometer auf dem Yukon und dem zugefrorenen Fluss Takhini sind einfach, dann führt die Strecke durch eine hügelige Landschaft, wo sich Waldstücke, Seen und Sümpfe abwechseln, und wird anspruchsvoller. Wir wurden darauf aufmerksam gemacht, dass es Abschnitte mit *Overflow** gibt, Zonen, in denen Wasser über das Eis fließt, sich mit dem Schnee vermischt und eine Art grauen Schlamm bildet, der schwer zu befahren ist, besonders bei minus vierzig Grad. Diese Wasserstellen, die manchmal durch wärmeres Wasser angereichert werden, bilden ständig Eis, gefrieren immer wieder von Neuem, erzeugen Eisbarrieren. An manchen Stellen entstehen Wassertaschen, die von einer isolierenden Schneehaube verdeckt sind. Das sind regelrechte Fallen, die einen Meter tief sein können und von den *Mushern* und den Fahrern von Schneemobilen gefürchtet werden. Wenn die schützende Schneedecke, die auf dem Wasser liegt, einbricht, gerät man ohne Vorwarnung in den kalten Matsch. Man muss sich dann rasch daraus befreien, denn der Schlitten bleibt im Matsch stecken, der in der eisigen Luft schnell zu einer betonharten Kruste gefriert. 2011 geriet Hans Gatt, ein Vierfachsieger des Rennens, in eine solche Falle. Er zählte zu den Führenden hinter Hugh Neff, der ein größeres Ausweichmanöver gemeistert hatte und jetzt, zumindest war das zu vermuten, dem Sieg entgegeneilte (aber das ist eine andere Geschichte). Hans fuhr in aller Ruhe auf festem Eis – nahm er zumindest an. Doch plötzlich bildeten sich Risse, das Eis brach auf, und Hans sank in ein metertiefes Wasserloch ein. Der Schlitten steckte fest, und die Hunde paddelten wie wild und liefen Gefahr zu ertrinken. Schließlich gelang es Hans, sie loszubinden und aus dem Wasser zu ziehen, aber der *Musher* war nass bis zum Hals, hatte nichts zum Wechseln dabei und zitterte bei minus vierzig Grad vor Kälte. Hans zog sofort die Stiefel aus, damit sie nicht gefroren, und hüllte seine bereits blutleeren Füße in Hundemäntelchen, die er oben auf seinem Schlitten mit sich führte. Er war in miserabler Verfassung, als in der Ferne das Strahlenbündel der Stirnlampe seines unmittelbaren Verfolgers, Sebastian Schnuelle, aufleuchtete. Sebastian entdeckte das Loch und befahl seinem Leithund, die gefährliche Zone zu umgehen. Dann eilte er zu Hans, um ihm zu Hilfe zu kommen. Gemeinsam gelang es ihnen, den Schlitten aus dem Wasser und aufs Eis zu ziehen, die Hunde in Sicherheit zu bringen und ein Feuer anzuzünden. Aber Hans hatte bereits starke Erfrierungen an den Händen erlitten. Sie brachen also schnell zum Kontrollpunkt Central auf, wo Hans natürlich *Scratcher** wurde, einer, der das Rennen aufgeben muss, und sich schnell in Behandlung begab, um seine Hände zu retten. Ein paar Finger mussten allerdings amputiert werden.

Das Rennen schien jetzt gelaufen zu sein. An der Spitze befand sich Hugh Neff, der bereits mit einem beruhigenden Vorsprung dem legendären Gipfel des Rennens, dem Eagle Summit, entgegenstürmte und keine 200 Kilometer mehr bis zum Ziel hatte. Der Wind fegte um den Gipfel, der nur über eine unglaublich steile Steigung zu erreichen ist. Man muss anschieben, sich Meter um Meter vorwärtsarbeiten, und die Hunde müssen bereit sein, sich zu verausgaben und mühsam hochzuklettern. Aber seine Hunde weigerten sich. Der Wind hatte an Stärke zugenommen, und Hugh, eingezwängt zwischen den streikenden Hunden, wartete nun seinerseits auf seine Verfolger, um Hilfe zu erhalten, was mehrere Stunden dauerte.

Als sie ihn eingeholt hatten, kehrte er um und fuhr nach Central zurück, um ebenfalls aufzugeben, obwohl er bereits als Sieger dieses Rennens gegolten hatte. In jenem Jahr gewann ein junger, unglaublich talentierter *Musher* das

Rennen, während doch Hans Gatt und Hugh Neff als Favoriten gehandelt worden waren. Dallas Seavey, einer von weltweit vier *Mushern,* die beide legendären Rennen, den Yukon Quest und das Iditarod, gewonnen haben, ist zugleich auch der jüngste Sieger in der gesamten Geschichte des Hundeschlittenrennens. Ein toller Bursche! Diese tragischen Beispiele von Hans, der vor der Katastrophe stand, und Hugh, der einen Hund verloren hat, erfroren am Berg, zeigen, wie ungeheuer wichtig Solidarität ist und dass das Ergebnis bis zum Schluss offen ist.

Also ermahne ich mich zu Bescheidenheit und höchster Konzentration.

2 ZWISCHEN WHITEHORSE UND BRAEBURN

7. Februar, 14.00 Uhr

Nach den ersten vierzig Kilometern führt die Strecke plötzlich vom Fluss Takhini weg, biegt in einen Wald ab und steigt dann über einen engen Weg in die Berge an.

»Los, meine kleinen Hunde!«

Aber diesen Ansporn brauchen sie gar nicht. Obwohl sie bereits vierzig Kilometer zurückgelegt haben, sind sie immer noch munter und voller Elan. Beim Anstieg überholen wir Kristin Knight Pace, eine 31-jährige »*Musherin*«, die mit der Nummer 12 startete. Sie macht gerade eine *Snacker**-Pause und füttert am Pistenrand ihre Hunde. Im Vorbeifahren mache ich ihr ein aufmunterndes Zeichen, das sie mit einem breiten Lächeln erwidert. Unter »Snacks« verstehen wir Energieriegel, die alle zwei bis drei Stunden an die Hunde verteilt werden, kleine Brocken aus vermengtem Fisch, Fleisch und Kroketten, die jeder nach seinem eigenen Rezept herstellt. Ihre Zubereitung gehört zu den Arbeiten, die bei der Vorbereitung der *Food Drops** am meisten Zeit kosten: Beutel mit den Namen der *Musher*, die zu den verschiedenen Kontrollpunkten geschickt, dort gelagert und dann vom jeweiligen *Musher* bei der Durchfahrt mitgenommen werden. Diese Beutel waren der Grund für eine völlig ungerechte Disqualifizierung, von der ich beim Rennen im Jahr 1997 betroffen war, nachdem ich als Vierzehn-ter mit meinem Gespann – kräftige nordische Hunde – die Ziellinie überquert hatte.

Abgesehen vom Inhalt dieser im Voraus an den Kontroll-punkten deponierten Beutel ist keine andere Verpflegung, sind keine weiteren Ausrüstungsgegenstände oder Medika-mente erlaubt. Man hat inzwischen die volle Bedeutung die-ser *Food Drops* mit den in ihnen deponierten Versorgungs-gütern erfasst. Der *Musher* muss vorausplanen, was er braucht, und darf nichts vergessen: Nahrung für die Hunde und natürlich für sich selbst, aber auch Ersatzkufen, Batte-rien für die Stirnlampe, zusätzliche Handschuhe und So-cken, kleine Booties für die Ballen der Hunde, Massage-cremes für die Pfoten usw. Da die Anzahl der Beutel nicht beschränkt ist – bis auf die Bestimmung, dass das Gesamt-gewicht von maximal etwa zwanzig Kilo nicht überschrit-ten werden darf –, nehmen alle mehr mit als erforderlich, für alle Fälle und weil niemand von vornherein weiß, wie lange eine Etappe und die nachfolgende Erholungspause dauern werden. Der Rest, den man nicht verbraucht hat, wird nach dem Aufbruch des *Mushers* vom *Handler* abge-holt. Von diesem Moment an darf der *Musher,* der aus ir-gendeinem Grund umkehren muss, den zurückgebliebenen Proviant nicht mehr berühren. Man empfiehlt somit den *Handlern,* erst mindestens eine Stunde nach der Abfahrt ihres *Mushers* die übrig gebliebenen Vorräte abzuholen, da man weiß, dass *Musher* häufig umkehren. Im Allgemeinen macht einer kehrt, um einen Hund zurückzubringen, der Probleme hat. Die Rechnung ist einfach: Es ist besser, eine Stunde durch eine Umkehr zu verlieren, als einen Hund, der erschöpft oder verletzt ist, über Hunderte von Kilometern oder mehr im Schlitten mitzuschleppen. Bei der Weiterfahrt an einem Kontrollpunkt zögert man manchmal die Entscheidung noch hinaus. Meist bestätigt sich die Diagnose erst beim Laufen auf der Piste. Daher erfordern gerade die ersten Kilometer große Wachsamkeit.

Auf den gefrorenen Gewässern des Yukon und des Takhini-Flusses dringt die Kälte bis in die Knochen, trotz der Wärme, die die tief stehende Sonne zu geben scheint. Aber im Schutz des Waldes und dank meiner Anstrengungen, von einer Kufe auf die andere zu springen, um den Schlitten zu lenken, öffne ich schnell den Reißverschluss meiner dick gefütterten Jacke. Die Kälte ist ein Gefährte, den ich schon seit Langem gezähmt habe. Wir kennen einander durch und durch. Trotz einiger Querelen ist unsere Freundschaft unzerstörbar. Regel Nr. 1: Um mit diesem Freund und seinem eisigen Temperament gut auszukommen, darf es einem nie zu heiß sein. Also habe ich überall Reißverschlüsse, damit ich die Temperatur ständig regeln kann und ich nie ins Schwitzen gerate. Außerdem muss man versuchen, ein wenig in der Kälte zu bleiben, man darf sich nicht zu weit von diesem Gefährten entfernen, da er es nicht mag, lange vernachlässigt zu werden.

Ich halte Kälte erstaunlich gut aus. Ich schaffe es, bei minus vierzig Grad mit bloßen Händen den Hunden die Booties überzustülpen. Die kleine, einfache Wollmütze, die ich trage, erregt Heiterkeit. »Ah, der kleine Franzose, er hat keine Ahnung, wie kalt es bei uns sein kann! Hast du seine Mütze gesehen?« Ich habe sie letzten Winter vier Monate lang sowohl bei minus fünfzig Grad als auch bei minus zehn Grad getragen.

Nein, die Kälte ist für mich bei diesem Rennen kein Feind. Einigen der anderen *Musher* jagt sie vielleicht Angst ein, wenn sie die Wettervorhersagen hören. Mich aber lässt sie buchstäblich kalt, auch wenn ich sehe, dass sie den Hunden Energie raubt und ihnen Erfrierungen zufügt, insbesondere an ihrer empfindlichsten Körperstelle – lachen Sie nicht –, dem Penis.

Dagegen bereitet mir der Schlafmangel große Sorgen. Meiner Meinung nach sind dessen negative Folgen viel besorgniserregender als die der Kälte, auch wenn sie noch so schrecklich ist. Während des Quests schlafen die *Musher* durchschnittlich bestenfalls zwei bis drei Stunden im Verlauf von 48 Stunden. Das ist sehr wenig, zumal sie außerhalb dieser häufig unbequemen Erholungspausen – im Stehen auf dem Schlitten oder im Schnee – bis zur Erschöpfung schuften müssen.

Die Übermüdung nimmt von Tag zu Tag zu, verstärkt sich, erfasst die *Musher* von Kopf bis Fuß und ruft Halluzinationen hervor, die schon einigen, die sich eine gute Position im Rennen erarbeitet hatten, übel mitgespielt haben. So machte einer von ihnen, der sich an der Spitze befand, kehrt in der irrigen Annahme, auf der Piste jemanden getroffen zu haben, der ihm versichert hatte, dass der Zielort verlegt worden sei und man umkehren müsse. Mein Freund, der große *Musher* Frank Turner, war ihm begegnet, verstand aber nicht, warum er umkehrte. Der *Musher* war völlig desorientiert; er wusste nicht mehr, was er glauben sollte, war es Frank oder ein Produkt seiner Halluzination, dem er begegnet war? Schließlich schlief er am Fuß seines Schlittens in seinem Schlafsack ein. Er wurde von zwei nachfolgenden Gespannen überholt. Zwei Stunden später kam er wieder zu sich und setzte seinen Weg zum Ziel fort …

Schlafmangel lässt keinen klaren Gedanken zu. In einem allgemein verwirrten Zustand häufen sich Fehler, die man unter »normalen« Bedingungen nicht begehen würde. Die

Fähigkeit der *Musher,* mit dem Schlafmangel fertig zu werden, schwankt, ist aber ein ebenso maßgeblicher Faktor für das Gelingen wie Ausdauer oder Geschwindigkeit der Hunde, und genau das macht die Großartigkeit dieses Rennens aus, das so viele unterschiedliche Elemente aufweist. Es genügt nicht, einfach nur ein guter *Musher* zu sein und gute Hunde zu haben.

Bin ich ein »guter« *Musher?* Sicherlich verfüge ich, wie Frank Turner meint, dank meiner zahlreichen Expeditionen durch die Weiten des hohen Nordens, bei denen ich Zigtausende Kilometer zurückgelegt habe, über ungewöhnlich viel Erfahrung als *Musher* und auch als Weltenbummler. Dagegen habe ich von Langstreckenrennen dieses Kalibers eigentlich wenig Ahnung. Auf diesem Gebiet muss ich noch viel lernen, genauso wie die Hunde. Aber ich bin lernbegierig, und vor allem habe ich Lust dazu.

Sind meine Hunde »wettbewerbsfähig«? Da ich sie zuvor noch nie für ein Rennen angeschirrt habe, habe ich keine objektiven Vergleichsmöglichkeiten. Das einzige Rennen, das sie ausgetragen haben, war ein 300 Kilometer langes Rennen in Alaska, das Gin Gin, an dem Fabien mit ihnen teilgenommen hat – mit durchschnittlichem Ergebnis. Ich weiß also nicht genau, wie ich ihren Wert einschätzen soll, aber ich kenne meine Hunde durch und durch und weiß, dass sie gewöhnlich gut zusammen laufen. Sie bilden ein festes, solidarisches Team. Das stellt eine Macht dar, über die viele andere *Musher* nicht verfügen. Sie trainieren zwar oft bis zu hundert Hunde, um am Ende vierzehn davon auszuwählen, die dann aber keinerlei Teamgeist gelernt haben.

In der Hektik des Starts vergaß ich, mein GPS-Ortungssystem auf null zu stellen, sodass ich jetzt nicht genau weiß, wo wir uns befinden. Aber die drei zurückgelegten Stunden sind ein verlässlicher Anhaltspunkt für mich, da ich ziemlich genau die Geschwindigkeit meines Gespanns einschätzen kann. Im Durchschnitt sind es etwa sechzehn Kilometer pro Stunde. Wir haben inzwischen fast fünfzig Kilometer geschafft. Ich muss also noch vierzig zurücklegen, bis ich eine Stelle wählen kann, wo wir haltmachen. Dort werde ich dann die Hunde füttern und für ein paar Stunden eine Pause einlegen, damit sie sich erholen können und ihre Nahrung verdauen.

Das Licht wird allmählich schwächer, und ich rücke meine Stirnlampe zurecht, um mich nicht von der zunehmenden Dunkelheit überrumpeln zu lassen. Die Hunde trotten munter auf diesem Waldweg weiter, der von Wildgeruch erfüllt ist: Bisons, Wapitihirsche, Hasen und Rebhühner ... Es ist leicht, den Schlitten zu lenken, mit Ausnahme einiger verwinkelter Abschnitte, bei denen man wachsam sein und mit ganzer Kraft erst auf eine Kufe und dann auf die andere drücken muss, um gut mit den Kurven und einigen steilen Abhängen fertig zu werden. Ab und zu öffnet sich die Landschaft, und ein Sumpf oder ein See kommt in Sicht. Die Hunde blicken nach rechts und links, betrachten die Umgebung, freuen sich, durch Neuland zu rennen. Genau wie ich sind sie die Pisten leid, über die sie beim Training hundertmal gelaufen sind und wo die Landschaft inzwischen sattsam bekannt ist und keine Überraschungen mehr bietet. Die Hunde lieben die Entdeckung. Im vergangenen Winter in der Mongolei und Sibirien, als ihnen unsere große Expedition täglich unbekannte Strecken bot, zahlreiche Überraschungen und viele Begegnungen mit Menschen und wilden Tieren, haben sie das schätzen gelernt und sich daran gewöhnt. Da sie heute einen ungewöhnlich schwer beladenen Schlitten ziehen und meine Gefühlsregungen spüren, glauben sie sicherlich, dass sie wieder unterwegs zu einem ähnlichen Abenteuer sind.

Die Piste wird breiter und führt durch einen großen Wald aus Kiefern und Birken, den wir in gut zwei Stunden durchqueren. Inzwischen ist die Dämmerung hereingebrochen. Der Strahl meiner Stirnlampe lässt den Rücken meiner Hunde aufleuchten. Die Mäntelchen, die sie vor der Kälte schützen, sind völlig mit Raureif bedeckt. Vierzehn kleine weiße Büsche trotten heiter durch die eiskalte Nacht, während sich am Himmel die fahlen Umrisse des gelbgrünen Polarlichts zeigen. Ich habe nicht angehalten, um Snacks an die Hunde zu verteilen. Die Angst ist zu groß, dass sie sich in den Leinen verheddern oder die Anker herausreißen könnten. Sie wurden gestern und heute Morgen gut gefüttert. Ich werde sie erst in der Ruhepause mit einem guten Fressen belohnen und verteile dann die Snacks erst auf dem zweiten Etappenabschnitt.

Plötzlich entdecke ich zur Linken einen *Musher,* der am Rand der Piste eine Pause einlegt. Seine Hunde haben sich auf dem Stroh niedergelassen, das er, genau wie ich, in einem großen Beutel, unter dem Schlitten verschnürt, mitführt. Wir sind jetzt bei Kilometer 80 angelangt, und dieser *Musher* hat beschlossen, genau auf halber Strecke eine Pause einzulegen. Ich fahre an ihm vorbei und erkenne den zweifachen Sieger Allen Moore. Das überrascht mich, denn ich hatte angenommen, dass die Spitzen-*Musher* ohne Halt bis nach Braeburn durchfahren würden. Bei einem Rennen hatte sich Hugh Neff sogar lediglich zwei Stunden Pause in Braeburn gegönnt. Dann fuhr er erneut weiter ohne Unterbrechung bis nach Carmacks. Sicherlich bewegt die extreme Kälte von minus 42 Grad, die heute herrscht, die *Musher* dazu, ihre Hunde zu schonen. Haben sie etwa beschlossen, diesen langen *Run* von 160 Kilometern aufzuteilen, weil sie befürchten, die Hunde könnten Erfrierungen erleiden?

Allen Moore hier zu sehen beruhigt mich. Gewiss haben weitere Teilnehmer hinter uns einen Halt eingelegt. Im Übrigen hat mich, seit Lance Mackey auf dem Fluss an mir vorbeiflitzte, niemand mehr überholt.

Die Nacht ist jetzt tintenschwarz. Ich versuche, im Wald links oder rechts von der Piste eine Abfahrt zu entdecken, um etwas abseits einen Ruheplatz zu finden. Neben der Piste können sich die Hunde besser erholen und werden nicht immer von den vorbeifahrenden Gespannen gestört. Aber das Unterfangen ist nicht ganz einfach. Ein Gespann mit vierzehn Hunden ist über zwanzig Meter lang. Als vor uns eine Lichtung mit ein paar Bäumen auftaucht, wo ich das Gespann und den Schlitten anhalten will, ist es schon zu spät. Die Leithunde Burka und Miwook sind bereits daran vorbeigelaufen. Nun, wir verfügen nun mal nicht über die Option rückwärtszulaufen, und derjenige, der eines Tages diese Meisterleistung vollbringt, wird die ganze Welt in Staunen versetzen. Dem Rückwärtslauf kommt am ehesten die Kehrtwendung gleich, die gut ausgebildete Hunde wie die meinen mit mehr oder weniger Bravour meistern: Die Kunst besteht darin, dass jedes Hundepaar darauf warten muss, bis es an der Reihe ist, um sich nicht beim Kehrtmachen mit den anderen zu verheddern. Mit einem kräftigen Ruck verlagert dabei der *Musher* sein Gewicht auf eine Kufe und zieht gleichzeitig den Lenkbügel zu sich heran, wodurch sich der Schlitten um 180 Grad dreht und in die Gegenrichtung gleitet. Nur auf einer ausreichend breiten Piste, auf der die Hunde gut aneinander vorbeikommen, kann dieses Manöver durchgeführt werden. Burka, die auf den Befehl

»*djee*«* oder »*yap*«* reagiert, vollführt diese Kehrtwendung nach rechts (*djee*) oder nach links (*yap*) mit Intelligenz, das heißt, mit dem notwendigen Tempo, wobei sie klugerweise genügend Abstand zu den anderen Hunden hält. Aber hier müsste man gleich zwei Kehrtwendungen ins Auge fassen, um wieder auf eine der Lichtungen zu gelangen, die ich nacheinander verpasst habe. Ein undenkbares Manöver mit vierzehn noch recht aufgeregten Hunden, die Gefahr laufen, sich zu verletzen, wenn sie sich mit einer Pfote in der Zentralleine verheddern, mit der sie alle verbunden sind, um den Schlitten zu ziehen. Ich fahre also weiter, hoffe, ein offenes Gelände zu entdecken, das auch weiträumig genug ist, um rechtzeitig ein entsprechendes Manöver einzuleiten, aber der Wald ist weiterhin zu dicht, und die Zeit läuft. Ich will diesen ersten *Run* nicht unnötig verlängern. Schließlich ramme ich meine Anker an einer spärlich mit Bäumen bewachsenen Stelle in den Boden und begebe mich nach vorn zu Burka und Miwook, um die Lage zu peilen. Da die Bäume spärlich gesät sind, spure ich in aller Eile eine Piste im Tiefschnee, denn die Hunde sind außer Rand und Band. Ich habe wirklich Bammel, dass sie ohne mich loslaufen, mich hier einfach stehen lassen, wie es bei einer Trainingsfahrt schon mal der Fall war. Sofern nicht in überschaubarer Entfernung eine Kurve, eine Steigung oder eine Erhebung auf der Piste den Schlitten zum Kippen bringt und die Hunde stoppen lässt, könnten sie auch ohne mich bis zum nächsten Kontrollpunkt weiterlaufen. Schnellstens stelle ich mich wieder auf die Kufen und befehle Burka »*Yap! Yap!*«, aber die Hunde sind überdreht, und sobald der erste Anker frei ist, reißen sie den zweiten heraus, ohne mir die Zeit zu lassen, ausreichend zu bremsen, damit Burka meine gespurte Piste benutzen und in den Wald laufen kann.

Ich mache erneut halt. Auch wenn der Bereich hier weniger geeignet zu sein scheint, spure ich eine Piste, in der ich meine beiden Leithunde hinter mir herziehe. So können sie nicht mehr auf die Hauptpiste zurück. Sie versuchen es dennoch, da sie immer noch große Lust zum Laufen verspüren.

»Nein! Burka, *yap*!«

Sie gehorcht nur widerwillig und kehrt in meine Spur zurück, zwingt damit das Gespann, ihr zu folgen, auch wenn einige Hektiker wie Sidi, Kazan oder Dark wie wild in die andere Richtung ziehen. Als ich ungefähr zehn Meter in den Wald eingedrungen und weit genug entfernt von der Piste bin, halte ich an. Ich ziehe eilig meine dicke Jacke aus, denn die Arbeit, die mich jetzt erwartet, wird mir einheizen, auch bei minus vierzig Grad.

Ich hole den Strohballen, den ich auf meinem Schlitten festgezurrt habe, und verteile das Stroh gleichmäßig unter den sieben Hundepaaren. Sie beruhigen sich auf der Stelle und legen sich nieder. Sie wissen, dass es nichts bringen würde, zu bellen und an den Leinen zu zerren: Das ist das Signal für die Erholungspause, und ich muss die Situation schnell nutzen. Ich löse die Zugleinen (*Tuglines**), das sind die Leinen, die am Geschirr, am Rückenende der Hunde, eingehakt sind, und verbinde sie mit der Zentralleine. Die Karabinerhaken sind manchmal durch Urin oder gefrorene Fäkalien verschmutzt. Man muss mit einer Leatherman-Zange daraufklopfen, um die gefrorenen Substanzen zu zerschlagen, die das Verschlusssystem blockieren. Um zu vermeiden, dass sich die Zugleinen verheddern, befestige ich sie dann mit einer kleinen, dafür vorgesehenen Schlinge in entsprechender Größe an der Zentralleine. Die Hunde werden jetzt nur noch durch die Halsleine (*Neckline**), eine kleine, etwa zwanzig Zentimeter lange Leine, die das Halsband mit der Zentralleine verbindet, festgehalten. Auf diese Art sind sie wieder paarweise verbunden und schlafen meist eng aneinandergeschmiegt, um das kleine Strohlager, das ich ihnen bereitet habe, voll auszunutzen. Obwohl sie vor fünf Minuten noch außer Rand und Band waren und lautstark verlangten weiterzulaufen, sind sie jetzt völlig ruhig, bequem auf ihrem Strohlager ausgestreckt, das sie nicht mehr verlassen wollen ... zumindest nicht im Augenblick. Ich widme mich meiner Aufgabe, die darin besteht, ihnen die Booties anzuziehen, diese kleinen Stoffpantoffeln, welche die Ballen der Hunde vor den verheerenden Folgen des kalten Schnees und des Eises schützen. Manchmal muss man den gefrorenen Film, der sich gebildet und den Klettverschluss überzogen hat, herunterkratzen. Die Hunde fangen sofort an, sich zu lecken, und ich nutze die Gelegenheit für eine kleine Inspektion. Die geringste Verletzung, auch wenn sie harmlos scheint, muss sofort entdeckt und behandelt werden, sonst besteht die Gefahr, dass sie schlimmer wird und der Hund ausgemustert werden muss. Ebenso müssen die Gelenke auf Schmerzen untersucht werden. Ich entdecke eine immer wiederkehrende schmerzhafte Stelle bei Burka, die ich sofort mit einer intensiv wirkenden Heilsalbe behandle, dann lege ich am Gelenk des Vorderbeins einen Neoprenverband an. Genauso verfahre ich bei Inuk. Danach hole ich den stählernen Wasserbehälter heraus, in dem Schnee geschmolzen werden kann: den *Cooker**. Ich gieße Alkohol in das dafür vorgesehene Gefäß und stelle Wasser her. Während des viertelstündigen Vorgangs massiere ich weiterhin die Hunde, vor allem jene, die während der Trainingsfahrten Probleme zeigten. Die Arbeit, die Booties auszuziehen und die kleinen Wehwehchen zu behandeln, erfolgt ausschließlich gebückt, in Hockstellung. Der

Rücken tut weh, aber ich muss es durchziehen, darf den Ablauf nicht abkürzen. Vor allem zu Beginn eines Rennens, es sei denn, ich kehre gleich wieder um. Wie wird das erst nach 400 oder 500 Kilometern sein?

Als das Wasser heiß ist, taue ich darin etwas in Streifen geschnittenes Rindfleisch auf und vermische es mit den Kroketten Royal Canin 4008, die sehr energiereich sind. Dann verteile ich diese reichhaltige Mischung an die Hunde, die mehr oder weniger gut fressen. Das hat wohl mit der vergangenen Woche zu tun, in der wir sie im Hinblick auf den unvermeidlichen Gewichtsverlust bei einem solchen Rennen eher überfüttert haben. Trotz eines *Runs* von achtzig Kilometern fehlt es ihnen offenbar im Moment noch an Appetit.

Einige Hunde heben den Kopf und schauen auf die Piste, wo in der Ferne ein Lichtschein aufleuchtet und ein leichtes metallisches Klirren zu hören ist: das muntere Bimmeln kleiner Eisenmedaillen, auf denen das Yukon-Quest-Siegel und die Startnummer des Teilnehmers eingeprägt sind. Jeder Hund trägt solch eine Marke um den Hals. Im Vorbeifahren vermischt sich dieses Geräusch mit dem Keuchen der Hunde und dem Knirschen der Schlittenkufen, die über die gefrorene Piste dahingleiten. Ich habe nicht die Zeit herauszufinden, um wen es sich handelt; bei dieser Kälte sind die Gesichter ohnehin völlig eingemummt.

Einige Minuten später taucht ein zweites Gespann auf. Ein Anblick wie im Märchen, unwirklich diese gespenstischen Dunstwolken aus Raureif, die von den Strahlen der Stirnlampe beleuchtet werden. Sie tauchen aus dem Dunkel auf und verschwinden genauso schnell wieder, wie in einem Traum. Für einen flüchtigen Moment wird diese kristallklare, erstarrte und lautlose Welt von einem Hauch Leben erfüllt. Ich strecke mich kurz auf dem Schnee aus, um meinen Rücken zu entspannen. Meine Wimpern sind mit Raureif überzogen und drücken die schläfrigen Augenlider herunter. Aber wir müssen in Kürze wieder aufbrechen, haben jetzt bereits eine zweistündige Ruhepause eingelegt. Es wird Zeit, den Hunden die Booties überzustülpen, 56 für vierzehn mal vier Pfoten.

Zwei Gespanne ziehen vorbei. Ich weiß nicht mehr genau, wo wir uns befinden. Bin ich kurz eingedöst? Ich prüfe die Dauer der Ruhepause auf meinem GPS: zwei Stunden und 35 Minuten. Wenn ich eingenickt bin, können es nur wenige Minuten gewesen sein. Voller Freude stelle ich fest, dass die Hunde mit Ausnahme von Moujik und Yuma sich willig zeigen weiterzulaufen. Die vorüberfahrenden Gespanne verlocken sie, bringen sie auf Trab. Auch mich lockt diese Aufmunterung von der Piste, ich habe es jetzt eilig aufzubrechen, bin gespannt, wie die Hunde bei diesem zweiten *Run* dahinpreschen werden, und möchte auch sehen, ob die Ruhepause und die Massagen sich auf die leicht schmerzhaften Gelenke von Burka und Inuk wohltuend ausgewirkt haben. Ich beeile mich, wieder auf der eisigen Piste durch die Nacht zu gleiten, ein Raureif-Phantom. Immer noch liegen über 1500 Kilometer vor uns.

… 56 – endlich sind alle Booties übergezogen und sorgfältig festgezurrt: nicht zu stark, um die Blutzirkulation nicht zu behindern, auch nicht zu locker, damit der Schnee nicht eindringen kann und wie Sand scheuert und durch die Reibung die Ballen verletzt.

Bei minus vierzig Grad mit bloßen Händen im Schnee zu knien ist alles andere als ein Vergnügen. Doch ich tu's, und es wärmt mir das Herz, mit den Hunden zu reden.

Sorgfältig belade ich wieder den Schlitten, prüfe die Batterien meiner beiden Stirnlampen (die Haupt- und die Notlampe) und befestige dann die Leinen am Geschirr. Die Hunde wissen jetzt, dass der Aufbruch unmittelbar bevorsteht; voller Ungeduld beginnen sie zu bellen, hochzuspringen und sich zu schütteln. Ich gehe vor Burka her und spure zwischen den Bäumen einen Weg in Richtung Hauptstrecke, wobei ich mit Zweigen eine Abkürzung versperre, die die Hunde einschlagen könnten. Ein Gespann von vierzehn Hunden ist lang, und es ist sicherer, eine möglichst gerade Linie einzuhalten. Um wieder auf die Hauptstrecke zu gelangen, muss ich im Zickzack fahren. Die Hunde reißen den Anker heraus, und wir starten wie der Blitz. Viel zu schnell, um mich geschickt zwischen den Bäumen durchzuschlängeln. Rasend folgt ein Hindernis auf das andere, ich habe kaum die Zeit zu lenken und vermeide mit knapper Not, gegen zwei Bäume zu prallen, während einige Hunde voller Panik nicht mehr wissen, wohin sie laufen sollen: rechts oder links von diesem Baumstamm, den die Zugleine streift? Ein Hund, der die falsche Wahl trifft – und er hat nur ein paar Zehntelsekunden dafür –, kann sich erdrosseln, wenn er rechts an einem Baum vorbeispringt, während das Gespann links fährt. Man muss also wachsam bleiben, den Fuß auf der Bremse, um einen Hund in solch einer Lage sofort befreien zu können. Aber leichter gesagt als getan, denn um sich geschickt zwischen den Bäumen durchzujonglieren oder eine enge Kurve zu fahren, muss man eine gewisse Geschwindigkeit beibehalten, sonst zieht einen die Zugkraft in die Falle. Kurzum, wir kehren endlich zur Piste zurück. Ich prüfe, ob ich nichts verloren habe, ob nicht womöglich etwas von einem Ast mitgerissen wurde. Ein verlorener Gegenstand – und alles, was wir mit uns führen, ist lebensnotwendig und unentbehrlich – darf nicht ersetzt werden. Das ist das Reglement. Stellen wir uns vor, dass ein *Musher* etwa seine einzige Stirnlampe verliert, das wäre die schlichte Katastrophe, denn man kann nicht ohne Licht weiterfahren, da zu siebzig Prozent Dunkelheit herrscht. Deshalb habe ich gleich mehrere Lampen dabei.

Burka und Inuk laufen gut. Das Gespann prescht in der eisigen Nacht flott voran, und ich freue mich, diese Herausforderung bewältigt zu haben: die des ersten *Runs,* bei dem die überdrehten Hunde schwer zu bändigen sind. In einigen Stunden sind wir in Braeburn.

»Los geht's, meine kleinen Kerle!«

3 ANKUNFT AM KONTROLLPUNKT VON BRAEBURN

7. Februar, 23.50 Uhr

Ein *Musher* hatte mich gewarnt, dass die Kurve sehr hals-
brecherisch sei. Wie recht er doch hatte! Aber die Pistenspurer haben ihren Job gut gemacht, und die problemati-
schen Stellen werden durch mehrere Pflöcke am Rand der
Piste angezeigt. Ich bin also auf der Hut, auch wenn ich mitten in der Nacht und nach einer Fahrt von 150 Kilometern
anfange, bleierne Müdigkeit zu spüren, und mein gesamter
Körper nach Schlaf verlangt.

Nach dieser brüsken Kurve, die fast rechtwinklig verläuft
und an der man die Geschwindigkeit drosseln muss, damit
man nicht gegen einen Baum prallt, führt die Piste abrupt
mit einem Gefälle von 45 Grad einen Hang hinunter. Die
Musher, die vor mir fuhren – ich schätze ungefähr zwölf –,
sind ebenfalls an dieser Stelle auf die Bremse gestiegen
und haben dadurch am Ende des Abhangs den Schnee weit-
gehend weggeschoben. Aus Erfahrung wissen die Hunde,
dass die Bremskraft hier nicht ausreichen wird, und reagieren mit schnellerem Lauftempo. Dadurch vermeiden sie,
dass der Schlitten sie einholt und überrollt. Was jedoch
nicht viel hilft ... Der Aufprall auf dem zugefrorenen kleinen See ist unsanft, aber alles geht gut.

Nachdem wir das Hindernis überwunden haben, erwarten uns ein paar gemächliche Kilometer auf dem zugefrorenen See. Zum ersten Mal benutze ich zur Entlastung meines schmerzenden Rückens eine Art kleinen Sitz, der mühelos auf einer Drehachse im hinteren Bereich des Schlittens installiert werden kann. Wenn ein Hindernis auftaucht, das von mir eine sofortige Reaktion erfordert, brauche ich nur die Schenkel zu spreizen, damit der Sitz wieder an seinen alten Platz zurückklappt, an dem er mit einem Spannseil befestigt werden kann. Einige *Musher* benutzen einen Schlitten, der mit einem bequemeren Sitz ausgestattet ist als meine bescheidene Hinternstütze. Es handelt sich um einen richtigen Stuhl mit Lehne auf dem rückwärtigen Teil des Schlittens, dessen beide Skikufen beträchtlich verlängert sind. Unter dem Stuhl ist eine Kiste befestigt, die Platz für Ausrüstungsgegenstände bietet. Dieses Schlittenmodell tauchte vor ungefähr zehn Jahren beim Iditarod auf, wo die Piste über lange Strecken leicht ist und Erholungspausen erlaubt. Auf der Piste des Yukon Quest wird es allerdings kaum verwendet, da man hier nur selten in seiner Wachsamkeit nachlassen darf. Aber einige Teilnehmer mit eisernem Willen fahren trotzdem diese sperrigen Schlitten auf dem sogenannten *Jumble Ice** (Packeis): lange Strecken mit einer Anhäufung von Eisblöcken, die auf dem Yukon in bestimmten Zonen mit Untiefen oder Stromschnellen zusammengeschoben werden. Die Pistenbetreuer informierten uns, dass ein Abschnitt zwischen Carmacks und Pelly Crossing der wahre Horror sei.

Es ist jetzt Mitternacht, und ich beeile mich, endlich zum Kontrollpunkt zu kommen, um die Hunde auf weichem Stroh zur Ruhe zu betten und danach einen der größten Hamburger zu verzehren, für die dieser Ort berühmt ist.

Am Ende des Sees, den wir nach Meinung meines Rückens, der gern noch eine längere Pause eingelegt hätte, viel zu schnell überquert haben, führt die Spur in einen kleinen Wald, wo sich das Lenken erneut kompliziert gestaltet. Wir fahren ein paar Kurven, was den Hunden Spaß macht.

Und plötzlich sehen wir Lichter. Wir sind angekommen. Es gibt eine Art Stau, denn Hugh Neff und ein anderer Teilnehmer sind auch gerade eingetroffen. Sie waren ein paar Minuten schneller als ich. Die Schiedsrichter kontrollieren die Ladung ihrer Schlitten, unterschreiben den *Check-in** (Ankunft) und fragen sie nach ihren Plänen. Einige *Musher* schnappen sich allerdings sofort ihre Taschen und suchen ihren Ruheplatz auf. Das trifft auch auf Hugh Neff zu, der gleich wieder weitergeht. Drei Champions sind hier schon eingelaufen. Jeff King, dem es als Einzigem gelungen ist, die Strecke von 160 Kilometern in einem Rutsch zu bewältigen, gefolgt von Allen Moore, dem Sieger der letzten beiden Rennen, und Lance Mackey, dem Superstar, den man auch den »Tiger Woods des Schnees« nennt. Ich liege auf dem zwölften Platz.

Ich beschließe, mich in die Ruhezone zurückzuziehen, zu der die *Handler* keinen Zutritt haben. Man bringt mich neben Normand Casavant unter, einem sehr sympathischen *Musher* aus Quebec, der schon früher beim Quest ausgezeichnete Ergebnisse erzielt hat. Im Jahr 2013 belegte er einen beachtlichen siebten Platz. Gemeinsam erledigen wir unsere Routinearbeiten. Booties, Massagen, Fleisch zum Auftauen in heißem Wasser, Verteilung des Futters … das zieht sich anderthalb Stunden hin. Die Hunde sind erschöpft und sicherlich auch etwas genervt vom unruhigen Umfeld – Tierärzte, Offizielle, Gespanne, die ankommen und wieder abfahren, die Medien. Jetzt fressen sie wieder schlecht, was mir Sorgen bereitet. Wie sollen sie 150 Kilometer innerhalb von 48 Stunden bei minus vierzig Grad meistern, wenn sie das, was ich ihnen vorsetze, nicht fressen?

Ich habe beschlossen, eine Ruhepause von sieben Stunden einzulegen, das ist die durchschnittliche Ruhezeit, die sich die *Musher* nach dieser Etappe von 160 Kilometern gönnen. Ich lasse die Hunde, versorgt, gefüttert und massiert, auf dem Stroh schlafen, das ich sorgfältig unter ihnen verstreut habe, und laufe so schnell wie möglich zum Kontrollpunkt, denn ich habe einen Bärenhunger. In diesem Raum, in dem sich über 200 Menschen drängen, herrscht eine eigene Atmosphäre, die typisch für dieses ungewöhnliche Rennen ist. Der Geruch nach Essen und feuchten Kleidern, die überall zum Trocknen aufgehängt sind, durchzieht den im Vergleich zur Kälte im Freien überheizten Raum. Einige, die eine geeignete Stelle gefunden haben, schlafen, andere klimpern auf den Tasten ihres Notebooks herum, viele Journalisten und *Handler* beobachten das *Tracking**, das die Gespanne, die laufend eintreffen und wieder weiterfahren, zeigt. Brent Sass, die Nummer eins, ist schon unterwegs nach Carmacks, ebenso Jeff King und Hugh Neff. Das Rennen hat begonnen. Jeff King erweckt den Eindruck, als wolle er den Tanz anführen. Wie immer interessiert ihn nur eins: der Sieg. Aber bei diesem Rennen ist die Konkurrenz erbarmungslos. Noch nie haben sich beim Quest so viele *top musher* angemeldet. Das Rennen um den Sieg verspricht mitreißend zu werden. Seit einigen Jahren sind die Schlitten mit einem kleinen Empfänger ausgestattet, der ihre Ortung per Satellit ermöglicht. Jedermann kann auf der Yukon-Quest-Website »live« dem Rennen des einen oder anderen Teilnehmers folgen. Die Geschwindigkeit wird angezeigt, die Rennzeit und genauso die Ruhezeit. Somit kann man die jeweilige Ankunftszeit ziemlich genau berechnen, was für die *Handler,* die ihren *Musher* erwarten, einen erheblichen Fortschritt bedeutet. Früher verharrten sie stundenlang im Freien und an den Fenstern, um eifrig Ausschau zu halten, genauso wie die Offiziellen, die nach draußen stürzten, sobald das berühmte »*Musher comes in!*« zu hören war. Einige nostalgisch gestimmte Personen weinen dieser alten Zeit nach, aber viele freuen sich, dass man jetzt auch von zu Hause aus ein aufregendes Rennen live verfolgen kann, das immer mehr Anhänger findet.

Wie alle *Musher* – und daran erkennt man sie – trete ich mit einem von der Kälte erstarrten Gesicht ein, das ich in der Hitze über dem riesigen Ofen, an dem man mir sofort Platz macht, auftaue. Nach einigen Minuten kann ich endlich meine Kapuzenmütze abnehmen. Sie war durch den Frost steif gefroren, während mein Bart eisverkrustet ist. Ich lege die Kleidungsstücke zum Trocknen aus und verzehre endlich den berühmten Hamburger mit großem Appetit. Pierre und Fabien bedrängen mich mit Fragen, auf die ich zwischen zwei Bissen antworte. Dann kehre ich zu den Hunden zurück. Sie schlafen mit eingerollten Pfoten. Abgesehen von Dark, Miwook, Inuk und Unik verweigern sie trotz all meiner Bemühungen das Fressen. Resigniert und etwas mutlos ziehe ich mich in eines der kleinen Zimmer zurück, die für die *Musher* eingerichtet wurden, um zwei Stunden zu schlafen. Ich schlafe schlecht, immer nur in kleinen Phasen von zehn Minuten, in Sorge um die Hunde, die nicht gefressen haben. Hätte ich wohl noch etwas länger mit dem Füttern warten müssen? Oder vielleicht sollte ich ihnen während des Rennens mehr Snacks geben? Ich drehe und wende das Problem in alle Richtungen. Draußen ist das Thermometer auf minus 44 Grad gefallen. Immer noch treffen Gespanne ein und fahren wieder weiter. Ich kehre zum Kontrollpunkt zurück, um einen Kaffee zu trinken; dann will ich erneut versuchen, die Hunde zum Fressen zu bringen. Nach wie vor fressen nicht alle, und wenn, dann ohne Appetit. Ich bin besorgt und schlecht gelaunt. Und dann bereite ich mich auch noch schlecht vor. Ich vergesse, meine Thermosflaschen zum Kontrollpunkt mitzunehmen, muss ein weiteres Mal hin- und herlaufen, was zusätzlich ermüdet. Ich ziehe zwei Mäntel verkehrt herum an und muss sie wieder ausziehen, kurzum, ich bin nicht im Lot. Wie werde ich zehn Tage in diesem Rhythmus durchhalten können? Es braucht lange, bis die Booties richtig sitzen, einige Hunde sträuben sich und machen nicht mit, wie Miwook, der die Prozedur hasst.

»Na, na, mein Miwook, beruhige dich um Gottes willen.«

Als meine vierzehn Hunde schließlich nach einer halben Stunde ihre Booties anhaben, kümmere ich mich um das Beladen des Schlittens und hole aus den Beuteln den *Food Drop* heraus, den ich für die Etappe benötige: Snacks, Batterien etc. Ich stelle mich ungeschickt an und bin sauer auf mich, weil ich so schlecht drauf bin. Auf meinem Schlitten herrscht genauso viel Chaos wie in meinem Kopf, und das ärgert mich. Ich kehre zum Kontrollpunkt zurück, um einen Kaffee zum Wachwerden zu trinken und mich in der Wärme anzuziehen. Dann tauche ich in die Nacht und die Kälte ein, informiere im Vorübergehen die Offiziellen, dass ich bereit bin für den *Check-out**. Einige freiwillige Unterstützer helfen mir, aus der Ruhezone herauszufinden und auf die Piste zu gelangen. Dark, Sidi und Inuk bellen lauthals, hüpfen ungeduldig hin und her, was meinen Optimismus wieder etwas zum Vorschein bringt.

»Sie sind in Form, wirklich top«, erklärt mir Fabien.

Und er hat recht.

Ich rücke meine Stirnlampe zurecht und verlasse den Kontrollpunkt. Wir überqueren eine Straße und wechseln dann auf eine schöne Piste, die nach Westen an einem kleinen Hügel vorbeiführt. Die Hunde laufen gut, traben vergnügt vor sich hin, und in der Ferne kündigt ein heller Schimmer am Horizont bereits den Tagesanbruch an.

»Nun, Nicolas, alles läuft wie geschmiert ... Die Hunde werden auch wieder fressen, und schau doch, wie sie laufen!«

Ich weiß nicht, ob es mir gelingt, mich selbst zu überzeugen, aber immerhin habe ich mich bemüht. Ich weiß, wie sehr Müdigkeit aufs Gemüt schlägt und bewirkt, dass sich verzagte Augenblicke mit Euphorie abwechseln. Es ist unbedingt erforderlich, dieses ständige Auf und Ab von Gefühlen und Stimmungen im Griff zu haben. Es fällt leicht, dies jetzt in einem Buch zu schildern, aber diesem Appell mitten in der Nacht bei minus 45 Grad nach nur zwei Stunden Schlaf und in großer Mutlosigkeit zu folgen, war sehr viel schwieriger.

Die Etappe von Braeburn nach Carmacks ist 120 Kilometer lang. Ich habe beschlossen, sie in zwei *Runs* aufzuteilen: Der erste soll ungefähr siebzig Kilometer umfassen, der zweite die restlichen fünfzig. Ich nehme daher ausreichend Stroh und Proviant mit.

Ich liebe diesen verschwommenen Augenblick, wenn die Nacht noch nicht weicht, der Tag sich erst zögernd durchkämpft und die Geländekonturen sich langsam abzuzeichnen beginnen. Bei Tagesanbruch lässt die Müdigkeit etwas nach, als ob es ohnehin zu spät wäre, zu schlafen und das enorme Schlafbedürfnis zu stillen. Die Müdigkeit baut sich also ab, zieht sich eine Zeit lang zurück, um dann mit umso mehr Wucht wiederzukommen, je größer das Schlafdefizit ist.

Ich knipse meine Stirnlampe aus, denn es ist jetzt hell genug. Die Landschaft führt uns zu einer Reihe von Sümpfen und Seen, wo es manchmal notwendig wird, *Overflow*-Zonen und dem Packeis auszuweichen. Miwook und Burka verstehen es meisterhaft, sich mit großer Präzision an diesen Hindernissen vorbeizuschlängeln.

»*Djee!* Ja, noch einmal! Noch einmal! Los, *yap*! *Yap!*«

Es ist ein Vergnügen, zu beobachten, wie schnell sie reagieren, zu spüren, wie sie meine Befehle annehmen und intelligent und effizient umsetzen, die Passagen, die ich anpeile, vorausahnen und die Zonen erraten, die ich vermeiden möchte.

»Sehr gut, meine Hunde! Das ist wirklich sehr gut.«

Ich gratuliere einem nach dem anderen, und jeder reagiert, indem er sich umdreht.

An dieser Stelle möchte ich innehalten, um meinen Lesern endlich meine Champions einzeln vorzustellen.

An der Spitze laufen Burka und Miwook. Hinter ihnen Quest mit ihrer Tochter Sidi. Quest ist eine gute Leithündin, ein wenig empfindlich, verspielt, aber intelligent und eine tolle Jägerin. Wenn am Rand der Piste ein Rebhuhn irgendwo unter dem Schnee verborgen ist, findet sie es. Sidi ist zierlich, etwas anfällig, was die Gelenke anbelangt, aber sie ist eine Kämpferin, eine unglaubliche Kletterin. In meinem Team trägt sie zusammen mit Unik und Kazan das gelbe Trikot.

Unik ist ein Hund, der über eine erstaunliche Ausgeglichenheit verfügt. Ein Champion. Ein Hund, der gut frisst, hervorragend läuft und rundum gut ist. Hätte ich vierzehn solcher Hunde, würde ich den Quest spielend gewinnen.

Kazan ist ein fügsamer Hund, den Unik unter seine Fittiche genommen hat, um ihn vor den Übergriffen der anderen zu schützen. Solche Kabbeleien mit Kazan gab es während des vergangenen Winters ständig, auch wenn ich häufig eingriff, um ihnen Einhalt zu gebieten. Seit Unik Kazan unter seinen Schutz gestellt hat, geht es ihm besser, und er macht Fortschritte.

Als drittes Paar habe ich Olga und Yuma zusammengeschirrt – die Anordnung wechselt von heute auf morgen. Es sind zwei Hündinnen, beide zweieinhalb Jahre alt. Im vorigen Winter waren sie noch zu jung, um in das Gespann der zehn Hunde aufgenommen zu werden, mit denen ich damals die Mongolei und Sibirien durchquerte. Ich hatte die beiden jungen Hündinnen zwei Freunden anvertraut, die mit ihnen die Große Odyssee gelaufen sind, ein Hundeschlittenrennen, das ich mit meinen Freunden Dominique Grandjean und Henry Kam ins Leben gerufen habe. So wurden sie während meiner Abwesenheit gut gepflegt und trainiert.

Yuma ist sehr speziell. Sie ist die wildeste Hündin des Gespanns. Während alle lauthals Streicheleinheiten und Liebkosungen einfordern, verhält sich Yuma zögerlich, ziert sich, spielt die Spröde. Aber sie ist eine sehr gute Langstreckenläuferin, mutig, kraftvoll und beharrlich.

Olga ist sympathisch, lustig und heiter. Sie murrt, wenn es darum geht, nach einer aus ihrer Sicht viel zu kurzen Ruhepause weiterzulaufen. Aber gleich danach findet sie wieder Lust am Laufen auf der Piste.

Und dann wäre da Moujik. Ein wackerer Kerl, aber ich weiß mit Sicherheit, dass er es nicht bis Fairbanks schaffen wird, höchstens bis Dawson. Er ermüdet schnell, erholt sich langsam, aber er ist kräftig gebaut und sehr sympathisch. Er ist mit Inuk eingespannt, einer Hündin von kleinem Wuchs, die aber großartige Merkmale besitzt. Sie galoppiert hervorragend, was sie bei den letzten langen Trainingsfahrten über Hunderte von Kilometern gezeigt hat, bei denen sie eine beachtliche Ausdauer bewies.

Happy und Kali sind Zwillingsbrüder, die man nur auseinanderhalten kann, wenn man sie lange genug kennt. Doch auch ich irre mich manchmal, seit Kali, der etwas Schwächere der beiden, kraftvoller geworden ist. Die beiden sind eines der dominanten Paare meines Teams. Genauso wie ich einen Schlitten darauf verwetten würde, dass Moujik das Rennen nicht beenden wird, bin ich ebenso bereit zu wetten, dass die beiden die Ziellinie erreichen. Allerdings macht mir Happy Sorgen. Zehn Tage vor unserer Abfahrt zeigten sich an seinen Pfoten seltsame Warzen, die gravierende Probleme beim Aufsetzen mit sich brachten und blutende Wunden verursachten, als ich ihm die Booties überstülpte. Es geht aber nicht ohne, wenn man die Ballen der Hunde schützen will. Trotzdem mussten wir sie ihm wieder ausziehen, und die Wunden kamen wieder, aber sie rissen wenigstens nicht auf. Um ein Haar hätte ich ihn nicht mitnehmen können, was ein harter Schlag gewesen wäre.

Auf der viermonatigen Expedition des letzten Jahres haben sich Happy und Kali keine Sekunde lang als unwürdig erwiesen. Sie sind außergewöhnliche Läufer, robust und unerschrocken. Ich zähle auch jetzt ganz stark auf sie, bete darum, dass das leichte Humpeln, das Kali bei einer Trainingsfahrt gezeigt hat, nur auf eine kleine, ungeschickte Bewegung zurückzuführen ist und ohne ernstere Folgen bleibt. Wenn man sie heute munter dahinpreschen sieht, scheint es nicht so schlimm zu sein.

Und dann wären noch meine sogenannten *wheel dogs* zu erwähnen, das Paar, das direkt vor dem Schlitten angespannt ist. Zwei Stars: Wolf, der Chef der Meute, der alle anderen dominiert, aber strohdumm ist und unfähig, etwas Grundlegendes zu begreifen, etwa das Verbot, in die Leinen zu beißen, die ihn mit der Zentralleine verbinden. Wenn man ihn anschnauzt, blickt er verständnislos, mit diesem stumpfsinnigen Blick, der typisch für ihn ist. Aber ich mag diesen Dummkopf, der sehr liebenswürdig ist und ein göttlicher Läufer. Er legt einen unglaublichen Trab hin, den er mit sehr hoher Geschwindigkeit durchhalten kann (über zwanzig Kilometer pro Stunde), wenn alle schon längst in Galopp gefallen sind.

Und dann Dark! Ah, mein Dark. Ein Hund, der in jeder Lage gute Laune hat. Er ist immer auf dem Sprung, ja sogar zu sehr. Er ist unverbesserlich, kann nicht stillstehen, was einen manchmal zur Verzweiflung treibt. Wenn wir haltmachen, um eine Ruhepause einzulegen, bellt er wie verrückt, murrt, brummt, knurrt und springt hoch, will weiter. Das geht auf die Dauer auf die Nerven. Dennoch – was für ein Prachthund! Und bei einem Rennen wie dem Yukon Quest ist es ein Glück, einen so quicklebendigen Hund im Gespann zu haben, der alle anderen mit seiner Lauflust ansteckt.

Zwei oder drei Gespanne, nicht mehr, haben bereits in Braeburn ein oder zwei Hunde ausgemustert. Wie lange werde ich meine vierzehn behalten können? Ich weiß es nicht, habe aber sehr wohl vor, die große Etappe von Pelly Crossing nach Dawson City und mittendrin den Anstieg zum King Solomon's Dome mit mindestens zwölf Hunden anzugehen. Dies ist einer der Gründe, weshalb ich diesen 120-Kilometer-*Run* in zwei Abschnitte aufteile, obwohl man ihn in einem Rutsch schaffen könnte. Dann müsste man aber den Hunden eine Ruhepause von sechs bis acht Stunden gönnen.

Gegen zehn Uhr morgens, als wir bereits zig Kilometer hinter uns haben, geht die Sonne endlich über den Bergen auf. Ihre Strahlen wandern über das Tal, durch das wir gleiten, verbreiten ein wohltuendes Licht. Aber leider keine Wärme, denn zu dieser Jahreszeit steht sie zu tief, um die Luft zu erwärmen. Dagegen wirkt sie zweifellos aufmunternd auf das Gemüt, was ja auch nicht schlecht ist.

Wir haben jetzt die Richtung nach Norden eingeschlagen, nach Carmacks. Die Landschaft, die sich in der beruhigenden Helligkeit verwandelt hat, wirkt märchenhaft. Seen und Sümpfe, eingerahmt von hohen Bergen, wechseln sich mit Wäldern ab, in denen ein guter Weg an Birken und Kiefern vorbeiführt. Zahlreiche Spuren von Wildtieren fallen ins Auge: Luchse, Wölfe, Bisons, Elche und Mufflons ... Die Hunde hecheln, verstärken den Trab, wenn sie glauben, eine frische Spur entdeckt zu haben. Wir überholen einen *Musher*, der längs der Piste an einem zugefrorenen, von goldfarbenen Binsen umgebenen Sumpf haltgemacht hat und seinen Hunden eine Ruhepause gönnt. Es ist Brian Wilmshurst, ein atypischer *Musher* aus Dawson, der an allen Briefings vor dem Rennen mit kurzen Hosen und Hawaiihemd teilgenommen hatte. Seine Statur ist genauso beeindruckend wie sein Bart. Er ist ungeheuer sympathisch, winkt mir freundlich zu, als ich an ihm vorbeiflitze. Brian ist ein guter *Musher*. Er hat beim Vorjahresrennen den zehnten Platz belegt und möchte auch dieses Jahr unter den *top ten* sein.

Ich werfe einen Blick auf mein GPS und fange an, es zu hassen, da es immer einen geringeren Kilometerstand anzeigt, als ich vermute. Und genauso ist es: 54 Kilometer. Dabei hätte ich schwören können, dass wir bereits über sechzig Kilometer zurückgelegt haben. Verdammtes GPS! Ich beeile mich, den Hunden eine Ruhepause einzurichten, damit sie noch etwas die Sonne genießen können, bevor sie wieder hinter den Bergen verschwindet.

Also mache ich halt, um Snacks zu verteilen. Einige Hunde fressen gut, andere weniger. Bei Kilometer 72 finde ich eine passende Stelle an der abfallenden Seite eines Hanges, die gut geeignet ist für eine Erholungspause. Kaum habe ich etwas Stroh verteilt, strecken sich die Hunde mit Wonne darauf aus und gähnen vor Vergnügen. Ich ziehe ihnen die Booties aus, massiere jeden Einzelnen und warte darauf, dass das Wasser heiß wird, dann verteile ich das Futter. Leider fressen die Hunde erneut wenig, und das schlägt mir aufs Gemüt. Sie ziehen den Schlaf dem Fressen vor. Das ist eindeutig. Aber bei diesen nach wie vor eisigen Temperaturen und ihrem hohen Energieverbrauch weiß ich, dass die Hunde 8000 Kalorien pro Tag verzehren sollten. Doch sie sind weit davon entfernt, nur Unik, Miwook und noch einige andere wie Inuk und Happy langen ordentlich zu. Ich bin völlig am Boden zerstört. Ich versuche, ihnen Snacks aus gehacktem Lachs zu geben, auch Fleisch, aber keine Chance. Sie wollen schlafen und nicht fressen.

Drei Stunden später, in denen ich zwanzig Minuten geschlafen habe, setzen wir unseren Weg fort.

4 ANKUNFT AM KONTROLLPUNKT VON CARMACKS

9. Februar, 4.50 Uhr

Die Strecke steigt jetzt in höhere Lagen an und wird auch beschwerlicher, zumal es hier riesige abgebrannte Zonen gibt. Die Pistenspurer haben sich durch eine Art Riesenmikado geschlängelt. Es ist ein Kampf. Trotz der Kälte ziehe ich meine Jacke aus, denn ich fange an zu schwitzen. Bei Moujik zeigen sich Anzeichen von Ermüdung. Ich hatte fest damit gerechnet, dass er länger durchhalten würde. Jetzt kann ich mir nicht mehr vorstellen, dass er weiter als bis Carmacks kommt.

Die Dämmerung ist bereits hereingebrochen, und die abendliche Routine muss erledigt werden: Kontrolle der Stirnlampen und der Batterien. Die Kilometer scheinen sich hinzuziehen und kein Ende zu nehmen. Ich wage es nicht, auf mein GPS zu schauen, sonst würde ich es wohl aus Wut in den Schnee feuern. Es müssten noch etwa 105 Kilometer sein. Uns bleibt also noch eine gute Stunde, und die wird nicht leicht sein. Die Temperatur fällt genauso schnell, wie meine Energie nachlässt. Ich bin müde, sehr müde, und meine Stimmung spiegelt wider, in welcher Form die Hunde sind. Quest zieht nicht mehr, und Inuk macht es ihr bald nach. Da ich Quest um jeden Preis behalten möchte, packe ich sie auf den Schlitten. Die Piste steigt an, fällt dann wieder steil ab und führt über kleine Erhebungen, die sich häufen, nicht enden wollen und hohe Konzentration erfordern, um einige Kurven zwischen den Bäumen und Wurzeln zu meistern.

Plötzlich streikt Kali. Ich halte das Gespann auf der Stelle an und gehe zu ihm. Sein Hinterteil ist ganz steif. Ich verstehe es nicht. Warum plötzlich diese Blockade? Ich hoffe inständig, dass es sich nur um einen vorübergehenden Krampf handelt.

»Oh nein, nicht er!«

Ich mache auch ihm Platz auf meinem Schlitten und trage den über dreißig Kilo schweren Hund dorthin. Ich bin nicht nur demoralisiert, ich bin verzweifelt. Mit drei Hunden, die nicht auf der Höhe sind, werde ich also in Carmacks eintreffen, dem zweiten Kontrollpunkt des Rennens. Dabei hat es noch gar nicht angefangen, richtig ernst zu werden. Auf den letzten Kilometern wird die chaotische Strecke, auf der sich Hügel mit kurvenreichen Abschnitten abwechseln, beladen wie ich bin, zu einem Martyrium. Umso mehr, da ich wegen des Raureifs, der mein Gesicht überzogen hat, die Hindernisse erst in letzter Minute erkennen kann. Und vor allem habe ich keinen Mut mehr, sehe alles so schwarz wie diese kalte, mondlose Nacht.

Als wir endlich in Carmacks eintreffen, bin ich mir sicher, dass ich Quest, Moujik und zu allem Unglück auch Inuk, der angefangen hat zu humpeln, ausmustern muss. Nicht mit einem Schlitten bin ich in Carmacks angekommen, sondern mit dem Floß der Medusa.

Am Kontrollpunkt bitte ich die Funktionäre, die obligatorische Überprüfung meiner Ausrüstung am Ruheplatz der

Hunde durchzuführen, damit Kali sich nicht ohne die Hilfe eines Tierarztes bewegen muss. Die Offiziellen akzeptieren dies bereitwillig und fordern die sofortige Hilfe eines Tierarztes an, der in dem Augenblick auftaucht, als ich mich gerade in dem mir zugewiesenen Bereich im Freien niederlasse. Ich erkläre ihm, was geschehen ist. Der Tierarzt hört Kali ab, während ich in aller Eile Stroh unter meinen Hunden verteile. So können sie sich sofort niederlegen und sich von diesem grauenhaften Tag erholen. Der Tierarzt bestätigt, dass ein Teil von Kalis Hinterteil unbeweglich ist, kann aber nichts Genaues feststellen. Der Hund scheint an Verstopfung zu leiden, einer Funktionsstörung der Muskulatur, die alles blockiert.

Der Tierarzt rät: »Lassen wir ihn ein paar Stunden ruhen und kontrollieren wir, ob er seine Notdurft verrichten kann. Wie lange willst du hier Pause machen?«

»Mindestens acht Stunden. Meine müden Hunde fressen schlecht, und bei dieser Kälte kann ich so nicht weiterfahren, oder ich muss sie alle beim nächsten Kontrollpunkt ausmustern.«

Der Tierarzt merkt, wie niedergeschlagen ich bin, und versucht, mich zu beruhigen. Bei dieser Kälte, die sich im Übrigen in den nächsten 48 Stunden noch verstärken soll, haben mehrere Gespanne dasselbe Problem, erklärt er mir. Die Hunde sind am Anfang des Rennens sehr angestrengt, man muss ihnen Zeit lassen, vor allem, um ihren Rhythmus zu finden. Ich zeige ihm Inuk. Der Befund ist eindeutig. Das Gelenk fängt an zu schwellen und verursacht Schmerzen. Die Hündin muss ausgemustert werden.

Die Liste wird noch länger: Quest und Moujik sind erschöpft. Bestenfalls halten sie noch ein paar Etappen durch, aber ohne mitziehen zu können. Warum sich also mit »nutzlosen« Hunden belasten? Die man füttern, versorgen, massieren, denen man Booties anzieht und für die man Futter auf dem Schlitten mitnehmen muss? Es ist mein Gefühl für die Hunde, das mich zögern lässt, aber bei diesem Rennen darf das nicht die entscheidende Rolle spielen. Selbst wenn es mir schwerfällt, mich von den beiden zu trennen, ist es besser, wenn sich Quest und Moujik erholen und sich bis zum Ende des Rennens von Fabien verwöhnen lassen. Man muss pragmatisch und realistisch sein.

Quest, Moujik und Inuk. Drei ausgemusterte Hunde. Mit Kali sind es vier! Es wäre eine Untertreibung zu sagen, dass die Aktien fallen. In Carmacks habe ich eine Menge Proviant besorgt: Fleisch, Fisch, mehrere Beutel mit Snacks. Ich gebe jetzt alles, was ich kann, den Hunden, aber sie fressen schlecht, was mir wiederum aufs Gemüt schlägt. Ich überlege, ob ich das Rennen aufgeben soll. Was hat es für einen Sinn weiterzumachen? Meine Chancen, es bis zum Ziel zu schaffen, sind gleich null. In den letzten beiden Tagen habe ich lediglich zweieinhalb Stunden geschlafen, und ich weiß, die Müdigkeit hindert mich daran, klar zu denken. Außerdem brauchen meine Hunde eine Ruhepause. Werden sie besser fressen, wenn sie sich erholt haben?

Als ich mich für zwei Stunden aufs Ohr lege, rede ich mir gut zu. Vorher hatte ich mir eine große Portion Lasagne im Inneren des Kontrollpunkts gegönnt. Pierre und Fabien versuchen, mich aufzumuntern. Aber ich erkenne sehr wohl, dass auch sie kaum noch Chancen für mich sehen, auch wenn sie alles geben, mich vom Gegenteil zu überzeugen. Ich schlafe knapp eine Stunde. Dann krame ich das, was ich zum Schutz vor Kälte in meiner Kühlbox aufbewahrt habe, wieder heraus, um es aufzuwärmen und den Hunden zu servieren. Solange sie nicht fressen, kann ich nicht richtig schlafen. Einige nehmen zumindest eine Kleinigkeit zu sich, aber doch nicht genug, sodass ich eine Stunde später wieder von vorn anfange. Kali geht es nicht besser, und ich resigniere. Ich weiß, dass er nicht mehr weiterlaufen kann. Alle zwei Stunden verteile ich wieder etwas zu fressen, wobei ich die Zutaten erhöhe und versuche, ein paar Variationen zu bieten: auf dem Schnee, auf dem Stroh, im Fressnapf, mit und ohne Wasser. Ich sorge dafür, dass sie aufstehen, um wach zu werden. Sie fressen kleine Portionen, sodass ich zwölf Stunden am Kontrollpunkt bleibe und hier und da ein paar kostbare Stunden Schlaf für mich herausschlage.

Ich verlasse Carmacks mit zehn Hunden. Nach der langen Ruhepause sind sie voller Schwung. Die fröhliche Abfahrt hebt meine Stimmung wieder etwas, was ich dringend nötig habe. Ich bin entschlossen, so weit wie möglich zu kommen, mindestens bis Dawson. Mit zehn Hunden sind wir natürlich nicht so leistungsfähig. Wir verfügen nur über einen äußerst reduzierten Handlungsspielraum, denn es ist fast unmöglich, alle Hunde bis ins Ziel zu bringen. Bei den großen Entfernungen der täglichen Etappen, bei so vielen Hindernissen wird es zwangsläufig weitere Probleme geben. Da ich schon kurz nach Beginn des Rennens so wenige Hunde habe – kein anderer *Musher* hat so viele ausgemustert –, muss ich meine Aufmerksamkeit erhöhen und mein Möglichstes tun, um es mit ihnen bis Dawson zu schaffen. Ich muss also die Platzierung vergessen und den Traum, unter die *top ten* zu kommen, als unrealistisch aufgeben. Ich kann mich jetzt nur noch auf eines konzentrieren: auf diese Hunde, damit sie den richtigen Rhythmus finden und so weit wie möglich kommen.

Es gibt einen kleinen, aber realistischen Vorteil: Bei einem Gespann von zehn Hunden geht alles viel schneller. Vier leere Plätze bedeuten ungefähr 25 Prozent Arbeitsersparnis. Es ist auch weniger Futter zu transportieren. Nun ja, man tröstet sich so gut wie möglich.

Die Etappe zwischen Carmacks und Pelly Crossing ist 130 Kilometer lang. In der Mitte befindet sich ein sogenannter *Dog Drop**, eine Hütte, wo ein Tierarzt Hilfe leisten kann und wo die *Musher* bei Bedarf einen Hund ausmustern, denn dieser Ort ist auch für die *Handler* mit ihren Versorgungswagen zugänglich. Die Strecke zwischen Carmacks und Pelly Crossing führt über den Yukon, dabei verlaufen kurze Abschnitte durch Buschwerk und bewaldetes Steilufer. Uns wurde gemeldet, dass sich hier auf mehreren Kilometern schreckliches Packeis (*Jumble Ice*) gebildet hat. Und tatsächlich, knapp eine halbe Stunde nach der Abfahrt in Carmacks ist der Fluss, so weit der Blick reicht, von einem Ufer zum anderen durch eine beeindruckende Ansammlung von Eisschollen blockiert. Einige Eisbrocken sind mehrere Meter hoch aufgestaut.

Aber wie sind die Pistenbetreuer da durchgekommen?

Wenn sie das geschafft haben und die anderen *Musher* ihnen folgen konnten, muss es also möglich sein. Mit dieser Überzeugung fahre ich in diesen gefährlichen Bereich hinein, wo der Kampf sofort beginnt. Die Piste ist tatsächlich übel. Sofort fallen mir die Spuren mehrerer Schlitten ins Auge, die hier umgekehrt sind und nicht bereit waren weiterzufahren. Bei der Mehrzahl handelt es sich um Teilnehmer des Yukon Quest 300, eines Rennens über 300 Meilen (480 Kilometer), an dem ungefähr zwanzig *Musher* teilnehmen. Sie starten etwa drei Stunden nach dem Aufbruch der Yukon-Quest-Teilnehmer. Dieses Rennen dient als Qualifikationsrennen für das Iditarod oder den Yukon Quest des kommenden Jahres. Manchmal findet man bei diesem Rennen auch einige Namen bekannter Champions, die entweder ein Gespann junger Hunde testen wollen oder den Wettkampf lediglich als Training nutzen. Tatsächlich ist aufgrund der extremen Kälte und der grauenhaften Pistenverhältnisse in diesem Jahr bereits eine Rekordzahl an *Mushern* ausgeschieden. Dies trifft auch auf unseren Kumpel Olaf zu. Ein sehr sympathischer deutscher *Musher,* der in einer Hütte in der Nähe von uns untergebracht war und am Quest 300 teilgenommen hatte.

Mein verlängerter Aufenthalt in Carmacks hat es den Hunden erlaubt, sich gut auszuruhen, und hat auch zur Folge, dass ich die Etappe eher bei Tag als bei Nacht angehe, was beim Fahren durch diese Eishölle einen gewissen Vorteil bietet. Der Schlitten wird hin und her gerüttelt, erst auf die eine, dann auf die andere Seite, und man wird ständig gezwungen, den Eisschollen auszuweichen. Man hat das Gefühl, dauernd über den Schutt von Gebäuden zu fahren, die von einem gigantischen Erdbeben zerstört wurden. Wenn die Hunde über das Treibeis laufen, schweben sie ständig in Gefahr, sich zu verletzen. Mein Stress ist enorm. Ich zittere ihretwegen. Für die *Musher* sind Stürze ebenfalls riskant, da bei minus vierzig Grad ein Eisblock genauso gefährlich sein kann wie ein Klotz aus Beton. Einige Kanten sind ungewöhnlich scharf, zackenförmig oder schneidend. Null Chance, das Tempo zu drosseln. Es gibt so viele Kurven, ein regelrechter Slalom. Man muss, um sie optimal zu bewältigen, ein gewisses Tempo einhalten können. Da die Hindernisse rasend schnell auftauchen, müssen die Entscheidungen, wie sie zu nehmen sind, blitzschnell getroffen werden. Es handelt sich mehr um instinktives Reagieren als um überlegte Analysen. Die Strecke erinnert an einen Boxring, in dem der *Musher* viele Schläge einsteckt, ohne einen einzigen austeilen zu können. Sein einziger Trost besteht in der Befriedigung, die Hindernisse, die er bewältigt hat, hinter sich lassen zu können.

Während ich mich vorwärtskämpfe, muss ich unwillkürlich die gigantische Arbeit der Pistenbetreuer bewundern, die in diesem unglaublichen Gewirr aus ineinandergeschobenen Eisschollen eine Piste spurten. Das ist phänomenal. Sie waren tagelang damit beschäftigt, Eisschollen zu verschieben, Löcher mit Schnee aufzufüllen, Hin- und Rückwege anzulegen, auf der verzweifelten Suche nach den Passagen, die am wenigsten gefährlich sind. Aber es gibt keine andere Lösung als den Flusslauf, denn seine steilen Ufer sind völlig unbefahrbar. Die Hunde laufen gut, ohne sich zu verletzen, und ich flehe alle Heiligen an, dass es dabei bleiben möge.

Die Pistenbetreuer haben etwa acht Kilometer Packeis gemeldet. Ich kann nicht glauben, dass wir erst die Hälfte der Strecke bewältigt haben. Ich fühle mich wie durchgeprügelt, denn ich muss ständig den Schlitten anhalten, tragen und wieder aufrichten. Im Laufen muss ich permanent von einer Kufe auf die andere springen, die Beschaffenheit des Eises »lesen«, um den Schlitten dorthin zu schieben, wo man das Tempo beschleunigen kann, um nicht gegen eine Eisscholle zu prallen, umzukippen oder in ein Loch zu stürzen. Es ist die Hölle! Meine Arme und Beine fühlen sich an wie Mus. Ich genehmige mir eine Rast, um die Hunde zu loben und einen Snack zu verteilen, den sie mit Appetit verzehren, was mich glücklich macht. Ich nehme daher die zweite Hälfte dieser albtraumhaften Piste in guter Stimmung in Angriff.

Endlich haben wir diesen Abschnitt ohne Zwischenfälle hinter uns gebracht. Andere Teilnehmer hatten nicht so viel Glück, denn wesentliche Teile ihrer Schlitten wurden zertrümmert. Die Ersten werden wohl aufgeben.

Die Piste verläuft zunächst am Flussufer entlang und kehrt dann wieder zum Yukon zurück, bevor sie auf einem guten Weg zu Lande bis nach McCabe Creek weiterführt: dem *Dog Drop*. Die Hunde laufen munter in gutem Tempo auf dieser Piste, und die Stimmung steigt noch etwas mehr.

McCabe: eine großflächige Lichtung mit einigen Holzhäusern, wo ich in flottem Tempo ankomme. Ich peile sofort einen Sonnenplatz an, wo sich die Hunde gut erholen können. Die Organisatoren des Quest haben hier einen halben Strohballen pro Gespann deponiert, den ich sofort an meine fünf Hundepaare verteile.

Es ist 14.40 Uhr. Ich beschließe, nur zwei Stunden Rast einzulegen, bevor ich nach Pelly Crossing weiterfahre. Schnell verteile ich das Futter an die Meute, alle fressen dieses Mal recht gut. Für die Massage lasse ich mir Zeit, besonders bei Burka, deren rechtes, leicht angeschwollenes Gelenk recht empfindlich ist. Dieselbe Prozedur bei Happy, der nicht in Höchstform ist, als habe er dasselbe Problem wie sein Zwillingsbruder Kali. Wenn ich Happy auch ausmustern muss, bedeutet dies fast zwangsläufig das Ausscheiden aus dem Rennen, umso mehr, da ich nicht glaube, dass Burka noch sehr lange durchhalten wird. Ihre Schwäche wird zweifellos zunehmen. Wie soll sie Heilung finden, wenn sie pro Tag mehr als 150 Kilometer zurücklegen muss?

Was gäbe ich nicht darum, noch vierzehn Hunde im Gespann zu haben wie die meisten Teilnehmer in dieser Phase des Rennens. Aber ich darf das Vertrauen in diese zehn Hunde nicht verlieren, die voller Energie sind. Ich bemühe mich, an mein Glück zu glauben. Sonst ist alles verloren.

Zwei Stunden später brechen wir nach Pelly Crossing auf, das 55 Kilometer entfernt liegt. Bei Einbruch der Dämmerung sinkt die Temperatur auf minus 45 Grad. In den ersten zwei Stunden läuft alles gut, dann lässt die Spannung der Leine bei Happy immer mehr nach, ein Zeichen dafür, dass es ihm nicht gut geht, was seine steifbeinige Gangart bestätigt. Ich bin völlig verzweifelt, verstehe es nicht. Happy und Kali waren die beiden zuverlässigsten Hunde, die robustesten meines Gespanns. Ich lade Happy schweren Herzens auf meinen Schlitten, und so setzen wir unsere Fahrt bis Pelly Crossing fort.

Als ich kurz nach achtzehn Uhr am Kontrollpunkt ankomme, werden Kälterekorde angezeigt; in Dawson herrschen Temperaturen unter minus 55 Grad. Hier zeigt das Thermometer bereits minus 47 Grad. Ich suche mit Happy sofort den Tierarzt auf, der mir rät, ihn auszumustern und Antibiotika zu verabreichen.

Ich habe also nur noch neun Hunde – und Burka humpelt.

Von Pelly Crossing bis Dawson sind es 350 Kilometer ohne Kontrollpunkt. Diese Etappe ist wegen ihrer Länge gefürchtet, denn sie ist die längste des Quest. Sie führt über höhere Lagen, die auf etlichen Anstiegen überquert werden müssen, darunter der King Solomon's Dome.

Drei Gespanne haben bereits aufgegeben, und es sieht ganz danach aus, als wäre meines das vierte. Ein Abbruch zeichnet sich ab. Aber ich will trotzdem alles daransetzen, wenigstens bis Dawson zu kommen; ich bin sogar bereit, den

Schlitten höchstpersönlich den King Solomon's Dome hochzuziehen. Wut steigt in mir hoch, das Gefühl von Ungerechtigkeit treibt mich zur Revolte. Ich habe für dieses Rennen so viel getan! Wir verdienen das nicht. Wie ist es nur möglich, dass ich in kürzester Zeit in eine so erbärmliche Lage geraten bin? Habe ich unsere Leistungsstärke falsch eingeschätzt, unsere Schwächen nicht wahrgenommen?

»Ich werde nach Dawson kommen«, sage ich voller Zorn zu Pierre und Fabien, die ebenfalls spüren, dass das Spiel zu Ende gehen könnte.

Um dem Ganzen die Krone aufzusetzen, fressen die Hunde erneut schlecht. Die Nacht klirrt vor Kälte, und die kommenden Etappen sind kein Kinderspiel. Was soll's! Ich bleibe hier so lange, wie es erforderlich ist, werde dann aber mit neun starken Hunden weiterfahren.

Ich bleibe vierzehn Stunden am Kontrollpunkt, gebe den Hunden alle drei Stunden etwas zum Fressen und gönne mir dazwischen ein wenig Schlaf. Im Morgengrauen sind alle Gespanne, die hier waren, weitergefahren, abgesehen von meinem und dem Gespann von Kristin Knight Pace, der jungen *Musherin*.

Als ich hier eintraf, lag ich auf dem neunzehnten Platz, jetzt bin ich auf den 22. zurückgefallen, also den vorletzten. Drei Teilnehmer haben aufgegeben, und Matt Hall, einer der Anwärter auf den Sieg, ist gerade im Begriff, umzukehren und in Pelly Crossing auszusteigen – sagt man mir.

Ich versuche, mich zu trösten. Ich werde nicht der Erste und auch nicht der Einzige sein, der aufgibt. Schon große *Musher* wie Matt Hall und andere mussten mit einer ähnlichen Lage wie der meinen klarkommen. Aber ich will unter allen Umständen bis Dawson kommen.

Für diese lange Etappe ist mein Schlitten viel zu schwer beladen. Ich habe viel Futter für die Hunde dabei, da ich dachte, ich sollte mir vielleicht Zeit lassen, um, wenn auch als Letzter, auf jeden Fall bis nach Dawson zu kommen. Natürlich hat sich jegliche Hoffnung auf eine Platzierung in Luft aufgelöst. Ich bin gewaltig im Rückstand, und mit nur neun Hunden bin ich viel zu langsam, um hoffen zu können, die verlorene Zeit teilweise aufzuholen. Außerdem muss ich die Hunde schonen, denn ich habe keinen Handlungsspielraum mehr.

Nach der langen Ruhepause laufen die Hunde trotz der Polarkälte von minus 48 Grad gut. Wieder auf der Piste zu sein hebt meine Stimmung etwas. Am Kontrollpunkt war es mir zuwider, die trostlosen Blicke derjenigen auf mir zu fühlen, die bereits davon überzeugt waren, dass ich aufgeben würde. Noch schlimmer waren die Blicke eines unsympathischen Franzosen, der im Yukon-Territorium lebt und sich ungeniert über meinen Misserfolg freute, den er schon vorausgesagt hatte. Er ließ sich auch im sozialen Netzwerk unter einem Decknamen, den wir alle erkannten, über mich aus. Dabei ist dieser Mann, der von sich behauptet, er sei mehr ein Bewohner des Yukon als Franzose, vor ein paar Jahren selbst beim Yukon Quest gescheitert. Wie pathetisch und lächerlich!

Aber andererseits unterstützen mich so viele Menschen, bekannte und unbekannte Freunde, die ich nicht enttäuschen will. Ich denke an meine Frau, an meine Kinder, an jene Schulen (von denen einige in Frankreich nach mir benannt sind), die alle den Verlauf des Rennens Stunde um Stunde verfolgen. Auch deswegen will ich kämpfen. Ich bin nicht mehr mutlos, sondern besessen.

5 ABFAHRT VON PELLY CROSSING

9. Februar, 18.00 Uhr

Auf einer schönen, breiten und einfachen Piste steuern wir auf einen Nebenfluss des Yukon zu. Trotz der eisigen Temperaturen, die stellenweise minus 50 Grad erreichen, laufen meine Hunde gut, sehr gut sogar. Ich glaube, es ist mir gelungen, diese wütende Leidenschaft, die mich jetzt beherrscht, an meine tapferen Gefährten weiterzugeben. Nein, ich glaube es nicht – ich bin sicher, dass es so ist. Auf gleiche Weise hat wohl vorher mein ängstliches Verhalten, die Bedrückung darüber, dass sie nicht fressen wollten, ihnen negative Signale gegeben und ihren Stress vermehrt. Die Katze, die sich bekanntlich in den eigenen Schwanz beißt! Ich muss jetzt an sie glauben, an diese neun Hunde, die einen tadellosen Trab hinlegen, muss mich bestmöglich um sie kümmern und darf nie den leichten Weg suchen. Nie. Wenn ich weiterhin, ohne nachzulassen, mein Bestes gebe, können wir frohgemut unseren Weg fortsetzen. Unseren Weg. Wir müssen uns nicht um die anderen, nicht um unsere Platzierung kümmern. Während wir auf der eisglatten Piste dahingleiten, vollzieht sich in mir eine große innere Klärung. Ich teile das meinen Hunden mit, erkläre ihnen alles. Als ich sie beim Namen rufe, einen nach dem anderen, wenden sie mir den Kopf zu. Ich beglückwünsche sie, weil sie gut laufen, sodass sie, mit neuem Schwung, noch lieber laufen. Wir flitzen mit fünfzehn Kilometern pro Stunde durch diese etwas unwirkliche, in der Kälte erstarrte Landschaft, die von einem leichten Nebel eingehüllt wird, der auch die Hunde mit Raureif überzogen hat. Jeder einzelne von ihnen ist durch ein festes, extra für das Rennen konzipiertes Mäntelchen geschützt. Unter dem Geschirr tragen sie eine Art T-Shirt, das mit Polarwolle gefüttert ist. So sind sie bestens gegen die extreme Kälte geschützt und verlieren nicht unnötig Kalorien. Die gesamte verfügbare Energie wird für die physische Anstrengung des Rennens mobilisiert.

»Sehr gut, meine Burka. Gut, mein Miwook. Weiter so!«

Aus der Gegenrichtung prescht ein Gespann auf uns zu. Wahrscheinlich handelt es sich um einen der *Musher* des Quest 300, der zum Kontrollpunkt zurückkehrt, um durchs Ziel zu fahren, nachdem er die geforderte Dreißig-Kilometer-Schleife von Pelly Crossing hinter sich gebracht hat.

»Hey! Well done!«

Bei dem *Musher* scheint es sich um einen Mann zu handeln, aber wie kann man da sicher sein? Vom Gesicht sieht man nur flüchtig zwei vom Raureif verkrustete Augen. Er reagiert mit einem undeutlichen, enttäuscht klingenden Gemurmel. Ich achte nicht darauf und setze meinen Weg fort. Als ich mir aber nochmals unsere Begegnung durch den Kopf gehen lasse, machen mich mehrere Dinge stutzig. Hatte er nicht einen Schlitten im Schlepptau, der aussah wie die Schlitten von Lance Mackey oder Jeff King, die im Augenblick unangefochten an der Spitze liegen?

Dann schiebe ich diese Gedanken beiseite und konzentriere mich auf die tadellose Gangart meiner neun Hunde, die munter dahintraben und Kilometer fressen. Bevor ich in Pelly Crossing abgefahren bin, habe ich meinen Schlitten entladen und von Grund auf neu geordnet: Jeder einzelne Gegenstand hat nun seinen Platz, die Ladung ist gut ausbalanciert, das Gewicht nach hinten verlagert. Ich habe die Kufen ausgewechselt, und alles ist wie neu. Von Whitehorse bis nach Pelly bin ich vor Angst fast gestorben – ich hatte meine Sachen sehr schlecht geordnet. Da der Schlitten nicht so gut gepackt war wie sonst, verlor ich kostbare Zeit, weil ich immer wieder das eine und andere suchen musste. Kurzum, es funktionierte nicht richtig. Ich schwor mir, dass meine guten Vorsätze keine Eintagsfliege sein würden, sondern eine Sache von Dauer.

Der Schlitten muss die *mandatory gear*, die zwingend vorgeschriebene Ausrüstung, die von den Funktionären regelmäßig überprüft wird, mit sich führen. Fehlt ein Teil, zieht das eine Zeitstrafe von mehreren Stunden nach sich.

Zu dieser Ausrüstung gehören eine Axt, ein Schlafsack, ein Kocher – ein großer Blechnapf über einem stählernen Wasserbehälter und darunter eine Art Brenner, der mit Methanol gespeist wird –, Ersatzbooties, eine kleine Veterinärtasche mit der Akte jedes einzelnen Hundes und ein Paar Schneeschuhe. Für mich selbst habe ich eine kleine Säge, eine Kühlbox für die Aufbewahrung des Hundefutters, ein Paar Ersatzkufen und einen Beutel hinzugefügt. Dieser enthält Socken, Unterziehhandschuhe, eine Strumpfmaske, Hundefutter wie Fleisch, Granulate, Snacks sowie ein wenig Trockennahrung für mich und Sandwiches, die ich zum Auftauen in das Futter meiner Jacke stecke, um sie während der Fahrt zu essen, und auch ein paar Tafeln Schokolade. Außerdem eine Reiseapotheke für die Hunde, Reparaturwerkzeug für den Schlitten, bestehend aus Nadel und Faden, um die Geschirre auszubessern, Karabinern, ein paar

Schrauben und Bolzen, Draht und einer Schnur für alle Fälle. Ein Beutel, der auf die Plane des Schlittens genäht ist, enthält Stirnlampen und Batterien, die schnell erreichbar sein müssen; ein zweiter die Booties und ein dritter Ersatz-*Tuglines* und *Necklines* sowie die für den *Run* vorgesehenen Snacks. Auf diese Weise kann ich die Hunde füttern, ohne die Plane des Schlittens aufmachen zu müssen.

In Pelly Crossing habe ich drei Beutel Snacks aus meiner Kühlbox aufgetaut, indem ich sie in meinen Schlafsack packte. Da die Hunde immer noch keinen Appetit zu haben scheinen, will ich ihnen keine betonharten, faden Kuchen geben. Sie danken es mir: Nun fressen sie so gern, dass ich ihnen gleich zwei gebe. Zu behaupten, dass mich das glücklich macht, ist eine Untertreibung. Mir kommen Tränen vor Freude. Es hat mir dermaßen aufs Gemüt geschlagen, dass sie keinen Appetit hatten. Nun gratuliere ich ihnen, streichle und umarme sie. Sie zappeln vergnügt, sind glücklich. Dark befindet sich bereits in den Startlöchern, bellt und verlangt, dass wir aufbrechen. Mein gesamtes kleines Team stimmt ihm zu.

»Los geht's, meine Hunde!«

Sie reißen den Anker heraus, wozu mir die Zeit gefehlt hat. Ah, wie ich diese Kerle liebe.

»Das ist aber wirklich zu schnell gegangen! Fast hättet ihr Rabauken mich hier allein gelassen und nicht mitgenommen, was? Das wäre ein verdammt übler Streich gewesen.«

Wie der »Streich«, den sie mir vor einiger Zeit gespielt haben und der fast das Ende bedeutet hätte – fast! Es war vor ein paar Wochen bei einer Trainingsfahrt durch ein Gelände, das weitläufig zur Region des Yukon Quest gehört. Ich war allein mit meinen vierzehn Hunden per Laster losgefahren und gerade dabei, am Anfang einer Straße, die im Winter gesperrt ist, zu parken. Die Straße führt zu einem kleinen Indianerdorf, das zu dieser Jahreszeit menschenleer ist. Es liegt über hundert Kilometer abseits der Fernstraße von Whitehorse nach Fairbanks. Ich hatte die Hunde angeschirrt und den Schlitten mit einem Seil an einem Haken des Lasters festgemacht. Während ich nach und nach die Hunde einspannte, fingen diese an hochzuspringen, nach vorn zu hüpfen, zu bellen und ungestüm zum Aufbruch aufzufordern. Seit zwei Tagen waren sie nicht mehr gelaufen und daher aufgedreht und ungeduldig. Als ich den Schlitten abhängte, schossen sie mit ihm los wie eine Rakete. Ich trat mit aller Kraft auf die Bremse, damit die Hunde langsamer werden und nicht durch einen kräfteraubenden Galopp ihre Energie verbrauchen würden. Wir hatten immerhin noch einen Hin- und Rückweg von insgesamt 180 Kilometern zu meistern. Die ersten zehn Kilometer sind immer stressig. Sollte man nämlich aus dem einen oder anderen Grund anhalten müssen, drehen die Hunde durch, versuchen mit allen Mitteln weiterzulaufen und setzen dafür all ihre Kraft ein. Die Spannung, die dann auf den Anker ausgeübt wird (es gibt zwei), ist maximal. Um ausreichend Widerstand zu bieten, müssen sie in einer harten Schneeschicht gut verhakt sein. Nun gab es aber auf dieser Piste nur eine dünne Schneedecke. Ich kann also den Schlitten nicht mehr zum Halten bringen, wenn sich ein Hund in den Leinen verheddern sollte. Sie müssten unbedingt etwas von ihrer überschüssigen Energie loswerden und sich dafür auf zehn bis zwanzig Kilometern austoben können, erst dann wären sie eher bereit, eine Pause zu akzeptieren. Die Vernunft hätte mir sagen müssen, dass ich keine vierzehn Hunde mitnehmen sollte, die bei so wenig Schnee nicht mehr zu beherrschen sein würden. Aber die Piste war zu schön und meine Lust, mit der gesamten Meute loszupreschen, zu übermächtig. Da ich an jenem Tag alle Vorkehrungen getroffen hatte, meinte ich in der Lage zu sein, mit der Situation fertig zu werden. Ich hatte also mehrmals meinen Schlitten, die Leinen, das Geschirr, meine Ladung und die Karabiner überprüft, damit ich nicht gezwungen sein würde anzuhalten.

Doch bereits zwei Kilometer nach dem Start kam es zur Katastrophe. Ich bemerkte, dass sich am Bug des Schlittens die Schraube, mit der die Kufe befestigt ist, löste. Die kleine Klammer, die verhindert, dass das passiert, war gebrochen. Die Kufe fing also an, sich zurückzuschieben, und drohte sich abzulösen. Ich musste sofort anhalten und den Schaden beheben, aber auf dieser Strecke war das unmöglich. Ich peile also die kleinen Gräben, leichte Vertiefungen an den Straßenrändern, an und trete mit meinem gesamten Gewicht auf die Kufe, um den Schlitten aus der Richtung zu lenken, aber die Zugkraft der Hunde bremst dieses Manöver aus, und es gelingt mir lediglich, ganz geringfügig auf die rechte Seite der Straße zu kommen. Mehrere Male versuche ich, in gebückter Haltung, eine Hand am Lenkbügel meines Schlittens, die andere am Anker, mich an einem am Boden festgefrorenen Stein einzuhaken, doch dieser wird sofort mitgerissen. Die einzige Lösung besteht darin, den Schlitten zur Seite zu kippen und einen der Bäume in der Nähe des Grabens anzusteuern, um den Anker dort anzubringen. Ich versuche mit allen Mitteln, dorthin zu kommen, aber die Bäume sind zu weit von der Straße entfernt. Die Hunde ziehen den seitlich gekippten Schlitten, als stünde er aufrecht, und schleppen mich mit. Mein Knie stößt heftig gegen einen Stein, was mir jäh einen Schmerzenslaut entreißt. Aber aufgeben kommt nicht infrage. Die Hunde würden weiterlaufen, bevor ich sie einholen könnte, auch wenn der Schlitten zur Seite gekippt wäre. Die Kraft von vierzehn Hunden ist phänomenal. Wie kommt es, dass sie nicht gehorchen? Sie wissen, dass ihr *Musher* den Schlitten nicht mehr steuert. Und nutzen das aus. Es ist stärker als sie. Jeder Hund für sich würde aufs Wort gehorchen und sich während einer Reparatur, wie ich sie gerade vornehmen muss, ruhig verhalten. Aber nicht mehrere Hunde in der Gruppe. Ein Wettstreit beginnt, wie bei einer Massenhysterie, ohne Vernunft und Kontrolle. Sie sind nicht mehr sie selbst, sondern Besessene, die nichts anderes wollen als laufen.

Trotzdem brülle ich hinter dem Schlitten liegend: »Hooooooo!!«, und die Hunde verlangsamen ein klein wenig, gerade so viel, dass ich den Schlitten mit einem Ruck wieder aufrichten und auf die beiden Kufen springen kann. Und so bin ich wieder auf der Piste, und die Hunde nehmen nach dieser für sie lästigen Verlangsamung den Lauf in vollem Galopp wieder auf. Die Kufe hält noch, aber sie kann sich jeden Moment lösen. Ich muss mich beeilen.

Ich fasse einen kleinen Seitenweg ins Auge, der von der Straße abgeht, und befehle Burka: »*Djee!*« Sie gehorcht, ohne zu zögern. Der Weg ist schmal, aber es gelingt mir, schnell den Anker an einem Baum einzuhaken. So sind wir jetzt also doch zum Stehen gekommen. Ich muss mich beeilen, denn einige Hunde, wie zum Beispiel Wolf, könnten in ihre Leinen beißen, um sich zu befreien. Ich drehe den Schlitten um, hole meinen Reparaturkasten, ersetze die Kufe durch eine neue und befestige sie behelfsmäßig mit einer kleinen Kordel. Sobald ich den Schlitten aufrichte, springen die Hunde hoch, stützen sich ab, üben einen solchen Druck auf die Leine aus, dass ich den Anker nicht freibekomme. Ich bin schweißgebadet, mein Knie schmerzt höllisch. Ich habe Angst, dass mich die Verletzung beim

Yukon Quest, dessen Start in drei Wochen sein wird, behindern könnte. Ich stütze mich ebenfalls ab, um mit aller Kraft zu ziehen, aber ich schaffe es nicht einmal, einen einzigen Zentimeter freizukommen. Soll ich den Baum fällen? Er ist aber zu groß. Ich muss umkehren, das ist die einzige Lösung, um wieder auf den richtigen Weg zu kommen. Das hier ist zwar kein guter Ort zum Wenden, weit gefehlt, aber ich sehe keine andere Lösung.

»Burka, zurück! Her zu mir!«

Sie lässt sich nicht zweimal bitten. Der Weg ist allerdings zu schmal. Sie kann nicht umdrehen und die anderen Hunde kreuzen, ohne dass sich die Leinen verheddern, aber wir haben keine Wahl. Ich muss unbedingt den Schlitten wenden. Da dieser im Neuschnee und zwischen den Bäumen feststeckt, besteht die Gefahr, dass er auseinanderbricht. Ich muss zudem noch den Anker lösen und sichern, damit er bei der Weiterfahrt nicht mitgeschleppt wird und sich womöglich an einem Baumstamm festhakt. Ein heikles doppeltes Manöver. Wie durch ein Wunder dreht sich der Schlitten um, als er im richtigen Moment einen kräftigen Stoß von der Seite erhält. Ich falle auf ihn, aber ein abrupter Ruck zeigt mir an, dass die Hunde in der Gegenrichtung weiterlaufen: Wir sind jetzt freigekommen und auf dem richtigen Weg. Die Hunde ziehen mich ein paar Meter mit, dann gelingt es mir, den Anker, der neben mir baumelt, zu ergreifen, und ich ramme ihn mehr schlecht als recht in eine Unebenheit des Bodens. Der Schlitten liegt, blockiert durch den Anker im frischen Schnee, der den Pfad bedeckt. Ich renne zu den Hunden, um sie aus den verhedderten Leinen zu befreien. Inuk stöhnt, denn seine Pfote hat sich in einer Schlinge der Leine verfangen. Die Hunde vor ihr üben einen solchen Druck aus, dass ich die größten Schwierigkeiten habe, ihre

Pfote aus dem Knoten in der Leine zu lösen. Endlich gelingt es mir, als die Hunde den Anker raus- und den Schlitten fortreißen. Sobald er sich auf meiner Höhe befindet, springe ich auf den Schlitten und blockiere ihn mit meinem Gewicht und dem mit voller Lautstärke gegebenen Befehl an die Hunde anzuhalten. Sie gehorchen widerwillig.

Bald sind wir wieder auf der Piste. Wir müssen nur noch die rechtwinklige Kurve bewältigen, um wieder auf die Straße zurückzufinden. Dies geschieht als mehr oder weniger kontrollierte Rutschpartie, aber ohne Unfall.

Die Kufe ist durch eine neue ersetzt, meine vierzehn Hunde stehen in Reih und Glied. Wir haben noch eine Strecke von achtzig Kilometern vor uns. Gut so! Ich öffne meine Jacke und lasse die Kälte von minus 35 Grad eindringen. Ich mache schnell, weil ich es nicht mehr aushalte. Mein Körper ist wie in einem Schwitzkasten.

Mit der Bremse regle ich das Tempo der Hunde so, dass sie in vollem Trab laufen und ich ein wenig Atem holen kann. Mit zwanzig Zentimeter mehr Schnee wäre diese kleine Panne mit der Kufe locker in einigen Minuten behoben gewesen. Aber da ich die Hunde nicht anhalten konnte – und sie wissen das –, wird alles etwas komplizierter. Ich musste das Gespann unnötigen Risiken aussetzen und bin wütend auf mich selbst, weil ich mich von meiner Lust, mit den vierzehn Hunden dahinzujagen, verführen ließ. Das war nicht vernünftig. Drei Wochen vor einem Rennen wie dem Yukon Quest war das ein grober Fehler. Ich reibe mein Knie, das heftig schmerzt. In der nächsten Pause werde ich es mit einer Arnikasalbe einreiben, die ich für die Gelenke der Hunde benutze.

So kommen wir in flottem Tempo voran, fünfeinhalb Stunden lang. Dann halte ich Ausschau nach einer Stelle, wo wir umkehren und drei Stunden Pause einlegen können. Bei Kilometer 92 finde ich eine ideale Stelle, mit einem großartigen Blick auf die Landschaft und den großen See, an dessen Ende sich das verlassene Indianerdorf befindet. Wir schaffen auf der recht breiten Straße eine perfekte Kehrtwendung, und die Hunde halten auf meinen Befehl hin bei einem Baum, dessen Stamm einen Durchmesser von zwanzig Zentimetern hat. An diesem hake ich einen meiner beiden Anker fest. Den anderen ramme ich in den Schnee. Schnell löse ich die Hunde von der Zugleine, um ihnen zu zeigen, dass wir eine Pause machen, und damit sie nicht den Schlitten und den Baum mitreißen können. Fähig wären sie dazu!

In Eile verteile ich das Stroh, das ich mitgenommen habe, und die Hunde legen sich darauf nieder. Einige gleich auf der Stelle, aber andere wie Dark, Miwook und Inuk sind widerspenstiger: »Nun, wir machen jetzt wirklich eine Verschnaufpause, wir laufen nicht weiter, okay?«

»Nein, Dark, leg dich hin und sei still.«

Wie üblich hört er nicht auf zu jammern und zu bellen, er will weiterlaufen.

Ich entzünde ein Feuer und lasse Schnee schmelzen. Die Hunde beruhigen sich nach und nach. Als sie sich alle niedergelegt haben und die Leinen nicht mehr gespannt sind, löse ich den Anker und ersetze ihn durch ein Seil. Zur Sicherheit, auch wenn das am Baum festgezurrte Seil ausreicht – aber man weiß ja nie –, ramme ich die beiden Anker in den Schnee und pinkle darauf. Dadurch wird sich Eis bilden, das sie schnell im Boden festfrieren lässt. Danach bin ich beruhigt. Die Weiterfahrt wird gut verlaufen.

Zwei Stunden später, nachdem die Nacht hereingebrochen ist und ich mich erholt habe, obwohl ich mir Sorgen um mein angeschwollenes Knie mache, erwachen die Hunde plötzlich und fangen an zu bellen. Sie schauen dabei in eine ganz bestimmte Richtung und geraten schnell in Rage. Ich ahne, dass es sich um Moschusochsen handelt. In dieser Gegend gibt es jede Menge davon, und die Gerüche, vielleicht auch die Geräusche einer Herde sind wohl bis zu den Hunden gedrungen. Es ist jetzt unmöglich, sie dazu zu bewegen, sich erneut niederzulegen. Ich beschließe, die Fahrt fortzusetzen. Ich packe den Schlitten und schirre die Hunde an. Dabei ziehe ich, ganz gegen meine sonstige Gewohnheit, meine dicke Jacke nicht aus. Normalerweise lege ich sie, solange ich die Hunde anschirre, über den Lenkbügel, um nicht in dieser zu weiten und zu warmen Jacke eingezwängt zu sein. Damit bekomme ich die Bewegungsfreiheit, um alle möglichen Aufgaben zu erledigen: ein Bootie überzustülpen, eine Leine zu entwirren, einen Hund anderswo unterzubringen. Warum nur habe ich in jener Nacht meine Jacke anbehalten? Habe ich etwas geahnt?

Ich befestige gerade in aller Ruhe die Zugleinen, als sich alle vierzehn Hunde gleichzeitig in ihrem Geschirr nach vorn stürzen, zweifellos ausgelöst durch ein Geräusch, das von den Moschusochsen ausging. Dabei wird die Spannung auf das Seil so stark, dass der Baum samt den Wurzeln und der Halteschlinge ausgerissen wird und beide Anker herausspringen. Ich habe nur einen kurzen Augenblick, um zu reagieren, und weiß, was ich tun muss: Ich muss auf Biegen und Brechen den Schlitten erwischen. Er schießt mit den beiden Ankern und ihren geschliffenen Spitzen, die an Eispickel erinnern und in die Luft ragen, wie eine Kugel auf mich zu. Die Anker sehen aggressiv aus, als suchten sie ein Opfer. Ich lasse den Schlitten an mir vorbei, um den Ankern auszuweichen, und versuche, den Leitbügel zu erreichen, indem ich mit aller Kraft nach ihm hechte. Aber ich verfehle ihn um einige Zentimeter. Sofort fange ich an zu laufen, aber die Hunde sind bereits wie die Raketen losgeschossen. Nichts zu machen.

»Hooooo! Burka! Hooooo! Burka! Hooooo!«

Sie hört mich, und ich weiß, dass sie die tiefe Verzweiflung in meiner Stimme erkennt, dass sie mir helfen will. Aber das ist unmöglich. Ohne Lenker saust der Schlitten, mitgerissen von seinem Gewicht und seiner Geschwindigkeit, dahin.

In unglaublich kurzer Zeit hat die Nacht den Schlitten in der Ferne verschluckt, und ich bin allein.

»Scheiße! Scheiße! Scheiße!«

Ich mache mir sofort meine Situation klar: Ich muss mit einem kaputten Knie 92 Kilometer bis zur Straße zurücklaufen, es sei denn, der Schlitten kippt um und bleibt irgendwo stecken. Das aber ist ziemlich unwahrscheinlich, denn die Strecke verläuft gerade, ohne große Kurven. Es gibt wohl einige abschüssige Stellen, an denen der Schlitten umstürzen könnte, oder Abhänge, wo die Hunde vielleicht stoppen würden, aber das glaube ich kaum. Ich kenne sie doch, meine Rabauken. Wenn sie erst einmal in Fahrt sind, laufen sie bis zum Ende, bis zu dem Laster, den ich leider abseits der Hauptstraße geparkt habe. Da ich ihn auf eine kleine, über mehrere Kilometer schneefreie Nebenstraße gefahren hatte, ist er zu weit entfernt, als dass man ihn von dort sehen könnte. Meine Hunde werden weitergaloppieren und erst dort anhalten, wo ich etwas Stroh verteilt habe, um zu übernachten. Ich hatte geplant, mehrere Tage hierzubleiben, um einige Hin- und Rückfahrten zu üben und diese einsame verschneite Strecke zu nutzen, die ideal zum Trainieren ist. Niemand wird also die einsamen Hunde entdecken und sich Gedanken über den abwesenden Schlitten-führer machen.

Auch Fabien wird sich nicht wundern, warum ich nicht zurückkomme. Dort, wo Fabien und ich gerade wohnen, reicht die Schneedecke nicht aus, um den Schlitten zu be-nutzen. Für das Training müssen wir also einen Quad benut-zen, lästig und unbequem. Dagegen haben wir hier ausrei-chend Schnee, wenn auch nicht gerade haufenweise. Als ich mit den Hunden aufgebrochen bin, signalisierte ich Fabien, er solle sich keine Sorgen machen, wenn ich am Tag darauf nicht zurückkehre: »Vielleicht bleibe ich zwei bis drei Tage«, habe ich ihm erklärt. Fabien wird also erst nach vier oder fünf Tagen Hilfe mobilisieren. Zudem kann ich nicht damit rechnen, dass jemand auf dieser Piste fährt oder die Hunde entdeckt: Fast niemand kommt je hier vorbei.

Ich bin allein, hoffnungslos allein in dunkler Nacht, über neunzig Kilometer von meinem Fahrzeug entfernt, getrennt von meinen Hunden. Ich habe auch kein Handy und folglich keine Möglichkeit, jemanden zu informieren.

Da ist es doch ein Riesenglück, dass ich meine dicke Jacke anhabe. Ohne sie hätte ich bei minus 35 Grad keine andere Möglichkeit, als ein oder mehrere Feuer anzuzünden und auf Hilfe zu warten, denn mein Knie hindert mich daran, schnell genug zu laufen, um die nötige Wärme zu erzeugen und nicht zu erfrieren. Aber wie soll ich mehrere Tage vor einem Feuer aushalten, ohne zu schlafen?

Weshalb habe ich meine dicke Jacke anbehalten? Ich kann mich nicht erinnern, dass ich das im vergangenen Win-ter, während der drei Monate meiner Expedition, auch nur einmal getan habe. Auch kein einziges Mal bei den Trai-ningseinheiten im Laufe dieses Winters. Dennoch habe ich sie nun an, und ich danke dem Himmel dafür.

Ich habe Streichhölzer bei mir. Die habe ich immer dabei. Immer. Ich kenne die Bedeutung des Feuers zu gut, um sie zu vergessen. In mehreren wasserundurchlässigen Beutelchen habe ich eine Kerze, Streichhölzer und einen Schaber. Diese Beutelchen sind in einer Tasche meiner Hose, meiner Polarjacke und in einer Innentasche meines dicken Parkas verteilt.

92 Kilometer. Ich breche auf, denke nach und teste dabei mein Knie. Werde ich lange gehen können? Ich laufe langsam und humple leicht, doch ich schaffe den ersten Kilometer, dann den zweiten. Das Gehen ist mühsam, da ich lediglich eine kleine Stirnlampe bei mir habe. Die große, die über einen längeren Zeitraum scheint und die ich stets in der Nacht benutze, liegt auf dem Schlitten. Die Stirnlampe leuchtet nur einige Stunden, und ich muss daher sparsam mit ihr umgehen. Der Himmel weiß, wie viele Stunden verstreichen werden, bis ich den Schlitten finde oder Helfer mich suchen. Ich gehe also im Dunkeln weiter. Wie kann man nur so viel Pech haben! Der Mond hat erst sein erstes Viertel durchlaufen, spendet kaum Licht. Nur undeutlich erkenne ich durch die Schneise, die sich durch die Bäume zieht, die Umrisse der Piste. Häufig stolpere ich über die kleinen Unebenheiten des Grabens, strauchle über den unbefestigten Pistenrand.

Mein Hauptproblem ist das Wasser. Ich habe keines, und ich habe auch keinen Behälter bei mir, in dem ich welches aus Schnee herstellen könnte. Man darf nicht zu viel Schnee zu sich nehmen, denn er entzieht Mineralien und löscht kaum den Durst. Aber ich bin bereits durstig, und das wird durch das Gehen noch schlimmer werden. Eine Dehydrierung von zehn Prozent zieht einen Leistungseinbruch von fünfzig Prozent nach sich. Um mich aus diesem Dilemma zu befreien, muss ich mein Möglichstes tun und mindestens so weit gehen, bis ich Wasser gefunden habe. Ich erinnere mich, dass ich mehrere Gebiete mit *Overflow* durchquert habe. Wenn diese Stellen nicht zu weit auseinanderliegen, gibt es Hoffnung, dass ich meinen Durst löschen kann. Ich werde dort mindestens zwei Liter Wasser trinken, um bis zur nächsten Wasserstelle durchzuhalten. Aber wo waren diese Passagen?

Ich erinnere mich nicht genau, aber ich glaube, dass es in einer Entfernung von etwa dreißig Kilometern Wasser gibt. Bis dahin muss ich mich mit Schnee begnügen. Werde ich mit diesem Knie dreißig Kilometer zurücklegen können? Ich bin mir nicht sicher. Aber solange ich noch Kraft habe, muss ich alles tun, um eine Wasserstelle zu finden. Dort könnte ich selbst ohne Nahrung, aber mit Feuer mehrere Tage ausharren. Fabien wird sich schließlich Sorgen machen. Und die Hunde? Was wird aus ihnen werden, wenn sie allein sind? Werden sie sich von den Leinen befreien können, die sie mit der Zentralleine verbindet? Am meisten Sorge bereiten mir die abschüssigen Strecken. Einige sind sehr steil, und die Hunde werden sich verheddern. Der Schlitten, der durch sein Gewicht und das Tempo schneller wird, droht sie einzuholen, auf sie aufzuprallen, sie zu überfahren.

Nach einer Stunde Marsch spüre ich einen stechenden Schmerz im Knie, der mich hinken lässt. Er hindert mich daran, schnell zu gehen, obwohl noch ein weiter Weg vor mir liegt. Die Nacht ist erschreckend still. Als ich stehen bleibe, um die Eiszapfen aus meinem Bart, meinen Wimpern und um meinen Mund zu lösen, vernehme ich lediglich den schwachen Laut meiner Atmung oder des Schnees, der unter meinen Schritten knirscht. Ich erklimme einen kleinen Hügel in der Hoffnung, dass der Schlitten auf dem Hang stecken geblieben oder gar umgekippt sein könnte. Aber als ich eine halbe Stunde später wieder herunterkomme, gebe ich klein bei. Der Schlitten wird wohl bis zum Ende fest auf den Kufen bleiben.

Ich habe ganz schrecklichen Durst. Je mehr Schnee ich zu mir nehme, desto größer wird mein Durst, als ob dieses weiße Pulver, das sehr langsam schmilzt, Mehl wäre.

Ich gehe jetzt schon fast zwei Stunden lang, blase Trübsal und male mir für die Hunde die düstersten Szenarien aus. Ich beschließe, noch weitere vier oder fünf Stunden zu gehen, um dann eine Pause zu machen, es sei denn, ich finde schon früher Wasser. Wasser. Ich träume davon. Trotz der Kälte habe ich aus meiner Überhose und meiner dicken Jacke, die ich nur bei einem Stopp überziehe, eine Art Rucksack gemacht.

Plötzlich höre ich in der Ferne, dann viel näher Wölfe, die zu heulen anfangen. Tatsächlich bin ich unterwegs auf unserer Strecke einer beachtlichen Anzahl ihrer Spuren begegnet.

»Die Hunde!«

Die Wölfe verabscheuen die Hunde. Sie jagen sie gnadenlos, dulden es nicht, dass sie in ihr Gebiet eindringen. Jeder weiß, dass man in der Nähe seiner Hunde lagern muss, damit sie den Schutz des Menschen genießen, der nichts anderes tun muss, als da zu sein. Die Wölfe greifen niemals an und nähern sich den Hunden, die sie töten wollen, auch nicht, solange ein Mensch in der Nähe ist. Warum? Das ist ein Geheimnis, umso unglaublicher, da auch die Wölfe, die noch nie einen Menschen gesehen haben, sich so verhalten. Als ob der Respekt (oder die Furcht?) gegenüber diesem seltsamen Zweibeiner in die Gene dieses gefährlichen und intelligenten Raubtiers eingeschrieben wäre.

Wenn sich dieses Rudel Wölfe meinen Hunden nähern sollte, würden sie kurzen Prozess mit ihnen machen. Als ich einmal die Rocheuses-Berge überquerte, begegnete ich einem Missionar, der den Fehler begangen hatte, sein Gespann allzu weit entfernt von der Hütte zurückzulassen, bei der er haltmachte. Bei Tagesanbruch fand er an der Stelle, wo er seine Hunde zwischen zwei Bäumen angebunden hatte, im Schnee, der von Wolfsspuren durchzogen war, nur noch einige Halsbänder, Blutstropfen und ein paar Fellbüschel vor. Im Laufe meiner Expeditionen habe ich sehr häufig gesehen oder gehört, wie sich Wölfe meinem Lager näherten. Meine Hunde haben den Schwanz zwischen die Beine geklemmt, zitterten an allen Gliedern, zerrten an ihren Leinen und suchten das Licht des Lagers, warfen dabei ängstliche Blicke in die Nacht, in Richtung der Wölfe, die uns einkreisten. Aber nie griff einer der Wölfe meine Hunde an, denn ich hatte die Geschichte des unglücklichen Missionars nie vergessen. Was wird aus meinen Hunden werden, wenn die Wölfe sie jagen, frage ich mich voller Panik.

Je weiter die Nacht voranschreitet, desto stärker wird mein Durst. Immer größer wird meine Angst, die ich zu beherrschen versuche, denn ich weiß, ich muss konzentriert bleiben. Es herrschen immer noch minus 35 Grad. Ich habe kein Wasser, keine Lebensmittel und kann nur auf mich zählen. Ich schwebe nicht in Todesgefahr, es sei denn, ich baue Mist, denn bei dieser Temperatur geht alles sehr schnell, und Fehler werden sofort bestraft. Ich gehe noch eine gute halbe Stunde und höre die Wölfe im Westen der Piste heulen. Hol sie der Teufel!

Ich stelle mir vor, wie wunderbar es wäre, schlafen zu können. Ich schwöre, nie wieder 92 Kilometer in einem Stück zu gehen, sondern in zwei oder eher drei Etappen.

Und ich muss essen. Das Einfachste, zumindest das Unkomplizierteste, ist wohl, ein paar Hasenschlingen zu legen. Ich kann das, aber ich habe bisher immer nur den starren Messingdraht verwendet, der sich mühelos in die kleine Schleife einführen lässt, die man macht, um eine Schlinge herzustellen. Geschickt in der richtigen Höhe (Halshöhe) in einem Gelände ausgelegt, das die Hasen durchstreifen, erdrosseln sich diese bei dem Versuch, sich zu befreien. Legt man ungefähr zehn Schlingen in einer gut besuchten Gegend aus, kann man gewöhnlich frühmorgens drei oder vier Hasen einsammeln. Aber ich habe keinen Messingdraht. Ich besitze lediglich den abgewickelten Faden einer wollenen langen Unterhose. Ich zwirble ihn, um daraus eine dünne Kordel zu machen, die ich dann durch die Einschnitte in kleinen Tannenzweigen ziehe, um damit eine Schlinge herzustellen. Zumindest habe ich mir diesen Plan beim Gehen ausgedacht. Das beschäftigt meinen Geist.

Plötzlich lässt mich eine Wahrnehmung wie angewurzelt stehen bleiben. Mein Herz klopft zum Zerspringen, in meinen Schläfen hämmert es, und ich kann nichts hören. Habe ich geträumt? Was ich gehört habe, sind keine Wölfe. Ich lausche so gut wie möglich, nehme meine Mütze ab, um das schönste Geräusch, das ich je gehört habe, besser identifizieren zu können: Das sind meine bellenden Hunde. Denn genau das höre ich. Ich reagiere total idiotisch. Ich fange an zu rennen, obwohl die Meute noch über zwei oder drei Kilometer entfernt ist. Das Einzige, was ich bei dieser Temperatur riskiere, ist eine gefährliche Halsentzündung. Beim Laufen öffnet man nämlich den Mund, um besser zu atmen.

Ich komme also zu mir und bewege mich wieder im Gehen vorwärts, aber ich habe große Angst, dass sie weiterlaufen könnten. Was hat sie zum Halten gebracht? Es sind nicht die

Wölfe. Die Hunde würden nicht so bellen. Nein, sie stecken irgendwo fest. Lieber Gott, hilf, dass sie nicht weiterlaufen. Ich gehe, so schnell ich kann und es mir bei dieser Kälte mit diesem verdammten Knie möglich ist. Die Hunde hören ab und zu auf zu bellen, machen aber kurz danach wieder weiter. Sie sind noch weit weg. Bei dieser Kälte dringen die Töne klar durch die Luft, ohne viel von ihrer Kraft zu verlieren.

Ich gehe gute zwei Kilometer und erklimme dann einen kleinen Hügel, von dem aus ich jetzt deutlich Dark, Inuk und Happy höre, die gerade wieder zu bellen anfangen. Sie sind irgendwo dort unten. Aufgeregt beschleunige ich meine Schritte.

Ungefähr zehn Minuten später sehe ich im Schein meiner Stirnlampe die aufblitzenden Augen meiner Hunde. Ich gehe bis zum Schlitten und halte den Atem an, schweige aus Angst, die Meute könnte davonlaufen. Und schließlich umklammere ich den Lenkbügel. Ich werfe einen Blick auf den Boden: Einer der beiden Anker hängt an einem Felsen, dessen schräge Oberfläche die spitze Kralle des Ankers zurückgehalten hat. Was für ein Glücksfall! Ich ramme den zweiten Anker ein und laufe zu den Hunden. Selten bin ich so glücklich gewesen, sie wiedergefunden zu haben. Schnell gehe ich von einem zum anderen, um zu sehen, wie es ihnen geht. Alle scheinen diese Extratour gut überstanden zu haben, aber zwei Hunde fehlen. Olga und Yuma melden sich nicht, als ich nach ihnen rufe. Ein Adrenalinstoß durchfährt mich.

Wo sind sie nur? Was ist hier passiert? Wie sind sie losgekommen, und warum sind sie den anderen nicht gefolgt?

Die Wölfe? Aber die hätten auch die übrigen Hunde bestimmt nicht davonkommen lassen.

Als ich mit meiner Stirnlampe die Gegend ableuchte, entdecke ich plötzlich zwei Augenpaare wie Murmeln. Yuma und Olga haben sich von ihren Leinen losgerissen und sich im Wald unter einigen Kieferzweigen zur Ruhe gelegt.

»Meine Yuma. Meine Olga.«

Sie sehen mich an, als wollten sie sagen: »Na, wo hast du dich denn herumgetrieben? Wir haben dich seit Stunden nicht gesehen. Wo warst du denn?«

Bevor ich alle wieder in Reih und Glied bringe, stürze ich mich auf den Schlitten und trinke das gesamte lauwarme Wasser aus der Thermosflasche, die einen Liter fasst. Dann schmuse ich mit den Hunden, streichle und liebkose sie und überzeuge mich zum zweiten Mal davon, dass es allen gut geht, dass keine Gelenke oder Schultern bei einem der Abhänge, die sie zwangsläufig hinuntergeschlittert sind, zu Schaden kamen. Aber alles ist in Ordnung. Ich habe mir nicht vorstellen können, dass dieses Abenteuer so gut ausgeht.

Ich entzünde ein Feuer, stelle Wasser her, sowohl für mich als auch für die Hunde. Nachdem ich alle durchgebissenen Zugleinen ersetzt oder repariert habe, brechen wir wieder auf. Was für ein Vergnügen, mühelos mit fünfzehn Kilometern pro Stunde dahinzugleiten, nachdem ich mich zu Beginn dieser katastrophalen Nacht mühselig kaum drei Kilometer pro Stunde dahingeschleppt habe.

Es gibt keinen *Musher,* der noch nie seinen Schlitten und seine Hunde verloren hat; zumindest habe ich noch keinen kennengelernt. Einige binden sich mit einem Seil am Schlitten fest. Nicht zu empfehlen. Einer meiner Freunde wurde auf einer abschüssigen Piste über einen Kilometer im Slalom durch die Bäume mitgezogen. Unten angekommen, war kaum noch etwas heil an ihm. Wir haben sogar fast bedauert, dass er überlebt hat, denn, an Armen und Beinen gelähmt, hatte er keine Lebenslust mehr. Er ging buchstäblich zugrunde.

Am besten schleift man ein Seil hinter seinem Schlitten her, damit man bei einem Sturz oder einem missglückten Start danach greifen kann. Aber das hat auch Nachteile. Ich ziehe höchste Wachsamkeit vor, und bis jetzt hat sich diese Maxime für mich gelohnt: Während der 20 000 Kilometer meiner letzten drei Expeditionen habe ich den Schlitten nur ein einziges Mal verloren – was tragische Folgen hatte. Weniger für mich, da ich ihn ein paar Stunden später wiedergefunden habe, als vielmehr für meine Familie, die im kanadischen Radio gehört hatte, ich sei verunglückt und umgekommen. Aber das ist eine andere Geschichte.

Diese Trainingsfahrt hat Spuren hinterlassen. Mein Knie hat sich zwar langsam wieder erholt, aber ich ahne, was Hunde wie Inuk, Quest und Burka bei einigen Abfahrten mitgemacht haben. Sie haben Schmerzen und Gelenkschäden davongetragen. Das geschieht dem, der seine Kräfte überschätzt. An jenem Tag hätte ich bei so wenig Schnee nie und nimmer mit so vielen Hunden aufbrechen dürfen.

6 STEPPING STONE – IM VORÜBERFAHREN

10. Februar, 12.34 Uhr

Ich mache Witze, und die Hunde mögen das. Ich erzähle ihnen gut gelaunt irgendetwas, nehme einen nach dem anderen auf die Schippe, uns alle, auch mich. Sie schauen mich mit nach hinten geneigtem Kopf an und lächeln. Es soll mir bloß niemand einreden, Hunde könnten nicht lächeln! Ich habe jede Menge Fotos, um es zu beweisen. Wir unterhalten uns, und wir amüsieren uns eine gute Weile. Seit Pelly Crossing haben wir bereits fünfzig Kilometer zurückgelegt. Noch etwa zwölf Kilometer, dann erreichen wir Stepping Stone, eine Hütte am Ufer des zugefrorenen Nebenflusses. Dort bietet ein Fan des Rennens den *Mushern* Kost und Logis an. Und ein paar Kilometer weiter kann man tatsächlich auf kleinen, im Schnee aufgestellten Tafeln lesen: »Zwei Kilometer weiter: Lasagne« und »Warmes Wasser für die Hunde« oder »*Musher* herzlich willkommen«.

Das ist eine gemeine Verlockung für jemanden, der nicht vorhatte, hier haltzumachen. Vor allem bei minus fünfzig Grad.

Ich zögere – es ist zu verführerisch –, aber im Grunde meines Herzens weiß ich genau, dass ich bei meinem Plan bleiben und nicht anhalten werde. Wir haben uns in Pelly Crossing eine ausgiebige Pause gegönnt, um einen längeren

Run durchzustehen. Ich muss noch mindestens neunzig Kilometer aushalten und darf jetzt den Verlockungen der nordischen Sirenen nicht erliegen.

Ich kenne sehr wohl mein zweites Ich, diesen oft zum Teufel gewünschten Gefährten – jenen Teil von mir, der sich widersetzt, der sich gern aufwärmen oder zumindest gern etwas essen und sich erholen würde. Ich weiß im Voraus, wer gewinnen wird, aber der Dialog spielt sich immer wieder wie die Litanei eines alten Ehepaars ab. Ich habe im Hinblick auf dieses Rennen beschlossen, nicht nachzugeben.

»Nicht wahr, meine Hunde, wir werden ihnen zeigen, was eine Harke ist.«

Die beiden *Musher* – ich habe nicht die Zeit nachzuforschen, um wen es sich handelt –, die bereits in Stepping Stone haltgemacht und ihre Hunde schon mit Stroh versorgt haben, wollen mir freundlicherweise helfen, einen Platz für meinen Schlitten zu suchen. Sie sind bass erstaunt, als ich sie bitte, mir den Weg zur Piste zu zeigen, damit ich sofort wieder aufbrechen kann. Ich möchte bei den Hunden gar nicht erst die Idee aufkommen lassen, dass wir jetzt pausieren werden.

Der Besitzer der Hütte, ein heiterer, äußerst sympathischer Typ, ruft im Vorübergehen fragend: »Nicolas?«

»*Yes, I am Nicolas, but sorry, I don't stop. Thank you.*«

»*Hey, good luck*, Franzose. *Take care.*«

Die Piste biegt plötzlich ab, bevor sie über einen kleinen steilen Hang zum Fluss hinunterführt, den wir in einer Art »kontrolliertem Ungleichgewicht« hinter uns bringen. Ein paar Meter weiter unten landen die Hunde wieder auf ihren Pfoten und stürzen auf eine Piste zu, die fast in die Gegenrichtung läuft, um dann den Fluss zu überqueren, in den Wald hineinzuführen und zu den Black Hills hochzusteigen.

Diese Gebirgskette müssen wir erklimmen, dann wieder hinunterfahren, wieder hinaufsteigen und wieder hinunterfahren ...

Ich bin entzückt, dass die Hunde einen so schnellen Trab hinlegen, in keiner Weise beeinträchtigt durch das Wegfallen einer Ruhepause. Ungefähr gute zwei Stunden später verteile ich einen Snack, den sie wieder hungrig vertilgen. Ich nutze die Gelegenheit, ihnen auch noch ein paar Kroketten zu geben, die sie mit Appetit fressen, ebenso wie den Schnee. Ist das vielleicht der Schlüssel, um ihren Appetit anzuregen? Während des Laufens kleine Portionen zu verteilen statt der großen in der Ruhepause?

Ich bin wieder voller Tatendrang, bereit, Berge zu versetzen. Und meine Hunde spüren es, wissen es. Wetteifer lebt wieder auf. Er ist mit Sicherheit eine der möglichen Antworten auf die Fragen, ich mir immer wieder stelle. Warum mache ich bei einem solchen Rennen mit, das genauso unmenschlich wie schwierig ist? Warum setze ich mich dieser Kälte aus, klettere die Berge hoch, fahre Tag und Nacht durch die Gegend, ohne ausreichend zu schlafen? Ja, warum nur?

Es ist das Glück dieser Augenblicke völliger Übereinstimmung mit den Hunden. Es ist diese Euphorie, die mich erfasst, nachdem ich so viel Pech gehabt habe. Die Müdigkeit steigert die Gefühle, verstärkt die Empfindungen. Und es tut so gut, wieder den Berg hinaufzuklettern, nachdem man ganz unten angelangt war.

Ich bin unverbesserlich! Ich fange schon wieder an zu zählen. Vorgestern bin ich in Pelly Crossing aufgebrochen, als 22. von 23 Teilnehmern, die noch im Rennen waren. Ich habe zwei Gespanne überholt, vielleicht sogar drei, wenn das Gespann, dem ich auf der Piste begegnet bin, das von

Jeff King oder von Lance Mackey war. Das scheint aber nicht sehr plausibel zu sein.

Ich bin also im Augenblick auf Position zwanzig. Wie wäre es mit der Neunzehn? Sind wir nicht im Rennen? Welcher Dummkopf hat behauptet, jegliche Hoffnung auf eine Platzierung sei verpufft? Man zeige ihn mir, und ich sage ihm, mit wem er es zu tun hat: mit vierzehn Hunden. Denn ich werde die Arbeit von fünf Hunden übernehmen, zumindest bis Dawson, auch wenn ich mich aufarbeite.

Und stellen wir uns vor, dass ich von Dawson – ein gutes Zeichen, dass ich schon wieder daran zu denken wage – mit neun Hunden weiterfahre. Warum dann nicht mit dem Gedanken spielen, dass ich noch ein paar Plätze vorrücken kann, sagen wir mal fünf, was mich auf den fünfzehnten Platz bringen würde?

»Was haltet ihr davon, meine Hunde? Fünfzehnter Platz, das klingt doch gut, oder?«

Aber ruhig Blut, wir lassen uns nicht von der Euphorie mitreißen. Die beiden *Musher,* die du überholt hast, ruhen sich aus und werden dich wieder überholen, wenn du nach etwa zwanzig Kilometern anhältst. Nur ruhig.

Um den Hunden zu helfen, gleite ich wie ein Schlittschuhläufer auf dem einen und dann auf dem anderen Fuß und versuche, den Schlitten so gut wie möglich in gerader Richtung anzuschieben, um die Hunde nicht mit unnötigen Aktionen aus dem Konzept zu bringen. Und so fahren wir in der Kälte durch die Nacht, die noch einige Stunden andauern wird.

Manchmal geht der Wald in eine offene Landschaft über. Nach einem angenehmen Anstieg genieße ich den großartigen Rundblick über das Tal mit einem lang gestreckten See, in dessen Mitte sich eine kleine Halbinsel mit hohen majestätischen Kiefern befindet. Das rosarote Abendlicht hüllt die Landschaft in märchenhafte Farben. Wie auf einer Postkarte. Am äußersten Ende der Halbinsel erwecken ein paar graue Felsen meine Aufmerksamkeit. Warum sind sie nicht schneebedeckt? Noch seltsamer ist, dass sie anfangen, sich zu bewegen.

»Wölfe!«

Es sind sieben, die im Gänsemarsch langsam den See überqueren. Die kleine Prozession wird von drei erwachsenen Wölfen angeführt. Es folgen Welpen, die herumtollen, sich überholen und miteinander balgen. Als sie auf der anderen Seite des Sees angelangt sind, hebt der Anführer den Kopf und bleibt stehen, dreht sich um, und sein kleines Rudel stellt sich hintereinander in Reih und Glied auf, als habe er das Ende der Erholungspause angezeigt. Sie kehren jetzt in den Wald zurück. Ich vermute, dass sie auf die Jagd gehen. Ich wünsche ihnen viel Glück, bin begeistert von dem wunderbaren Anblick, den sie mir geboten haben.

Meine Hunde haben nichts mitbekommen und setzen ihren schnellen, regelmäßigen Trab fort, streben den Anstieg des Hügels an.

Eine ganze Weile lang fahren wir bergauf und bergab. Es gibt wenige flache Bereiche.

Endlich erspähe ich eine Stelle an einem kleinen Hang – viel zu verlockend, um daran vorbeizufahren –, wo wir haltmachen. Ich lasse die Hunde glauben, es handle sich um eine Snack-Pause, damit sie wenigstens ein paar Kuchen fressen (ich habe gut vorgesorgt). Wie stellt man es an, Hunden zu vermitteln, dass es sich um eine kurze Snack-Pause handelt und nicht um eine lange Erholungspause für ein Nickerchen? Ganz einfach. Wenn es sich um einen längeren Stopp handelt, ziehe ich immer meine dicke Jacke aus, löse die Leinen und verteile das Stroh. Wenn nicht, gibt es nur eine Snack-Pause von einigen Minuten, in denen man Luft holen und fressen kann. Neuerdings fressen die Hunde mit Appetit. Sind sie nun überrascht, als sie sehen, dass ich meine Jacke ausziehe, die Leinen löse, das Stroh verteile und mit meiner Lagerroutine fortfahre? Nach wie vor freue ich mich, dass sie bereits auf der Strecke gefressen haben und nun weiterhin Appetit zeigen. Ich bereite also in heiterer Stimmung das Fressen zu: eine Mischung aus Hackfleisch, Kroketten und lauwarmem Wasser, die ich ihnen anderthalb Stunden später präsentiere, nachdem sie bereits eine angenehme Ruhepause genossen haben. Um ihnen Appetit zu machen, habe ich im warmen Wasser ein paar Würste und Stücke von Hühnerfett aufgetaut. Diese Leckerbissen machen sie wach, und voller Gier fressen sie den Inhalt ihres Fressnapfs. So ist es gut!

Zwei Stunden später, nach erfolgter Verdauung, werden wir uns auf einen *Run* von sechzig Kilometern stürzen. Ryne Olson, eine 26-jährige *Musherin,* überholt mich gerade. Sie hat bei ihrer ersten Teilnahme am Iditarod den 31. Platz belegt. Etwas später prescht auch noch Jason Campeau an uns vorbei.

Ich war so auf die Hunde konzentriert, dass ich meinen eigenen Bärenhunger nicht bemerkt habe. Jetzt richte ich schnell ein gefrorenes Gericht her, taue es zusammen mit einem Sandwich auf und esse alles noch halb gefroren, da ich nicht die Geduld habe zu warten. Mein Hunger ist zu groß. Während ich das Essen genieße, schmelze ich Schnee, um meine beiden Thermoskannen mit warmem Wasser zu füllen und Snacks aufzutauen. Schließlich gönne ich mir noch eine halbstündige Ruhepause, nicke ein paar Minuten – kaum mehr – im Schnee ein, eingemummt in meine dicke Jacke. Ich bin nicht in den Schlafsack geschlüpft, um nicht einzuschlafen. Im Übrigen habe ich über einen Liter lauwarmes Wasser getrunken – der beste Wecker, den ich kenne. Unfehlbar.

Ich ordne meinen Schlitten sorgfältig, bereite meinen *Run* peinlich genau vor, Stirnlampe, Batterien etc., damit die Hunde sich so lange wie möglich erholen können, bevor ich ihnen die Booties anziehe.

Ich gehe von einem zum anderen, koste diesen Moment aus, um mit jedem Einzelnen zu reden, ihn zu streicheln und zu verwöhnen. Sie lassen alles bereitwillig über sich ergehen, erwachen sanft, strecken sich und gähnen. Als sie die Booties anhaben, wissen sie, dass der Aufbruch bevorsteht. Einige, darunter Miwook und Dark, schütteln den Raureif ab, der sie eingehüllt hat, tänzeln hin und her und zeigen an, dass sie bereit sind. Dabei motivieren sie die anderen, es ihnen nachzumachen. Nachdem sie neunzig Kilometer gelaufen sind und lediglich dreieinhalb Stunden Pause hatten, finde ich, dass meine Hunde ein gutes Tempo draufhaben.

»Los!!!«

Im Theater der Natur ist das Schauspiel des Nordlichts eines der großartigsten, das es gibt. In dieser Nacht zeigen sich leuchtend grüne und gelbe Schleier am Firmament, erinnern an große Schals, die auf und ab wogen. Sie breiten sich verheißungsvoll aus, drehen sich spiralförmig und bilden sich dann wieder neu. Manchmal hört man ein Prasseln, wie die Indianer es nennen. Handelt es sich dabei um kaum vernehmbare Ultraschallwellen oder lediglich um eine unbegründete Empfindung? Egal, auf jeden Fall wirkt diese leise Musik in den Ohren jener, die sie hören, wunderbar einlullend. Ich hatte immer angenommen, die Hunde seien empfänglich für diese geheime Symphonie, sodass sie im Licht der Morgenröte in noch schnellerem Tempo laufen als in der Dunkelheit einer mondlosen Nacht. Oder vielleicht verstehen sie das Entzücken, das mich erfüllt? Wie auch immer: Heute Abend traben sie schnell und gut. Ich erfülle meine Aufgabe, helfe bei allen Steigungen, die aufeinander folgen. Jedes Mal, wenn ich mit anschiebe, dreht sich Kazan um, als wolle er sagen: »Danke, dass du uns hilfst.«

»Ist gut, mein Kazan.«

Kazan verblüfft mich. Gehorsam, auf langen Strecken manchmal leistungsmäßig etwas hinter den anderen, war er nicht von vornherein der Champion, der er geworden ist, zuverlässig, hartnäckig und ausdauernd.

»Ist ja gut, kleine Yuma.«

Yuma, scheu, ja ängstlich, kämpft sich trotz ihres kleinen Wuchses neben der nicht weniger kleinen Sidi, die Steigungen über alles liebt, tapfer voran. Sidi ist eine Kletterin, eine Gebirglerin, die hier in den Black Hills auf ihre Kosten kommt.

»Gut, meine kleine Sidi.«

Unik ist ein Uhrwerk. Er ist der einzige Hund, der gut frisst, und das seit der Abfahrt. Ein außergewöhnlicher Hund, von dem ich mich niemals trennen würde, und müsste ich ihn auf dem Rücken bis zur Ziellinie schleppen.

Olga neben ihm versetzt mich in Erstaunen. Diese Hündin mit den zarten Gliedern, den etwas krummen Hinterläufen, stand eigentlich auf meiner Liste der Hunde, die während des Rennens früh ausgemustert werden könnten. Aber sie ist immer noch da – und sogar gut.

»Bravo, meine Olga.«

Dark und Wolf, was für ein unglaubliches Paar!

»Ist ja gut, meine Großen. Gut, Dark. Gut, mein Wolf.«

7 KURZ VOR SCROGGIE CREEK

11. Februar, gegen 2.00 Uhr

Während der Snack-Pause fressen die Hunde nach wie vor mit Appetit. Sie haben ihren Rhythmus gefunden, und das freut mich. Wir brechen wieder auf und überholen Ryne, deren Strategie darin besteht, zwischen Pelly Crossing und Scroggie Creek drei *Runs* von ungefähr sechzig Kilometern zu absolvieren – ich dagegen habe nur zwei Etappen geplant.

Die Nordlichter verschwinden, und ein Wolkenschleier zieht sich über den Himmel. Urplötzlich steigt die Temperatur wieder auf knapp über minus dreißig Grad. Ein paar Stunden später fängt es an zu schneien, erst leicht, dann intensiver. Ich hole meine Gesichtsmaske, ohne die ich die Augen nicht mehr offen halten kann. Die Piste wird kurviger und beschwerlicher, führt über einige heikle schräge Hänge oder verläuft zwischen ziemlich dichtem Buschwerk und eng zusammenstehenden kleinen Bäumen. Obwohl unser Tempo nicht allzu hoch ist, wirbeln die Schneeflocken im Schein meiner Stirnlampe vorbei. Dieses anhaltende Hin und Her der schwebenden weißen Flocken macht müde. Gegen zwei Uhr morgens überfällt mich plötzlich eine lähmende Müdigkeit. Meine Lider, schwer wie Tonnen, fallen herunter. Ein Blick auf das verdammte GPS zeigt mir an, dass wir noch zwei Stunden bis Scroggie Creek, dem nächsten *Dog Drop,* brauchen werden. Wie soll ich durchhalten? Ich kann nicht mehr. Meine Augen fallen zu, und mehrere Male wäre ich fast vom Schlitten gefallen. Ich gäbe was darum, wenn ich schlafen dürfte, und sei es nur eine halbe Stunde lang, aber ich muss durchhalten. Ich verpasse mir Ohrfeigen, trinke Eiswasser, renne hinter dem Schlitten her, versuche alles Mögliche, um mich wach zu halten. Im Vorjahr fiel Brent Sass vor Müdigkeit von seinem Schlitten. Zusammen mit Allen Moore befand er sich an der Spitze, war nur noch hundert Kilometer vom Ziel entfernt, schon auf dem letzten *Run.* Er schlug mit dem Kopf auf das Eis und musste mit dem Hubschrauber ins Krankenhaus transportiert werden, da er eine schwere Gehirnerschütterung erlitten hatte.

Der Yukon Quest wurde wegen seiner *Musher* legendär. Sie gehen bis an ihre Grenzen, geben alles, um zum Ziel zu gelangen. Dabei steht aber immer die gegenseitige Hilfeleistung als ethisches Gebot an oberster Stelle. Brent gehört zu denen, die häufig auf einen vorderen Platz verzichtet haben, um einem anderen *Musher* in einer Notlage zu helfen. Mitten in einem Schneesturm zögerte er nicht, den Schlitten von Hans Gatt an seinen anzuhängen, damit Hans vom ungewöhnlichen Talent seines Leithundes Silver profitieren konnte. So gelang es ihnen, gemeinsam den American Summit zu überqueren, obwohl Hans Gatt an einer schweren Unterkühlung litt.

Ich versuche mit äußerster Anstrengung, den Augenblick der totalen Erschöpfung zu überwinden, um nicht vom Schlitten zu fallen. Ich weiß, dass diese Phasen nicht anhalten. Sie sind zyklisch. Man kann sie überwinden, indem man wartet, bis das unwillkürliche Zusammenzucken der Muskeln, ein Zeichen äußerster Entspannung, einen hochschrecken lässt. Aber das ist beinhart! Der Schnee fällt jetzt in dicken Flocken und bedeckt die Piste mit einer mehrere Zentimeter dicken Schicht. Das stört aber weder Miwook noch Burka, deren Gestalten manchmal im Dunst dieses kleinen Schneesturms verschwinden. Die Aussicht auf eine Mahlzeit macht mich etwas munterer, genauso die Perspektive einer baldigen Ankunft. Ich zähle die Kilometer, zwölf, zehn …

Scroggie Creek ist eine kleine Hütte, die während des Quest für die Teilnehmer geöffnet ist. Für die Hunde steht ein »Parkplatz« mit Stroh zur Verfügung. Ich treffe am Ende der Nacht ein, während die anbrechende Morgendämmerung nach und nach etwas Licht durchsickern lässt. Eine ganze Gruppe ist soeben aufgebrochen, zwei andere *Musher* kommen gerade an: Ryne Olson und Jason Campeau. Ich beschäftige mich ausgiebig mit den Hunden, reibe sie alle mit einem Fläschchen Algyval ein, das ich im Inneren meiner Jacke auftauen ließ. Insbesondere Burka hat diese Pflege nötig. Ihr leicht angeschwollenes Gelenk bereitet mir Sorgen. Dann verteile ich das Futter an sie und nehme selbst eine Suppe und ein Fleischragout zu mir. Der Hüttenwirt berichtet mir, dass Jeff King – er war es also tatsächlich – in Stepping Stone umgekehrt ist. Einige Stunden nachdem ich ihm begegnet bin, hat er sich offiziell in Pelly vom Rennen abgemeldet. Aufgrund der extremen Kälte habe er sich entschlossen, in Stepping Stone abzuwarten, bis es wieder etwas wärmer würde. Aber auch nach achtzehnstündiger Ruhepause hielt die extreme Kälte weiter an, obwohl ein Tief angekündigt war, das Schnee bringen sollte. Nachdem Jeff seine Hunde inzwischen mehrere Male gefüttert hatte, wurde ihm klar, dass ihm wahrscheinlich nicht genug Proviant bis Dawson bleiben würde. Da er wegen der anhaltenden Kälte das Rennen nicht fortsetzen konnte, hatte er keine andere Wahl, als umzukehren. Dieses Ausscheiden schließt sich an das vom Iditarod im Vorjahr an. Er war dort bereits im Begriff gewesen, das Rennen zu gewinnen, hatte in der vorletzten Etappe einen komfortablen Vorsprung von über einer Stunde. Die Rennbeobachter sagten bereits, dass das Rennen gelaufen sei, zumal seine Meute viel schneller als die seiner beiden Verfolger war. Aber er hatte die Rechnung ohne die launische Dame Natur gemacht, die anscheinend nicht wollte, dass Jeff King den Rekord von Rick Swenson – fünf Siege – ebenfalls erreichte. Über dem Packeis des Beringmeers braute sich ein ausgewachsener Sturm zusammen. Jeff setzte seinen Weg trotzdem in der Überzeugung fort, den Meeresarm bis zum Dorf Safety überqueren zu können. Aber der Sturm nahm an Stärke noch zu. Die Zugkraft der Plane des Schlittens, die er als Segel benutzte, wehte ihn von der Piste, ohne dass die Hunde, vom Sturm gepeitscht, dies verhindern konnten. Als Jeff versuchte, den Schlitten in gerader Richtung zu halten, um auf die zugefrorene Piste zurückzukehren, stürzte er mehrere Male. Dabei verlor er seinen *Cooker*, der vom Wind getrieben wie eine Kanonenkugel ins Meer flog. Jeff fürchtete, in das offene Wasser getrieben zu werden, also peilte er einen schneebedeckten Bereich an, setzte den Anker, versammelte seine Hunde um sich und wartete auf eine Windstille. Mit seinem Schlafsack, den er über sie gezogen hatte, versuchte er, sie vor der Kälte zu schützen. Die Hunde kletterten aufeinander, bildeten so eine große Kugel, um sich, aneinandergeschmiegt, aufzuwärmen, was aber nicht wirklich gelang. Da der Wind nicht nachließ und die Hunde vor Kälte zitterten, beschloss Jeff, bis nach Safety zu laufen, eine Strecke von vier bis fünf Kilometern. Er hoffte, sich dort aufwärmen zu können, um dann zurückzukehren und seine Hunde zu holen. Nach einiger Zeit stieß Jeff auf mehrere Schneemobile. Er bat die Fahrer um Hilfe, und damit hatte er sich für dieses Rennen disqualifiziert.

Hinter ihm profitierten die beiden Verfolger von einer leichten Windberuhigung. Sie überquerten den Meeresarm und überholten ihn, ohne es zu ahnen. Als Dallas Seavey erfuhr, dass er das Rennen anführt und zweifellos Sieger werden würde, traute er seinen Ohren nicht.

Ich lege mich auf den Boden der kleinen Hütte, in der es sehr laut zugeht, und versuche, ein paar Stunden zu schlafen. Aber ständig geht die Tür, und die drei Personen, die sich in der Hütte befinden, unterhalten sich so lautstark, dass ich keinen Schlaf finde. Ich stehe wieder auf und gehe zu den Hunden, um sie erneut zu füttern und Stroh unter diejenigen zu legen, die sich eine andere Stelle gesucht haben. Sie fressen mit Appetit und erholen sich schnell. Ich beschließe, den Stopp zu verkürzen und in zwei Stunden wieder aufzubrechen. Ich habe es eilig, mich mit meinem Gegner zu messen: dem King Solomon's Dome. Wenn dieses Hindernis erst einmal überwunden ist, haben wir es geschafft. Auf der anderen Seite endet ein langer Abhang bei einer Brücke, von der aus eine dreißig Kilometer lange schneebedeckte Piste weiterführt. In der Mitte der Piste verläuft eine Trasse, die von einem Schneemobil gespurt wurde. Anschließend mündet die Route in einen Winterweg ein, und nach zwanzig Kilometern kommt Dawson.

In Dawson ist ein 24-stündiger Aufenthalt vorgeschrieben, den ich dazu nutzen werde, richtig auszuschlafen, während die Hunde dort Kräfte sammeln können. Dieser Kontrollpunkt ist der einzige des gesamten Rennens, bei dem Unterstützung erlaubt ist, die natürlich von allen in Anspruch genommen wird. Die *Handler* übernehmen die Staffel und kümmern sich um die Hunde, während die *Musher* sich erholen.

Ich bin auf Angriff gepolt.

Dieser Anstieg jagt mir Angst ein. Um sie zu vertreiben, muss ich dagegenhalten. Als ich den Hunden die Booties anziehe, erkläre ich jedem einzelnen, welche Heldentaten ich von ihm erwarte.

»Wir sind nur zu zehnt, aber ich schwöre euch, wir werden es bis oben schaffen, meine kleinen Hunde.«

In Wirklichkeit sind wir mehr als zehn, denn ich bin wild entschlossen, die Arbeit mehrerer Hunde zu verrichten. Ich habe mich so gut wie möglich vorbereitet, soweit das eben geht, wenn man gegen übermächtige Kräfte antritt. Mit all meiner Besessenheit und all meinem Kampfgeist.

Wir brechen also wieder auf. Die Temperatur steigt stetig weiter: minus 24 Grad. Das ist fast eine sommerliche Temperatur, im Vergleich zu minus 45, ja sogar minus fünfzig Grad Kälte in den letzten Tagen. Die Hunde laufen gut, auch Burka, deren kälteempfindliches Gelenk stabil zu sein scheint, sobald es auf die Piste geht. Miwook beeindruckt mich besonders. Er ist immer auf dem Sprung, wird immer stärker, führt das Gespann mit einem großen Elan und einer beeindruckenden Reife.

»Gut machst du das, mein Miwook ... Sehr gut!«

Bevor ich vom *Dog Drop* aufbreche, unterhalte ich mich kurz mit Kristin, einer sehr sympathischen *Musherin,* die mir überschwänglich zum Verhalten meiner neun Hunde gratuliert, dabei hat sie selbst noch alle vierzehn im Gespann.

Sie findet, dass meine ein flottes Tempo haben. *»You are flying«*, sagt sie mit einem sympathischen Lächeln.

Auf über vierzig Kilometern steigt die Piste allmählich an. Der Boden ist nicht rutschig, behagt den Hunden, deren Rhythmus bei mäßigem Tempo gleichbleibend ist. Am *Dog Drop* habe ich eine dickflüssige, kohlenhydrathaltige Suppe zubereitet, die ich in der Kühlbox aufbewahrte und nun den Hunden lauwarm serviere, bevor wir uns den ernsten Dingen zuwenden. Und wieder fressen sie gut, und das macht mir Mut. Ich bin entschlossen, mir alles abzuverlangen, um diesen verdammten Gipfel zu erreichen.

Mit einem Mal ist die flache Strecke zu Ende. Die Piste wird eindeutig steiler. Wir sind da.

»Ohoooo, meine Hunde!«

Sie wenden sich um, um zu erfahren, warum wir halten: Snack, Stroh und Pipi? Nichts dergleichen.

Aber was tut er denn da, unser *Musher*?

Er zieht sich aus. An den Beinen trage ich nur noch eine dünne Strumpfhose und am Oberkörper ein Baumwoll-T-Shirt, wie man es am Strand trägt. Mit meinen großen Sorel-Schuhen und dieser Aufmachung würde ich mich gerne sehen. Sicher sehe ich recht lächerlich aus!

»Und jetzt seid ihr dran, meine Hunde.«

Ich ziehe ihnen die Mäntelchen aus, die sie seit Beginn des Rennens getragen haben und in denen sie beim Aufstieg zu sehr schwitzen würden.

Die neun Mäntelchen kommen auf einen Stapel, zusammen mit meiner dicken Jacke, meiner Überhose, meiner Hose und meinen zwei Polarjacken kommt ein beachtlicher Haufen zustande, der auf dem Schlitten mit zwei Spanngurten zusammengehalten wird.

»Und jetzt, meine Hunde, packen wir's!«

Ich glaube, sie haben an meinem Tonfall erkannt, wie viel Wut in mir brodelt: Wie ein Rugbyteam bei einem entscheidenden Getümmel »drängelt«, so vereinigen sich meine Kräfte mit den ihren, und wir nehmen den Anstieg in Angriff.

Ich habe beschlossen, den Fuß erst wieder auf die Kufe zu stellen, wenn wir den Gipfel erreicht haben, das sind etwa acht Kilometer von hier. Die Auffahrt beginnt mit einem ziemlich steilen Anstieg, der zu einer ersten Kurve führt. Der Neuschnee hat die Spuren meiner Vorgänger völlig zugedeckt, aber der Weg, den im Sommer Geländewagen benutzen, ist leicht zu erkennen. Sidi, Miwook und Kazan sind regelrechte Zugmaschinen, während Dark, Yuma und Burka ruckweise ziehen.

»Ist gut, mein Kazan. Ausgezeichnet, Miwook.«

Ich gehe den Anstieg zum richtigen Zeitpunkt an. Dank der Abenddämmerung ist die Temperatur wieder auf minus dreißig Grad gefallen: perfekt für unser Vorhaben.

Im Herbst habe ich regelmäßig über acht bis fünfzehn Kilometer gejoggt, um meine körperliche Fitness zu behalten, die ich auf meiner dreimonatigen Expedition durch Sibirien, China und die Mongolei erworben hatte. Mein Herz und meine Beine sind bereit, auch wenn es hart ist, sehr hart, auf dieser zwanzig Zentimeter hohen Schneedecke bergauf zu laufen. Wir halten diverse Male an, um Atem zu schöpfen. Kazan, der zieht, als gehe es um Leben und Tod, nutzt die Gelegenheit, sich im Schnee zu wälzen.

Ich bin kurz davor, es ihm nachzumachen, da mir derart heiß ist. Dabei trage ich weder Mütze noch Handschuhe, bin so unbekleidet wie möglich, werde mich aber nicht nackt ausziehen.

In einer Kurve, die noch steiler ist als die vorherigen und wo der Schlitten noch mehr angeschoben werden muss als sonst, gönne ich mir eine Verschnaufpause, um einen Liter Wasser zu trinken. Ich werfe einen Blick ins Tal hinunter und stelle fest, dass wir bereits gut vorangekommen sind. Der kleine Weg, den wir bis zum Fuß des Berges zurückgelegt haben, erscheint weit unten im Tal. Ich kann mir gut vorstellen, wie er sich am zugefrorenen Fluss entlangzieht. Plötzlich erregen zwei schwarze Punkte am Berghang meine Aufmerksamkeit. Es sind zwei Elche, die wir vermutlich aufgescheucht haben und die gerade gemächlich auf einen Wald mit Birken und Nadelbäumen zusteuern. Nachdem wir alle genug Wasser getrunken haben, nehmen wir den Aufstieg wieder in Angriff. Die Mattenbremse vermindert die Gleitfähigkeit des schwer beladenen Schlittens, aber die Hunde ziehen tapfer. Ich bin verblüfft über Kazans Eifer. Diese Verbissenheit, den Berg zu erklimmen, kenne ich nicht von ihm. Er ist drauf und dran, Sidi das gelbe Trikot zu entreißen, auch wenn er sich, nach meinem Geschmack, etwas zu oft umdreht und für ein paar Augenblicke sein Tempo beim Anstieg zurücknimmt. Aber er holt dann gleich wieder gewaltig auf. Ich ringe nach Atem und fühle mich unglaublich erschöpft, die Beine wie Blei. Aber ich werde nicht nachlassen, werde mich nicht von meinem zweiten Ich überrumpeln lassen, das anfängt zu murren und zu flüstern: »Nun, du könntest ja von Zeit zu Zeit mit einem Fuß auf einer deiner zwei Kufen stehen und nur mit dem anderen im Skatingschritt anschieben.«

»Kommt nicht infrage.«

Die Hunde haben nicht darum gebeten, an diesem Rennen teilzunehmen, ich habe es ihnen aufgebürdet. Solange sie Spaß am Laufen haben und mit mir das große Vergnügen des

Reisens teilen, ist alles gut. Aber wenn das Rennen noch mehr Arbeit und große Kraftanstrengungen erfordert, muss ich als Mannschaftsführer mit gutem Beispiel vorangehen, die Meute antreiben, wie ein guter Stürmer es aus der zweiten Reihe tut. Und kein Hund wird mir vorwerfen können, meinen Teil nicht geleistet zu haben. Ich gebe mein Möglichstes. Alles. Die Hunde spüren es, wissen es. Ein Wettstreit entsteht zwischen uns. Sie hören, wie ich keuche, maule und drängle, wenn sich der Schlitten in den Kurven verkeilt. Ich wehre mich gegen diese »Ungerechtigkeit«, die mir zu Beginn des Rennens so viele Hunde genommen hat. Ich werde der Ungerechtigkeit den Garaus machen, ihr zeigen, dass sie keinerlei Wirkung auf uns hat, dass sie sich anderswo austoben kann. Wir sind unbesiegbar. Wir werden diesen verdammten Berg schneller erklimmen als die Gespanne, die noch über vierzehn Hunde verfügen. Wer zuletzt lacht, lacht am besten! Wenn meine Kräfte anfangen nachzulassen, schöpfe ich aus dieser Wut tief in meinem Inneren die Kraft weiterzumachen. Wie hoch der Berg ist! Und wie lang der Weg! Und wie steil der Aufstieg.

»Los, meine Hunde!«

Acht Kurven waren angekündigt. Wenn ich richtig gezählt habe, stehen noch drei aus. Weniger als die Hälfte.

»Weiter, meine kleinen Hunde. Nur Mut, bald sind wir da.«

Ich gewähre uns eine zweite Pause. Kazan beginnt, Zeichen der Erschöpfung zu zeigen, auch Yuma.

»Aber, mein Kazan, warum plagst du dich dermaßen?«

Ich streichle ihn ausgiebig, warte darauf, dass er wieder zu Atem kommt, damit wir den Anstieg fortsetzen können. Aber jetzt wollen alle Hunde gestreichelt werden, an erster Stelle Burka. Ich unterwerfe mich gern diesem Ritual, das mir mindestens so viel bringt wie den Hunden. Mit diesen Tieren ist es ein Geben und Nehmen – und das erfüllt mich mit Freude.

Das Licht wird schwächer, es verbreitet ein lila Leuchten, das von Wölkchen reflektiert wird. Sie künden eine Wetteränderung hin zu wärmeren Temperaturen an.

»Los, meine Hunde, die nächste Pause gibt es oben.«

Dieser Start ist hart. Die Muskeln meiner Beine sind inzwischen wieder erkaltet und steif, betteln um Gnade. Aber Gespann und *Musher* bilden eine Einheit. Heute werde ich nicht das schwache Glied sein.

Die Natur ist nicht gnadenlos. Als wir uns dem Gipfel nähern, der so hoch ist, dass wir bereits einen prachtvollen Ausblick auf die Berge bis zum Horizont genießen können, bietet uns der Himmel mit einem funkelnden Sonnenuntergang eine märchenhafte Farbpalette.

Der Anstieg wird weniger steil. Die Hunde beschleunigen auf der Stelle, wie bei einem Endspurt, um ein paar Sekunden zu gewinnen. Schweißgebadet und erschöpft springe ich auf die Kufe. Wir sind am Gipfel angelangt, und es bietet sich uns die ganze Fülle der Landschaft, die der Berg verhüllt hatte.

»Ohoooo, meine Hunde!«

Wir haben es geschafft. Ich brülle. Ein Siegesschrei voller Wut und Glück. Die Hunde drehen sich um, fragen sich wohl, welcher Hafer mich gestochen hat. Ich bin wirklich außer mir vor Glück. Ich bin stolz auf uns. Ich sage es den Hunden und beglückwünsche sie, indem ich einen nach dem anderen umarme. Sie genießen es. Dark fängt an zu bellen, ist bereits gierig darauf weiterzulaufen, neugierig auf diese schöne und lange Talabfahrt, die uns bevorsteht.

Es ist, als ob ein Vorhang zugezogen würde. Die Nacht legt sich über die Landschaft und über uns als winzigen Punkt in der endlosen Weite, hoch oben auf unserem Berg. Ich ziehe mich wieder warm an, knipse meine Stirnlampe an, bringe alles in Ordnung, die Schlittenladung, die Leinen. Erfüllt von einem einmaligen, verdienten Glücksgefühl, nehme ich hinten auf meinem Schneeboot Platz.

Dawson ist »nur« noch ungefähr hundert Kilometer entfernt. Wir haben unseren ersten Sieg verbucht. Als ich den Befehl zum Start gebe, weiß ich nicht, ob es Freude ist, mit der sie in ihr Geschirr springen, um aufzubrechen. Aber ich muss auf die Bremse drücken, um zu vermeiden, dass sie sich »verbrennen«, zu viel Energie bei der Abfahrt verbrauchen.

8 ZWISCHEN SCROGGIE CREEK UND DAWSON

12. Februar

Auf den gegenüberliegenden Hang hat der Wind viel Schnee geweht, sodass die Piste völlig verschwunden ist. Die Markierungspflöcke, deren obere Enden in allen Farben leuchten, sind aber in der Dunkelheit gut erkennbar. Ich habe eine lichtstarke Stirnlampe mit höchst leistungsfähigen Batterien, was ich in dieser tiefschwarzen Nacht – der Mond ist hinter einer Wolkenbank verborgen – besonders schätze. Ich habe absolut keine Lust, mich zu verirren und zusätzliche Kilometer zurückzulegen. Aber muss ich mich sorgen, etwas zu sehen, solange ich Miwook und Burka habe? Sind sie nicht meine Augen, die zuverlässiger als ich die Piste erkennen und finden?

»Gut, mein Miwook. Gut, meine Burka.«

Wir gleiten in das Tal hinunter, das ich in der Ferne erahne. Welch angenehmes Gefühl, so mühelos dahinzufahren, nachdem wir so mühsam aufgestiegen sind. Aber es erwartet mich eine böse Überraschung. Nachdem ich schon geglaubt hatte, endgültig alle Schwierigkeiten aus dem Weg geräumt zu haben, müssen wir jetzt erneut mit einer Steigung kämpfen, die sich als viel länger erweist, als es zuerst aussah. Die Hunde packen es tapfer an. Ich schiebe immer wieder mit Schlittschuhschritten an und verfluche den Kerl, der mir in Scroggie Creek versicherte, dass man nach dem King Solomon's Dome »nichts mehr tun muss, als es bis Dawson gleiten zu lassen«. Nach der Hälfte des Anstiegs verteile ich Snacks an die Hunde. In dem Moment, als ich zu meinem Schlitten zurückkehre, spüre ich etwas. Das schiere Entsetzen durchfährt mich jäh wie ein Blitz.

»Nein! Nein! Bloß das nicht!«

Doch ich täusche mich nicht. Die Zeichen sind unverwechselbar. Die Katastrophe, die ich so gefürchtet habe, kündigt sich mit eindeutigen Symptomen an. Ich muss mich beeilen, sehr beeilen. Sonst liege ich in einer Stunde erfroren am Pistenrand.

Zur Erklärung muss ich hier eine Rückblende einschieben.

Als ich Sibirien durchquerte, bin ich im Ural vom Schlitten gestürzt und mit dem Kopf auf dem Eis aufgeschlagen. Einer meiner Halswirbel hatte sich dabei verschoben und den Nerv abgeklemmt, der das linke Innenohr durchblutet. Dadurch habe ich auf dieser Seite einen Hörverlust von neunzig Prozent erlitten. Außerdem habe ich in Intervallen von einigen Monaten Anfälle, bei denen das komplexe System, das das Gleichgewicht im Innenohr regelt, völlig durcheinandergerät. Man bezeichnet dies als das Ménière-Syndrom. Diese Anfälle, die je nach Individuum und dem Grad der Verletzung des Systems mehr oder weniger heftig sind, sind bei mir furchtbar. Ich verliere dann jegliches Gleichgewichtsgefühl. Alles fängt an, sich zu drehen, ich muss mich sofort hinlegen. Ein schrecklicher Brechreiz führt dazu, dass ich mich übergeben muss, bis der Magen leer ist. Es folgen ein bis zwei Stunden, in denen ich fantasiere und keinerlei Gefühl mehr für Gleichgewicht, Zeit und Raum habe.

Danach spüre ich eine tiefe Erschöpfung, die mich mehrere Stunden in einen komatösen Zustand versetzt. Ich habe Spezialisten aufgesucht, die mich mit dem Ziel behandelten, die Anfälle zu beseitigen oder zumindest die Häufigkeit ihres Auftretens zu reduzieren. Und tatsächlich wurden sie seltener. Über ein Jahr liegt der letzte Anfall zurück. Er hat mich außer Gefecht gesetzt und zwölf Stunden lang kraftlos gemacht. Ich kann mich nicht mehr erinnern, was ich in der Zeitspanne meiner Fantasterei gesagt oder getan habe.

Ein Chirurg hatte mir eine ziemlich riskante Operation vorgeschlagen, vor der ich immer noch zurückschrecke. Er hat mich darüber hinaus vor den eventuellen Folgen einer »extremen Überanstrengung« gewarnt. Als ich ihn dann auf die Strapazen dieses Rennens angesprochen habe, den Schlafmangel und die physische Beanspruchung, war seine Antwort endgültig. Unmöglich! Davon ist unbedingt abzuraten!

Aber wie oft habe ich so etwas schon gehört! War es nicht auch unmöglich, die verbotenen Gebiete Sibiriens zu durchqueren? Es gab unüberwindbare Hindernisse, aber dann hat Michail Gorbatschow es mir 1990 erlaubt.

War es nicht auch unmöglich, mit dem Hundeschlitten auf dem Roten Platz anzukommen? Dank der Vermittlung von Jacques Chirac gelang auch das.

Es war ebenso unmöglich, die Rocheuses-Berge im Winter zu überqueren. Ganz und gar unmöglich, einen Film mit richtigen Wölfen zu drehen. Immer wieder hieß es: unmöglich – und am Ende habe ich doch das Unmögliche möglich gemacht.

Und jetzt wieder. Ich bin ein Risiko eingegangen, habe wiederum das Unmögliche gewagt. Mir ist klar, dass mich bei minus vierzig Grad ein Anfall wie die, die ich bereits durchgemacht habe, zum Tode verurteilen würde, wenn nicht schnell Hilfe käme. Ich bin nicht übermäßig leichtfertig, besitze durchaus Verantwortungsgefühl. Auch wenn meine beiden ältesten Kinder schon groß und flügge sind, braucht mich mein Jüngster, ein Elfjähriger, noch. Bevor ich zu diesem Rennen aufgebrochen bin, habe ich das Für und Wider abgewogen. Seit einigen Jahren sind die *Musher* mit kleinen GPS-Systemen ausgestattet. Damit kann man ihren Rennverlauf verfolgen und sie lokalisieren, wenn Probleme auftauchen sollten. Dieses GPS-System ermöglicht es auch, durch Druck auf einen Knopf ein Notsignal abzusetzen. Vielleicht hat das für mich den Ausschlag gegeben, an diesem Rennen teilzunehmen, diese Möglichkeit einer Notfallrettung.

Die ersten Anzeichen der nahenden Krise lassen mir Zeit, das zu tun, was ich im Kopf schon tausendmal durchdacht habe. Ich setze die beiden Anker, hole das kleine Kästchen mit dem GPS, groß wie eine Streichholzschachtel, stecke es in meine Tasche und ziehe dann den Schlafsack heraus. Als ich in ihn hineinschlüpfen will, erfasst mich ein heftiges Würgen. Ich muss alles, was ich gegessen habe, wieder erbrechen. Ich verliere den Boden unter den Füßen, falle auf die Knie, kann mich nicht mehr aufrecht halten und fange an zu schluchzen. Die Berge fangen an zu tanzen, die Bäume verschwimmen, und mein Schlitten bewegt sich jetzt wie in einem Wirbel.

»Nein … nein …«

Ich mühe mich, auf allen vieren in meinen Schlafsack zu kriechen. Wenn ich es nicht schaffe, bin ich tot. Die Kälte tötet so sicher wie eine Kugel in den Kopf. Erst im Schlafsack kann ich das Notsignal auslösen. Ich muss also hinein und halbwegs bei Bewusstsein bleiben, bis Hilfe kommt.

Ich muss mich erneut übergeben, und alles dreht sich um mich. Es erfordert all meine Kraft, meinen Schlafsack zu öffnen und hineinzuschlüpfen. Doch es gelingt mir. Ich habe Herzschmerzen. Dieses Gefühl ist wirklich scheußlich, der Boden, der sich dreht, mein Kopf, der sich dreht. Es soll aufhören, bitte, bitte. Mit zitternden Fingern greife ich nach dem GPS und suche den Knopf, drücke darauf.

Als ich wieder zu mir komme, den Schlafsack voller Erbrochenem, weiß ich nicht mehr, wie lange der Anfall gedauert hat, aber meine Hände sind starr, und es fröstelt mich.

Zum Glück befinde ich mich in einem Waldgebiet. Es gelingt mir, mich aufzurichten. Die Hunde schlafen eingerollt im Schnee. Burka hebt den Kopf und beobachtet mich. Sie schlief wohl nur mit einem Auge.

»Wird schon werden, meine Burka. Mach dir keine Sorgen, es wird schon.«

Schnell, ich muss ein Feuer entzünden. Ich greife nach einem der drei kleinen wasserdichten Beutel, die ich immer bei mir trage in verschiedenen Taschen meiner Jacke und meiner Überhose. Sie enthalten eine Kerze, einen Schaber und Streichhölzer. Mit meinen starren Fingern ist das nicht einfach, aber es gelingt, die kleine Kerze anzuzünden. Jetzt brauche ich nur noch ein paar leicht entzündbare Tannenzweige auf die Flamme zu legen. Das Feuer flammt auf und wärmt mich. Ich werfe einen Blick auf die Uhr. Es sind erst 45 Minuten verstrichen. Dann greife ich nach dem GPS, um das Signal abzuschalten, da die Hilfe bereits unterwegs sein muss. Sicherlich sind sie schon mit dem Schneemobil in Dawson gestartet und sollten in ein bis zwei Stunden hier sein. Voller Verwunderung stelle ich fest, dass das Notrufsignal gar nicht ausgelöst wurde. Dabei erinnere ich mich, es getan zu haben. Ist es möglich, dass mir in dem Zustand mein Geist das nur vorgetäuscht hat, etwas getan zu haben, was ich gar nicht ausgeführt habe?

Das Feuer wird größer. Aber ich habe viel Mühe, es mit den dürren Zweigen zu schüren. Mir ist immer noch schwindlig. Ich muss mich aufwärmen, trinken und essen. Ich bin schrecklich müde, habe nur einen Wunsch: schlafen, schlafen, schlafen, ein ganzes Jahr lang und noch länger.

Der Anfall ebbt ab. Er ist im Vergleich zu den sechs Anfällen, die ich in den letzten Jahren erlebt habe, einer der kürzesten und weniger heftig. Da habe ich Glück gehabt – ich konzentriere mich jetzt darauf, was ich bis zur Ankunft in Dawson noch tun muss.

Während der Schnee in meinem großen Blechnapf über dem Feuer schmilzt, löse ich die Zugleinen, die die Hunde daran hindern, sich bequem zu erholen, da sie dadurch zu sehr in ihrer Bewegungsfreiheit eingeschränkt werden.

»Tut mir leid, meine Hunde, aber ich konnte wirklich nicht mehr ...«

Indem ich viel trinke und riesige Portionen esse, kehren meine Kräfte zurück. Ich kann nun gerade stehen und den Hunden eine Suppe vorsetzen, die sie mögen. Ich habe ihnen die Booties nicht ausgezogen, was man normalerweise tun muss, wenn man länger als eine Viertelstunde Pause macht, weil sonst das Gummiband die Blutzirkulation behindert. Mehrere Hunde haben sie deshalb wohl selbst mit den Zähnen heruntergezogen. Ich stülpe sie ihnen wieder über und überprüfe die anderen. Jedes Mal, wenn ich wieder aufstehe, erfasst mich Schwindel. Höllische Kopfschmerzen quälen mich, aber ich lasse mich nicht unterkriegen.

Wir brechen wieder auf. Die Hunde murren nicht, obwohl wir nun wieder einen Anstieg angehen müssen. Ich besitze nicht die Kraft, mit anzuschieben, und bewege mich nur mit kurzen Schlittschuhschritten, die Hände am Lenkbügel. Die Hunde, die sich erholt haben, laufen tapfer, langsam, aber regelmäßig bis zum Gipfel. Dann geht es wieder bergab. Gestärkt durch Kälte und Essen spüre ich, wie nach und nach meine Kräfte zurückkehren, meine Kopfschmerzen nachlassen und meine Stimmung sich bessert.

»Meine kleinen Hunde. Bald könnt ihr nach Herzenslust auf einem dichten Strohteppich schlafen.«

Natürlich verstehen sie nicht den genauen Sinn meiner Worte, aber sie sind sehr empfänglich für den Klang meiner Stimme und die Betonung. Sie bekommen meine Gemütsregungen und die Absicht meiner Worte so gut mit, dass es mich verblüfft. Meine Freude, mein neu erwachter Optimismus und mein zunehmendes Vertrauen, all das nehmen sie wahr. Das Miteinanderreden ist ein Geschenk, das man mehr nutzen sollte. Die Hunde bieten zum Ausgleich ihr Bestes.

Man hat mir gesagt, dass sich gut achtzig Kilometer vor Dawson eine Brücke befinde. Mein GPS zeigt an, dass wir sie bald erreichen werden. Ich müsste dort Stroh finden, das die *Musher,* die vor mir dort waren, manchmal zurücklassen. Ich habe keines mitgenommen. Es gibt günstige Umstände, die man für sich nutzen sollte.

Wir haben jetzt die Brücke erreicht, aber plötzlich werde ich unruhig. Es sind mehr als zwanzig Zentimeter Schnee gefallen. Werde ich herausfinden, wo meine Konkurrenten ihre Hunde während der Nacht untergebracht haben? Fünf Kilometer weiter habe ich immer noch nicht den kleinsten Strohhalm entdeckt. Endlich, in einer lang gezogenen Kurve entdecke ich die Stelle, an der zwei Gespanne eine Pause eingelegt haben. Uff! Obwohl die Hunde direkt auf die Ruhezone zusteuern, wo es wohl Stroh gibt, enttäusche ich sie sehr – ich muss sie auffordern weiterzulaufen. An diesem Platz sind wir voll dem Wind ausgesetzt, und ich bin mir sicher, dass ich eine geschütztere Stelle finden werde, wo sie sich besser erholen können.

»Nein, Burka! Miwook, weiter, lauft!«

Sie gehorchen unwillig.

»Meine kleinen Hunde, vertraut mir. Ich verspreche euch, dass wir bald eine längere Pause einlegen.«

Tatsächlich finde ich den idealen Platz an einem geschützten Waldhang mit Nadelbäumen und Birken. Ein *Musher* hat unter dem Schnee jede Menge Stroh zurückgelassen, mit dem ich für die Hunde mit großem Vergnügen ein bequemes Strohlager herrichte. Und wieder spule ich meine Pausenroutine ab. Mit ein paar dürren Zweigen, die ich unterwegs hier und da aufgehoben habe, mache ich ein Feuer, über dem ich gefrorene Sandwiches auftaue. Inzwischen stelle ich auf dem Kocher Wasser her. Die Hunde schlafen bereits, bequem eingehüllt in ihre Mäntelchen, die ich ihnen für die Zeit der Pause übergezogen habe. Ich bin extrem müde, leide dazu noch unter den Nachwirkungen meines scheußlichen Anfalls, aber beflügelt vom Erfolg, bleibe ich wach. Später massiere ich die Hunde ausgiebig, vor allem die empfindlichen Gelenke von Burka und Sidi, schlinge ein Sandwich hinunter und verteile schließlich ihr Fressen aus Fleisch und Kroketten, vermischt mit lauwarmem Wasser, das ich zubereitet habe. Sie fressen alle und legen sich dann wieder auf ihr Lager.

»Macht ein kleines Nickerchen, meine Hunde!«

Ich hole meinen Schlafsack heraus, den ich so gut wie möglich gereinigt habe, breite ihn auf einer kleinen Isomatte auf dem Schnee aus. Bevor ich mich schlafen lege, stelle ich noch Wasser her, um meine beiden Thermosflaschen zu füllen, nachdem ich anderthalb Liter davon getrunken habe. In anderthalb Stunden, höchstens in zwei, wird mich mein Harndrang besser als jeder schrille Wecker der Welt aufwecken. Dann muss ich den Hunden die Booties anziehen und den letzten *Run* bis Dawson in Angriff nehmen.

Ich bin immer noch dermaßen müde, dass ich eine volle Woche durchschlafen könnte. Der Zustand, in den man durch extremen Schlafmangel versetzt wird, ähnelt dem, der durch Drogen ausgelöst und von Augenblicken der Euphorie unterbrochen wird. Man hat das Gefühl, aus sich herauszutreten, alles als Zuschauer zu erleben, als eine Art Zombie, dessen Stimmung mal hoch, mal tief ist.

In der Dunkelheit der kalten Morgendämmerung sehe ich alles schwarz. Ich werde Burka nicht behalten können, denn als wir heute Nacht weiterfuhren, humpelte sie. Ich überlegte kurz, ob ich sie auf den Schlitten packen sollte, aber dann begann sie wieder normal zu laufen. Doch das Humpeln kommt immer wieder. Ich werde also nur noch mit acht Hunden weiterfahren können. Dawson liegt bei Meile 470 dieses Tausend-Meilen-Rennens, also habe ich noch nicht einmal die Hälfte der Strecke zurückgelegt. Und ich habe schon sechs Hunde »verloren«. Im Übrigen zeigt Kazan, auch wenn er bei Anstiegen überaus stark war, Ermüdungserscheinungen, ebenfalls Yuma, die eine zarte Konstitution besitzt. Wie weit werden es die beiden schaffen, schließlich erwarten uns noch gefährliche Strecken und Anstiege. Ich darf auch nicht vergessen, dass ich an einem Wettrennen teilnehme und bisher zu den Letzten gehöre … Also, Nicolas, bleib auf dem Teppich!

Ein grauer kalter Tag bricht an, während wir zügig über den Scheitel eines kleinen Hügels fahren. Auf der schönen, im tiefen Schnee gespurten Piste ist leicht voranzukommen. Ich schaffe es, ein paar Minuten lang auf meinem kleinen Sitz Platz zu nehmen, meinen Rücken und meine Beine zu entlasten. Ich trinke Tee aus der Thermosflasche und gönne mir einen Schokoriegel. Waldhühner schwingen sich von den Bäumen am Rand der Piste in die Luft. Die Hunde fühlen sich wohl und fallen in einen zügigen Trab, was mir gefällt. Sofort fühle ich mich wieder besser. Ich werfe mir vor, dass ich vorhin der Mutlosigkeit nachgegeben habe. In einigen Stunden wird es Tag, und wir werden in Dawson ankommen.

Meine Geschichte mit Dawson liegt schon länger zurück. Genau wie der Baikalsee in Sibirien ist Dawson ein Ort, der mich magisch angezogen hat und den ich 1982 entdeckt habe. Ich war mit Freunden unterwegs. Wir ließen uns an den Ufern des Yukon nieder, flussaufwärts, um ein Floß zu bauen. Als Vorbild dienten uns jene, die die Goldsucher beim berühmten Klondike-Goldrausch hergestellt hatten.

Der Klondike und der Bonanza sind die berühmten Flüsse, deren Lauf die Route des Yukon Quest folgt. Tatsächlich wurde die Streckenführung der Route den nach Dawson führenden Pisten der Goldsucher nachempfunden. Dieses Dorf entstand nach einem Goldfund, der am 16. August 1896 gemacht wurde. Sie waren zu viert: ein amerikanischer Minenarbeiter, ein Yukon-Ureinwohner sowie dessen Neffe mit Schwester, die mit dem Amerikaner verheiratet war. Sie schürften Gold in einem Bach, der in den Klondike-Fluss mündete, ein paar Kilometer östlich der heutigen Stadt Dawson. Einer aus der Gruppe – niemand weiß genau, wer – entdeckte etwas Glänzendes im Wasser des Bachs, drehte einen Stein um und entdeckte Gold, das in einer dicken Schicht in den Spalten der Felsen und Steine lag. Die anderen eilten herbei. Sie tanzten vor Freude, denn sie begriffen, dass sie hier eine der sagenhaften Goldadern gefunden hatten, nach denen so viele Männer und Frauen im Nordwesten Kanadas über zwanzig Jahre lang gesucht hatten.

Sie ahnten jedoch nicht, dass ihre Entdeckung einen Goldrausch auslösen würde, der einmalig in der Geschichte ist. In den folgenden zwei Jahren strömten über 40 000 Menschen aus allen Erdteilen herbei, aus Australien und Europa. Dawson, das 1896 nicht viel mehr als eine Schlammpfütze war, verwandelte sich in wenigen Monaten in eine riesige Zeltstadt, dann wurden Holzhäuser gebaut, und in Kürze war Dawson die größte kanadische Stadt westlich von Winnipeg.

Dawson besitzt noch heute diese Atmosphäre von einst, seine Häuser und Bürgersteige aus Holz. Die Stadtverwaltung hat allerdings aus Gründen der Bequemlichkeit die alten Straßen teeren lassen – eine sowohl ästhetisch wie kulturell dramatische Veränderung. Unsere Großeltern haben wunderbare Parkettböden aus Eiche oder Akazie mit Linoleum überdeckt, auch so ein Stilbruch aus dem Geist eines blinden Modernismus.

Zum Glück verdeckt im Winter der Schnee diese Hässlichkeit. Im Sommer sollte man gar nicht erst nach Dawson fahren!

1982 haben wir also ein Floß gebaut – ein genaues Abbild des Floßes, auf dem Jack London und andere gefahren sind, um Alaska zu durchqueren. Aber das ist eine andere Geschichte …

Ich bin im Winter nach Dawson zurückgekehrt, um einen Dokumentarfilm (*Profession musher*) zu drehen und um Hunde zu trainieren. Ich hatte damals noch kein eigenes Gespann, kam diesem Traum aber ein wenig näher, indem ich mich als *Handler* um die Hunde eines anderen kümmerte.

Fünfzehn Jahre später kehrten wir – meine Frau, meine knapp dreijährige Tochter (die damals »Schneekind« genannt wurde) und ich – dorthin zurück. Wir durchquerten ein Jahr lang Britisch-Kolumbien und das Yukon-Territorium zu Pferd und mit Hundeschlitten. Wir hatten damals die Route des Yukon Quest genommen, von Whitehorse bis nach Dawson, und zwar mit meinem ersten Gespann.

Es bestand aus Hunden, die aus einer Kreuzung von Otchum, einem Laika aus Sibirien, und Ska, einer Grönlandhündin, stammten. Es waren kräftige, rauflustige Jäger, robust und unheimlich faszinierend. Sie zogen einen riesigen, bis obenhin beladenen Schlitten, auf dem in einen Schlafsack gehüllt unser größter Schatz, unsere kleine Tochter, lag. Der Schlafsack wurde durch einen Wärme spendenden Apparat, einen kleinen Kohleofen, erwärmt. Hinten lenkten Diane und ich, jeder auf einer Kufe stehend, den Schlitten. Vorne wechselten wir uns ab, wenn wir unsere eigene Piste mit den Schneeschuhen spuren mussten. Als wir durch die Rocheuses-Berge von Britisch-Kolumbien fuhren, haben wir auf diese Weise mehrere Hundert Kilometer bewältigt. Wir kamen durch wilde Landstriche, ohne eine Hütte oder einen Weg, unbelebtes, leeres Niemandsland. Dabei legten wir täglich nur zehn bis zwanzig Kilometer zurück. Das hatte nichts mit einem Rennen zu tun. Als wir in Dawson ankamen, sah sich Frank Turner, der Sieger des Yukon Quest, der an diesem Tag zufällig in der Stadt war, unseren Schlitten genauer an und fragte neugierig: »Woher kommt ihr denn?«

»Whitehorse, Prince George. Wir sind seit einem Jahr unterwegs.«

Das war schon eine ziemliche Überraschung für Frank. Als er aber bemerkte, dass sich etwas auf dem Schlitten bewegte, brachte er den Mund nicht mehr zu. Montaine, die Wimpern mit Frostpartikeln verklebt, das Gesicht von Raureif überzogen, hatte ihn mit ihrem schönsten Lächeln bedacht und Frank zutiefst erstaunt.

» Mit ihr ? «

Ich beantwortete all seine Fragen, war beeindruckt, dass ein so berühmter *Musher* wie Frank sich für unsere Geschichte interessierte. Er war verblüfft. Wie hatten wir es angestellt, eine solche Entfernung auf diesen Pisten und bei dieser Kälte mit einem solchen » Gepäck « zurückzulegen ?

Das war der Beginn einer langen Freundschaft. Im nächsten Winter folgte ich Franks Einladung mit meiner Familie, die durch Loup, unseren kleinen Sohn, noch größer geworden war. Ich konnte bei ihm trainieren, um zum ersten Mal an diesem legendären Rennen – dem Yukon Quest – teilzunehmen. Ich komme später noch einmal auf dieses erste Mal zurück.

Einige Jahre später kehrte ich für Dreharbeiten wieder zum Yukon zurück. Ich arbeitete an meinem ersten Spielfilm, *Der letzte Trapper,* was sich zwei Jahre lang hinzog. Bei dieser Gelegenheit sah ich auch Dawson wieder, wo wir mehrere Sequenzen drehten. Sie widmen sich diesem kleinen geschichtsträchtigen Flecken, der jetzt durch den Beton auf den Straßen verschandelt ist.

Bedauerlicherweise ist die Liste der Wunden, die wir unserer Natur zugefügt haben, lang. Mir kommen die Tränen, wenn ich sehe, was wir unseren Bergen angetan haben, unter dem Vorwand einer » urbanen Vision « und der Entwicklung des Tourismus. Man hat das Gebirge zubetoniert, damit es den Städten gleicht und die Stadtmenschen, die man in die Berge locken wollte, sich nicht so fremd fühlen sollten. Man hat viele Täler zerstört zugunsten einer gnadenlosen Ski-Industrie.

Ich schweife ab. Der Weg nach Dawson beflügelt meine Erinnerung. Meine Gedanken wandern. Es tut so gut, alle Zeit der Welt zu haben. Der Tag hat gut begonnen. Es ist der 12. Februar. Die Sonne schafft es nicht, durch die dichten Wolken zu dringen, die Gipfel der höchsten Berge bleiben in einen weißen, undurchdringlichen Nebel gehüllt. Bonanza, Klondike, Sulphur Creek – diese geschichtsträchtigen Namen erinnern mich an meine Kindheitslektüren, lauter Geschichten, die in diesen frostigen Landschaften Kanadas und Alaskas spielen.

Jack London war ein talentierter Schriftsteller, eine schillernde Persönlichkeit. Die meiste Zeit seines Lebens verbrachte er in den Bars im Yukon-Territorium und hörte sich die Geschichten jener an, die sich auf die eisglatten Pisten wagten. Er holte aus zahllosen Begegnungen und Unterhaltungen das Beste heraus und verwandelte das Gehörte in spannende Lektüre. Am Ende bleibt von diesem außergewöhnlichen Schriftsteller das Bild eines gequälten Menschen, voller Ideale und Widersprüche. In Dawson kann man noch eine der Hütten, in der er gelebt hat, besuchen.

Das Tal des Klondike zeigt auch noch hundert Jahre später die Narben der unglaublichen Umwälzungen, denen es zum Opfer fiel, als Tausende von Männern, gierig nach Reichtum, hierherkamen und die Erde durchwühlten und umwälzten. Wir gleiten schweigend über die Piste, über die sich eine dünne Schneedecke gelegt hat, die das Geräusch der Pfoten der Hunde und der Reibung der Kufen dämpft. Der einzige Laut, der sich wie Musik anhört, ist das leise

Gebimmel der Medaillen der Hunde in ihren winzigen Eisenringen.

»Bald sind wir da, meine kleinen Hunde. Bald!«

Gewaltige, mit Schnee und Pflanzen überdeckte Erdhügel, Überbleibsel des mit Maschinen ausgewaschenen Kieses, bieten eine wellenförmige Landschaft, die typisch ist für die Goldfelder des vorletzten Jahrhunderts. Wir kommen an dem berühmten Bagger Nr. 4 vorbei. Er ist riesig und sieht aus wie ein Boot mit hölzernem Rumpf und eisernen Schaufelrädern. Mit ihnen wurde die Erde aus dem Bach gebaggert, Meter um Meter.

Die Hunde beschleunigen das Tempo. Sie spüren, dass die Stadt nah ist. Ich bin euphorisch. Was für eine gute Etappe!

Als wir uns Dawson nähern, erwische ich mich das erste Mal seit Pelly Crossing dabei, etwas zu machen, was ich eigentlich nicht mehr tun wollte: Ich rechne meine Platzierung aus. Wir stehen jetzt an siebzehnter Stelle und belegten, als wir in Pelly aufbrachen, noch den neunzehnten Platz.

Ich bin also der siebzehnte von 26 Teilnehmern. Wir sind wieder weiter nach vorn gekommen, was nicht unerwähnt bleiben soll.

Ich bin jetzt begierig, Pierre wiederzusehen und auch in Fabiens Augen den Stolz über das Eintreffen unseres kleinen Gespanns zu lesen. Deshalb kommen mir die letzten Kilometer endlos vor. Es drängt mich mit jeder Faser, das Ziel zu erreichen, es zu genießen, wenn die Hunde sich auf dem Stroh ausstrecken und sich endlich nach Herzenslust ausschlafen können.

Plötzlich taucht ein Auto auf. Die Hunde beschleunigen noch mehr. Es ist Pierre. Er kommt mir in Begleitung eines Kameramanns und eines Fotografen entgegen. Er hebt den

Arm und macht das Siegeszeichen, grinst übers ganze Gesicht. Aber ich mache nicht halt, damit die Hunde nicht glauben, wir seien angekommen.

»Bravo, Nico! Bravo!«

Ich bin gerührt, den Tränen nahe und ungeheuer stolz auf meine kleinen Hunde.

Die letzten Kilometer sind das reine Vergnügen. Es macht Spaß, Miwook Befehle zu geben, majestätisch läuft er dorthin, wohin er gehen soll. Es gefällt mir, die Hunde einen nach dem anderen zu loben. Sie wissen, dass wir ankommen, und preschen wie Champions voran. Und sie sind Champions.

Ich entdecke die ersten Häuser, diese *front street,* wo Diane und ich vor zwanzig Jahren am Ende unserer langen Rundreise eintrafen, zusammen mit unserer kleinen Tochter, die auf verblüffende Weise einer kleinen Indianerin ähnelte. Genau an dieser *front street* hatten auch Pierre und ich unser Floß festgemacht.

Und am Ende dieser *front street* erwartet mich heute eine kleine fröhliche Menschenmenge, die zu jubeln anfängt, als sie uns sieht. Mir gehen die Augen und das Herz über.

9 DAWSON CITY – 24-STUNDEN-STOPP

12. Februar

Schon allein für diesen Augenblick lohnt sich die Teilnahme am Yukon Quest: nach einer ausgiebigen und entspannenden warmen Dusche zwischen saubere Laken zu schlüpfen. Dann die Augen zu schließen und in köstlichsten Schlaf zu sinken.

Sieben Stunden später erwache ich in derselben Körperlage. Ich habe einen Bärenhunger. Es ist neunzehn Uhr, und wir werden im Restaurant des Hotels Downtown zu Abend essen. Pierre erzählt mir wunderbare Neuigkeiten von den Hunden. Sie haben mit Appetit gefressen und sich bequem auf einem dichten Strohbett auf dem Boden eines Zelts eingerichtet, das speziell für sie aufgebaut wurde. Somit sind sie in der Wärme, geschützt vor neugierigen Blicken und vor allem, was sie ablenken oder stören könnte. Genau wie ich müssen sie diese 24 Stunden optimal für ihre Erholung nutzen. Fabien verhätschelt sie. Phasen der Massage, der Mahlzeiten und der Ruhepausen wechseln sich ab, meisterhaft organisiert gemäß einem vorher konzipierten, peinlich genauen Zeitplan.

Ich verzehre meine Mahlzeit gut gelaunt, freue mich, mit Pierre zusammen zu sein. Wir haben so viele gemeinsame Erlebnisse und Erinnerungen.

»Ganz ehrlich, als wir in Carmacks sahen, welche Wendung dein Rennen nahm, gaben wir dir kaum noch eine Chance, bis hierher zu kommen.«

»Ich mir auch nicht.«

Gegen 22 Uhr gehe ich ins Bett und schlafe bis sieben Uhr durch. Mehrere Male schrecke ich während der Nacht in Panik hoch und will die Hunde suchen, bin davon überzeugt, zu lange am Pistenrand geschlafen zu haben.

Nach einem ausgiebigen Frühstück gehe ich zu Fabien und den Hunden, die alle in Hochform und bereit sind, den Weg fortzusetzen. Eine Ausnahme bildet Burka, deren immer noch etwas angeschwollenes Gelenk mir Sorgen bereitet. Ich frage den Tierarzt des Kontrollpunkts Dawson um Rat. Seine einfache Antwort: Sie kann weiterlaufen. Er versichert mir, dass es nicht schlimmer werden wird, er wäre sogar nicht einmal überrascht, wenn es besser würde. Ich bin erstaunt, ja, skeptisch, aber die Tierärzte sind erfahrene Spezialisten.

»*Your dogs look great!*«

Ob Brian Wilmshurt ahnt, wie gut mir seine Worte tun?

Ich betrachte meine Champions. Er hat recht. Sie sind stark, gut in Form, bereit loszupreschen, und ich bin es ebenfalls. Wir werden zeigen, was in uns steckt.

Ich ziehe ihnen die Booties an. Schon beginnen einige, vor Ungeduld zu zittern, sie möchten aufbrechen: natürlich Dark, aber auch Sidi und Kazan sowie Miwook. Dabei haben sie schon 750 Kilometer in knapp fünf Tagen mit nur 24 Stunden Ruhepause zurückgelegt. Man hat mir eine schöne Piste auf dem Yukon angekündigt, und die Temperatur von minus zwanzig Grad ist ideal. Das sind gute Aussichten. Es drängt mich, Dawson hinter mich zu bringen, denn die beiden nächsten Etappen sind lang: zweimal 240 Kilometer bis Circle City. Danach liegen die Kontrollpunkte enger beieinander. Wenn es mir gelingt, in Circle mit acht Hunden zu starten, habe ich wohl gute Chancen, bis nach Fairbanks zu gelangen. Auch wenn uns der schwierigste Anstieg des Rennens noch bevorsteht, weiß ich jetzt, dass wir es schaffen können.

Beim Aufbruch in Dawson verfügen die meisten Konkurrenten immer noch über mindestens elf Hunde. Drei von uns fahren mit nur neun Hunden weiter, darunter Hugh Neff, Sieger des Rennens von 2012. Die Durchschnittszahl der Hunde pro Gespann wird sich weiterhin reduzieren. In Central wird sie ungefähr bei zehn liegen. Wenn es mir gelingt, wie seit Pelly Crossing meine Meute aus neun Hunden bis Central zu behalten, bin ich wieder wettbewerbsfähig. Mein erklärtes Ziel ist es jetzt, in der Ergebnisliste weiter nach vorn zu kommen. Das ist wohl ehrgeizig, aber wenn ich das Tempo aller Teilnehmer der letzten Etappe vergleiche, ist es durchaus möglich, dass wir es schaffen könnten. Ich war einer der Schnellsten, und das hat mich in Erstaunen versetzt.

Wir haben den 13. Februar, es ist elf Uhr. Seit fast sieben Tagen bin ich unterwegs. Um zum Startpunkt zu kommen, muss ich fast einen Kilometer auf einer vereisten Straße zurücklegen. Sobald ich den Anker gelöst habe, werfen sich die Hunde in ihr Geschirr und stürzen im Galopp vorwärts, obwohl ich mit meinem gesamten Gewicht auf die Bremse steige, die aber im Eis schlecht greift. Am letzten Kontrollpunkt müssen sich die *Musher* bei ihrer Abfahrt abmelden: Das ist der *Check-out*. Aber meine Hunde protestieren, und zwei Freiwillige müssen mir helfen, sie zurückzuhalten. Erst dann kann ich das Abfahrtsprotokoll unterschreiben. Sobald das erledigt ist, brechen wir wieder auf und nehmen eine scharfe Kurve, die zum Yukon führt. Im Morgengrauen ist ein wenig Schnee gefallen, der die Piste jetzt teilweise bedeckt und den Eifer der Hunde etwas dämpft.

Der zugefrorene Yukon, eingebettet zwischen hohe Felswände, schlängelt sich in großen Schleifen durch diese geschichtsträchtige Landschaft. Wenn man auf diesem Fluss fährt, denkt man unwillkürlich an die Tausende von Menschen, die ihn sommers und winters benutzt haben, einige auf Flößen, andere mit dem Schlitten, beladen mit Gold. Aber die meisten hatten nur noch die Hoffnung, die Beringsee zu erreichen, dort an Bord eines Schiffs zu gehen und der Hölle zu entfliehen. Diese unglücklichen, ruinierten, ausgehungerten und entmutigten Männer hatten nur noch das eine im Sinn: schnellstens den Klondike hinter sich zu lassen, wo die meisten viel zu spät angekommen waren, lange nachdem sich die ersten Goldgräber die besten Parzellen aufgeteilt hatten. Der Friedhof von Dawson ist übersät mit diesen Opfern der Kälte, des Hungers oder des Skorbuts, die ihre Träume vom Gold ins Grab gebracht hatten. Aufeinandergeschichtet in einem heruntergekommenen Gebäude, das im Winter den Raben Unterschlupf bot, wurden die Leichen, sobald der Boden auftaute, zu Dutzenden begraben. Ich habe einen Roman über diese unglaublichen Abenteuer am Klondike geschrieben: *Gold unter dem Schnee*, und möchte ihn auch verfilmen. Ein Leser hat mich mit einem Geschenk darauf gebracht. Er hat mir den Originalbrief überlassen, den ein junger 22-jähriger Franzose, der an diesem Goldrausch teilgenommen hat, im Winter 1898 seinen Eltern schickte. Auf vier Seiten schildert er, wie sein Leben zur Hölle geworden ist, ohne Geld, lediglich ein schlecht geheiztes Zelt als Obdach, ohne Nahrung. Er entschuldigte sich dafür, den törichten Entschluss gefasst und alles hinter sich gelassen zu haben, um sein Glück zu machen. Sein Brief endet mit den Worten: »Liebe Eltern, ich glaube nicht, dass ich das noch lange durchstehen werde. Mit diesen traurigen Gedanken umarme ich euch herzlich.« Die Schrift ist klar und sorgfältig, Bleistift auf Papier, das aus einem Heft herausgerissen wurde. Sie zeugt von dem großen Willen, mit dem der arme junge Mann diese letzte Botschaft verfasst hat. Es war erschütternd. Ich habe diese bewegenden Seiten immer wieder gelesen und versucht, mir all das vorzustellen, was beschrieben und erzählt wurde.

Neben weniger Glücklichen, die vor Hunger und Kälte starben, lebten auch Millionäre, die sich einen extravaganten Lebensstil leisteten. Um bei einer Frau Eindruck zu machen, die Eier schätzte – damals in Dawson eine große Mangelware –, soll ein gewisser »Swiftwater« Bill Gates den ganzen Vorrat in der Stadt aufgekauft haben. Er kochte die Eier und verfütterte sie an seine Hunde. Ein gewisser Jimmy McMahon verprasste bei einem rauschenden Fest an einem einzigen Abend Gold im Wert von 800 000 Dollar, nach heutiger Währung. Es wird erzählt, dass man an jenem Abend allein durch das Aufsammeln des Goldstaubs vom Boden genug Geld verdienen konnte, um damit ein Festgelage, Champagner und die Mädchen seiner Freunde zu bezahlen. Diese Millionäre pokerten um Einsätze, die heute mehr als 100 000 Dollar entsprechen würden. Während die Reichen sich Extravaganz, Dekadenz und Luxus leisteten, herrschten bei den anderen Hunger, Kälte und Elend.

Folgende Geschichte wird erzählt: Am Heiligen Abend betrat eine Prostituierte eine Bar und bot jedem, der etwas tiefer in ihr Dekolleté schauen wollte, an, eines ihrer Kleidungsstücke in die Schale einer Waage zu werfen, gegen das entsprechende Gewicht in Gold. So geschah es, und sie behielt lediglich ihre Dessous an. Ihre Kleidungsstücke, winterlich schwer, waren mit über sechs Kilo Gold aufgewogen worden.

In den Bars in Dawson kann man immer noch mit Gold bezahlen. Ich tat das auch in jenem Sommer, als wir das Floß bauten, nachdem ich einen halben Tag damit verbracht hatte, in einem kleinen Bach Kies zu waschen. In einer Pfanne sammelte ich Goldstaub im Wert von etwa zwölf Dollar. Davon konnte ich drei Bier kaufen, die allerdings für mich einen ganz besonderen Geschmack hatten.

Der erste *Musher*, der in Dawson ankommt, erhält hundert Gramm Gold. Dieses Jahr wird es Brent Sass sein. Aber dieser Preis, der an die große Zeit des Goldrauschs erinnern will, ist an eine Bedingung geknüpft, die Brent aus eigener Erfahrung kennt: Man muss auch wirklich am Ziel ankommen. Im Vorjahr musste Brent, wie schon erwähnt, unter dramatischen Umständen das Rennen aufgeben und wurde knapp hundert Kilometer vor dem Ziel mit dem Hubschrauber ausgeflogen.

Mit sechs Stunden Vorsprung liegt Brent gut im Rennen. Aber es gibt noch keinen Grund zu triumphieren, noch hat er den Sieg nicht in der Tasche. Über die Hälfte der Strecke ist noch zurückzulegen, und der sagenumwobene Eagle Summit, der auch noch überwunden werden muss, wird in jedem Jahr erneut seinem Ruf gerecht. Er zerstört die Ambitionen jener, die das Rennen zu schnell angegangen sind. Es ist nicht angenehm, wenn man zwei starke Konkurrenten in seinem Rücken weiß: Allen Moore und Hugh Neff, die beide selbst schon den Sieg hier errungen haben. Es gibt kaum einen Zweifel daran, dass einer dieser drei Männer die Ziellinie als Sieger überqueren wird. Zwar wären da noch zwei weitere Stars: Jeff King und Lance Mackey. King hat allerdings bereits aufgegeben, und Mackey belegt gerade einmal den fünfzehnten Platz, zu groß ist der Rückstand auf die Spitzenreiter, als dass er noch nennenswerte Chancen hätte.

Meine Hunde laufen gut, halten eine Geschwindigkeit ein, die ich als vernünftig erachte. Aber wie ich bald erfahren werde, täusche ich mich. Noch 240 Kilometer trennen uns vom Kontrollpunkt Eagle. Bei Kilometer 81 befindet sich eine Hütte, die während des Rennens in Betrieb sein soll. Hier machen die meisten *Musher,* die diese Etappe in drei *Runs* zurücklegen wollen, eine Pause.

Ungefähr fünfzig Kilometer nach Dawson bin ich erstaunt, Ryne Olson, die drei Stunden Vorsprung hatte, zu überholen. Sie hat am Pistenrand angehalten, da sie wohl vier *Runs* statt drei vorgesehen hat. Ich vermute, dass sie sich bald wieder auf den Weg machen wird und mich erneut überholt, wenn ich ein Stück weiter selbst einen Stopp einlege.

Der Tag neigt sich dem Ende zu, als ich an dem kleinen, verlassenen Dorf Forty Mile vorbeikomme, das an der Einmündung des Flusses Fortymile in den Yukon liegt. Auch dieses Dorf hat seine Sternstunden während des Goldrauschs in Klondike erlebt. Es wurde 1886 von ein paar Goldsuchern gegründet und soll das älteste Dorf des Yukon-Territoriums sein; heutzutage ist es allerdings ein verlassenes Geisterdorf. Als damals Gold in Hülle und Fülle vorhanden war, richtete die Compagnie commerciale de l'Alaska dort ein Handelskontor ein und zog auf diese Weise bis zu 600 Personen an. Aber schon bald nach dem Ende des Goldrauschs waren sie wieder verschwunden. Lediglich die indianischen Ureinwohner der Tr'ondek Hwech'in, die seit mehreren Generationen hier ansässig waren, sind geblieben.

Mittlerweile findet man dort nur noch vereinzelt Gebäude, die jetzt von meinen Hunden beäugt werden, die sich wohl die Frage stellen, ob wir dort haltmachen … Ich werfe einen Blick auf mein GPS, das mir 72 Kilometer zeigt. Es bleiben uns also noch ungefähr zehn Kilometer bis zur Hütte.

Es wird schon Nacht, als wir den Yukon verlassen und zu dessen Nebenfluss Fortymile abzweigen. Ich nutze eine Verschnaufpause, die ich uns gönne, um meine Stirnlampe aufzusetzen und Snacks an die Hunde zu verteilen. Um während der Nachtetappen noch besser sehen zu können, habe ich mir in Dawson eine zusätzliche Beleuchtung zu meiner Stirnlampe einfallen lassen. Es handelt sich um eine noch leistungsfähigere Lampe, die allerdings etwas zu schwer ist, um sie auf der Stirn zu tragen. Ich habe sie daher am Lenkbügel meines Schlittens befestigt. Diese Lampe wird von einer großen Lithiumbatterie gespeist, die auf dem Schlitten verstaut ist. Die zweite Lampe, die Stirnlampe, ist mit einem breiten Gummiband, das um meine Mütze führt, an meiner Stirn befestigt. In dieser Lampe sind die Batterien integriert, sodass ich jederzeit zu den Hunden gehen kann. Die Stirnlampe benutze ich nur im Notfall, wie zum Beispiel auf einem schwierigen Streckenabschnitt, wenn ich den Lichtstrahl sofort auf einen Hund oder ein Hindernis richten können muss. Sonst reicht der breite Lichtstrahl der ersten Lampe aus, sodass ich gewöhnlich nur diese indirekte Beleuchtung benutze, die sich als weniger ermüdend erweist.

Bei Kilometer 84 beginne ich, mir Sorgen zu machen. Bin ich etwa an der Hütte vorbeigefahren? Dabei war ich sehr aufmerksam. Die Hunde erhöhen plötzlich das Tempo, als sie ein Gespann erblicken, das mitten auf der Piste haltgemacht hat. Es ist Jason Campeau, der in Dawson an dreizehnter Position gestartet ist und über acht Stunden vor mir lag. Ich bin etwas erstaunt, ihn hier zu finden. Ich stoppe meine Hunde hinter seinem Gespann und suche nach dem Stroh, mit dem ich hier rechnete und das die Konkurrenten normalerweise hier zurücklassen. Da ich keines entdecken kann, biege ich ein in Richtung der Hütte an der Uferböschung. Jason verlässt sie gerade und kommt auf mich zu.

»Hallo, haben die anderen kein Stroh hinterlassen?«

»Das ist nicht die Hütte.«

»Was ist das denn für eine?«

»Es ist die Hütte eines Typen aus Dawson. Die Jungs im Inneren haben mich eingeladen hereinzukommen.«

»Und die angekündigte Hütte?«

»Keine Ahnung, wo die sich befindet. Die Jungs sagen, sie kennen keine Hütte in dieser Gegend, die in Betrieb sei.«

»Das ist ja eine verrückte Geschichte. Die Offiziellen versicherten mir, sie sei offen und am Pistenrand gebe es ein Hinweisschild auf sie. Ich war also sicher, Stroh darin zu finden, denn ich habe keines mitgenommen.«

»Ich kann dir nicht helfen. Ich habe ebenfalls danach gesucht. Aber du kannst auch hierbleiben, die Jungs sind sympathisch.«

»Und du? Wann fährst du weiter?«

»In einer Stunde.«

Das behagt mir. Es ist nicht kalt, kaum minus zwanzig Grad, und die Hunde können sich eine Stunde lang in ihren Mäntelchen erholen, während ich das Fressen vorbereite. Sobald Jason wieder aufgebrochen ist, werde ich sein Stroh einsammeln. Die Anordnung des Gepäcks auf meinem Schlitten ist jetzt perfekt, und es macht mir Spaß, meine Routinearbeiten ohne Stress abzuwickeln, da ich weiß, dass meine Hunde wieder Appetit haben. Ich pfeife vor Glück, als ich die Mahlzeit vorbereite, und scherze mit den Hunden, die ich massiere und liebkose, wobei ich ihnen immer wieder versichere, wie glücklich ich über diesen perfekten *Run* bin. 85 Kilometer in knapp sechs Stunden.

Als alles erledigt ist, die Hunde gut gefressen haben und ich meinen Schlitten für die nächste Etappe startklar gemacht habe, steige ich zur Hütte hoch. Die Insassen sind genauso sympathisch wie beschwipst. Sie leeren ein Bier nach dem anderen und nehmen dann eine Drei-Liter-Whiskyflasche in Angriff, der sie heute noch den Garaus machen wollen. Das kann ja lustig werden! Sie bieten mir einen Teller Spaghetti bolognese an, was ich ungeheuer schätze. Schließlich bereitet sich Jason für die Weiterfahrt vor. Da ich weiß, dass es eine gute halbe Stunde in Anspruch nimmt, den Hunden die Booties überzustülpen, lasse ich mir Zeit, bevor ich ihm nachgehe, um sein Stroh einzusammeln. Ich unterhalte mich mit meinen Gastgebern, die der Meinung sind, die Teilnahme am Yukon Quest sei das Bescheuertste, was sie sich vorstellen können.

»Zehn Tage lang kein Schlaf und sich den Arsch abfrieren, um hinter einem Schlitten herzukeuchen, das ist doch krank.«

Ich kann nicht anders, muss ihnen recht geben. Ja, wir sind alle etwas »krank«. Wir lachen, machen Witze, bis ich feststelle, dass Jason endgültig aufgebrochen ist. Ich werde also das Stroh holen und an meine Hunde verteilen, die sich genussvoll darauf ausstrecken werden. Ich weiß nicht, ob ihre Freude an einem bequemen, kuscheligen Lager genauso groß ist wie die meine, wenn ich sie so glücklich erlebe.

»Gute Nacht, meine Hunde.«

Die Nacht wird kurz, aber angenehm sein. Ich habe nicht vor, mehr als sechs Stunden Pause einzulegen. Ich schere mich einen Teufel darum, dass ich Ryne überholt habe und

Jason fast neun Stunden pausiert hat. Ich konzentriere mich ganz und gar auf den Zustand meiner Hunde, und ich weiß, dass sie so gut drauf sind, dass sie nach nur sechs Stunden Ruhepause weiterlaufen können. Diesen Vorteil werde ich nutzen. Schließlich sind wir mitten in einem Rennen.

Intuitiv habe ich in meinen Beutel mit persönlichen Dingen auch zwei Paar Ohropax gepackt. Da ich wusste, wie sehr der Lärmpegel an manchen Kontrollpunkten einen am Schlafen hindert, habe ich sehr darauf geachtet, diese Ohrenstöpsel nicht zu vergessen. Und ich habe gut daran getan. Denn in der Hütte wird mörderisch geschnarcht. Ich versuche, in einer Ecke Schlaf zu finden, aber es ist unmöglich. Also bedanke ich mich bei meinen neuen Bekannten für ihre Gastfreundschaft und lege mich auf einen kleinen Haufen Stroh zwischen Miwook und Burka. Der Himmel klart auf, und es erscheinen ein paar Sterne, die Kälte lässt etwas nach. Dieser Streckenabschnitt des Yukon und vor allem das Tal des Fortymile-Flusses sind bekannt für ihre eisigen Temperaturen. Aber dieses Mal haben wir Glück. Das kommt mir als ausgleichende Gerechtigkeit für die extremen Temperaturen vor, die wir in den ersten Tagen erdulden mussten.

Ich weiß nicht, ob ich geschlafen habe, vermutlich habe ich etwas gedöst. Ich ziehe den Hunden die Booties an, dann brechen wir wieder auf. Die nächste Etappe auf dem Fluss wird anfangs leicht sein, aber dann mit dem Anstieg zum American Summit schwieriger werden.

Kaum habe ich Miwook die Booties übergezogen, erhebt er sich und ist startbereit. Er beeindruckt mich sehr. Sidi ist die Einzige, die sich etwas sträubt, als ich sie zum Aufstehen auffordere. Aber das hält nicht lange an. Nachdem wir uns auf den Weg gemacht haben, findet sie schnell ihren Elan wieder und zieht genauso gut wie die anderen. Nach knapp einem Kilometer entdecke ich deutlich sichtbar und ein wenig zurückgesetzt am rechten Pistenrand eine Tafel, die auf die Hütte verweist. Egal, ich habe keinen schlechten Tausch gemacht, die Hunde haben sich gut erholt.

Ich habe nur neun Hunde, aber sie sind wirklich eine hübsche kleine Meute, die bei guter Stimmung ist. Die Route ist erfreulich leicht, aber nicht langweilig, im Gegenteil. Die Piste auf diesem Fluss, der sich immer mehr verengt und sich in Kurven dahinschlängelt, bietet viele Überraschungen. Ich bedauere, dass wir diese Strecke in der Nacht fahren, denn uns umgibt eine prachtvolle Landschaft mit den Bergen und Felswänden, die steil in den Fluss abfallen. Ich habe mir neunzig Kilometer vorgenommen. Mir bleiben also »nur noch« etwas über siebzig bis zum Eagle, einem der drei schwierigsten *Runs* mit dem Anstieg zum American Summit. Das Timing ist ideal. Wenn alles gut geht, werde ich mitten am Nachmittag den Berg in Angriff nehmen und dabei eine gute Sicht haben.

Plötzlich beschleunigen die Hunde: Im Strahlenbündel meiner Lampe entdecke ich einen prachtvollen Luchs, der mit hohen Sprüngen die Piste kreuzt. Etwas später scheuchen wir einen Elch auf, der unter lautem Schnauben im Wald verschwindet. Unzählige Wolfsfährten, noch ganz frisch, ziehen sich in alle Richtungen über den Fluss, aber leider sehen wir die Verursacher dieser Spuren nicht. Ich fühle mich wohl. Die Hunde spüren es und kommunizieren mit mir. Was könnte uns daran hindern, den Eagle zu erreichen? Während der Nacht blinkt ein Licht auf dem Schlitten auf, das über den kleinen GPS-Sender, der hinten an einem Stiefel befestigt ist, alle vier bis fünf Sekunden ein Signal abstrahlt. Ich stelle mir Pierre und Fabien vor, wie sie die

Augen auf den *tracker* (Peilsender) gerichtet haben und mein Vorankommen verfolgen. Sicherlich jubeln sie, weil ich so gut und so schnell vorwärtskomme. Dieses winzige Licht, das in der Dunkelheit leuchtet, verbindet mich mit der Welt, meinen Lieben, meinen Kindern, meiner Frau, meinen Brüdern, meinen Freunden, auch mit mehreren Schulklassen und Unbekannten, die das Rennen mitverfolgen. Unwillkürlich denke ich auch an die böswilligen Menschen, die sich in den sozialen Netzwerken auslassen, ganz offen ein Debakel erwarten und schadenfroh über meinen schwierigen Einstand sind. Sie sind sicherlich arg enttäuscht, weil wir so ohne Probleme dem Eagle entgegensausen. In Kanada erlebt man so etwas nicht, dort werden keine derart galligen Worte verbreitet, oder nur in geringem Maße. Diese üble Nachrede ist ein typisch französisches Übel, begründet durch Neid, Groll und Bitterkeit. Einige französische *Musher* täten gut daran, sich ein Beispiel an ihren kanadischen Cousins zu nehmen und etwas mehr mit ihren Hunden zu laufen, statt auf Diskussionsforen zu lästern, wo die meisten Debatten nur leeres Geschwätz sind.

Ich werde meine Freunde Pierre und Fabien erst wieder in Circle City sehen, denn der Kontrollpunkt von Eagle ist mit dem Laster nicht erreichbar. Die ausgemusterten Hunde und die *Musher,* die hier ausscheiden, werden ausgeflogen. Diese kleinen, mit Kufen ausgestatteten Flugzeuge befördern von Dawson aus auch den Mitarbeiterstab des Quest hin und her. Sie sind heute über mir gekreist und haben ein paar Pirouetten gedreht, wie es üblich ist, wenn sie ein Gespann überfliegen.

Gegen vier Uhr morgens überfällt mich eine lähmende Müdigkeit. Ich ertappe mich jetzt dabei, wie ich immer häufiger auf dieses verdammte GPS blicke, das, wie üblich, nicht genug zurückgelegte Strecke anzeigt. Noch zwanzig Kilometer. Ich habe es jetzt überaus eilig, das Etappenziel zu erreichen. Ich hoffe, noch ein Strohbündel zu finden, das ein Konkurrent am Pistenrand zurückgelassen hat.

»Meine kleinen Hunde, sobald wir Kilometer 85 erreichen, suchen wir das Stroh.«

Ich habe das Stroh von Jason eingesammelt, zusammengepresst und in einem Sack gut auf dem Schlitten festgebunden. Damit haben wir einen kleinen Vorrat, der helfen wird, wenn wir kein Stroh vor Ort finden sollten. Andernfalls wäre halt das Lager doppelt so weich, was den Hunden zugutekäme, zumal sie es auch verdienen.

Wir lassen den Fluss hinter uns, der sich so verengt hat, dass er nur noch ein kleiner, zugefrorener Bach ist. Eine Unzahl von Schneebällen hüpft vor den Hunden auf und nieder: weiße Hasen, denen es gelungen ist, den Fangzähnen meiner Jäger zu entfliehen, auch wenn es manchmal knapp war. Ab jetzt verläuft die Piste zu Lande und taucht in eine Taiga aus Wald, Sumpf und kleinen Seen ein.

Noch gut zehn Kilometer. Ich bin völlig ausgelaugt, versuche aber, es vor den Hunden zu verbergen. Bei Kilometer 87 erblicken wir mehrere kleine Nester am Pistenrand, die mit Stroh ausgelegt sind.

»Yahouuu, meine Hunde!«

Sie haben begriffen, warten nicht einmal ab, bis der Schlitten zum Stillstand kommt, sondern lassen sich gleich fallen. Ich gehe von einem zum anderen, gratuliere ihnen von Herzen, hake die Zugleinen aus, damit sie von der Zentralleine befreit werden und sich im Stroh wälzen können.

Dann beeile ich mich, ihnen die Booties auszuziehen, Wasser herzustellen und jeden zu massieren. Sie sollen schnell fressen und sich vor dieser entscheidenden Etappe gut erholen können. Noch eine. Auch ich muss mindestens zwei Stunden schlafen, um fit zu sein und ihnen helfen zu können.

Als ich schließlich in meinen Schlafsack krieche, stoße ich einen tiefen, zufriedenen Seufzer aus, den die Hunde, aus ihrem glücklichen Schlaf heraus, eigentlich hören müssten.

10 VON DAWSON NACH EAGLE

14. Februar

Als wir wieder aufbrechen, ist der Tag bereits fortgeschritten. Zwei Stunden Schlaf haben mir gutgetan, auch wenn dies natürlich viel zu wenig ist. Ich habe es nun eilig, den Anstieg zum American Summit in Angriff zu nehmen und diesen Berg zu bewältigen.

Wenn ich die Hunde für den täglichen *Run* vorbereite, quält mich immer die Sorge, dass sie sich nicht ausreichend erholt haben, ihre Spannkraft nachgelassen hat. Wie werden sie auf der Piste laufen? Habe ich etwa übersehen, dass einer humpelt? Wie wird Burkas Gelenk reagieren? Nach einigen Kilometern haben die Hunde wieder ihren Rhythmus gefunden, sie laufen wie ein gut geöltes Räderwerk. Ich stoße einen von Herzen kommenden erleichterten Seufzer aus. Aber dann gehen mir noch andere Fragen durch den Kopf. Werden sie genauso fit wie beim Anstieg zum King Solomon's Dome sein? Der Höhenunterschied ist gering, aber der längere Anstieg ist viel schwieriger. Am Fuß der Steigung nehme ich Sidi, Olga und Yuma, die kälteempfindlicher sind als die anderen, die Mäntelchen ab. Ich teile Snacks aus, trinke einen Liter lauwarmes Wasser und ziehe die Überhose und die dicke Jacke aus.

»Los!«

Eine gute Methode, sich beim Anstieg einen Tritt in den Hintern zu geben, besteht beim Quest darin, sich an William Kleedehn, einen unglaublichen *Musher*, zu erinnern. Er hatte während des größten Teils seines Lebens nur ein einziges Ziel: den Yukon Quest zu gewinnen. Auch wenn er das nie wirklich geschafft hat, war er nicht weit davon entfernt, denn er war häufig unter den *top five*. Zweimal Zweiter, einmal 2003, hinter dem Vierfachsieger Hans Gatt, das andere Mal 2005, als er knappe acht Minuten hinter dem überragenden Sieger Lance Mackey, zweifellos der größte *Musher* aller Zeiten, über die Ziellinie fuhr. An diesem Tag waren es Tausende, die sich inbrünstig wünschten, dass William gewinnen möge. Auch die Funktionäre des Yukon Quest waren darunter, sie scheuten sich nicht, Partei zu ergreifen. Niemand – Lance Mackey eingeschlossen – hatte andere Erwartungen. Alle standen hinter William. Sie werden gleich verstehen, weshalb. William hat eine Beinprothese! Er hatte sein Bein bei einem Motorradunfall eingebüßt. Die Videofilme von William, wie er zum Eagle Summit hochsteigt, sind beeindruckend und zeigen, wie tapfer er ist. Mit einer Drehung seiner Hüfte setzt er das künstliche Bein nach vorne, wobei er mit der Hand nachhilft. Er tritt fest auf und schiebt dann mit einem kräftigen Stoß des gesunden Beins den Schlitten vorwärts. Das Ganze wiederholt sich bis zum Gipfel. Respekt.

Warum haben ihm 2005 so viele die Daumen gedrückt und wollten, dass er gewinnt? Weil im Jahr 2004 alles darauf hingedeutet hatte, dass er sich endlich seinen Traum, den Quest zu gewinnen, erfüllen könnte. In jenem Jahr war sein Gespann ungeheuer gut und schnell. Er hatte mehrere Rennen in Rekordzeiten gewonnen, darunter das Copper Basin, ein 450-Kilometer-Rennen, das als schwierig gilt. Er trat also als absoluter Favorit beim Quest an, und es gelang ihm tatsächlich, ein perfektes Rennen hinzulegen. Knapp 200 Kilometer vor dem Ziel begann der Gedanke an einen Sieg ihn zu berauschen, trotzdem blieb er hoch konzentriert. Alle hielten den Atem an, rechneten mit seinem Sieg. Nur noch ein Hindernis war zu überwinden: der Eagle Summit. Aber nach zwölf Rennen kannte William diesen Berg genauso gut wie einen alten Feind. Bei der Abfahrt vom Gipfel aber stürzte William und brach sich das Bein, dasjenige, das er unter allen Umständen brauchte: das gesunde. Der Knochen durchbohrte den Oberschenkel. Das Rennen war für ihn zu Ende. Damals waren viele Menschen wütend und traurig und zweifelten an der Gerechtigkeit Gottes.

Einige Jahre vergingen, bis William wieder ein wettbewerbsfähiges Gespann hatte. 2009 gehörte er erneut zu den Favoriten. Alle fragten sich, ob William, der Hartnäckige und Mutige, diesmal endlich den Yukon Quest gewinnen würde. Er ist schnell, gut platziert, erfahren, alles lässt hoffen, dass er es schaffen kann. Aber erneut zerbricht der Traum am Hang des Eagle Summit. Seine Hunde geben auf, verweigern sich vor der Steigung, wie es manche Pferde vor Hürden tun, die ihnen zu hoch erscheinen. Und mit seinem Holzbein kann William den Schlitten nicht so anschieben, wie es manche *Musher* tun, die die Kraft ihrer Waden einsetzen können. Und der Gipfel des Pechs: Eine seiner Leithündinnen ist läufig und trollt sich. Dadurch bricht alles zusammen. William kehrt um, fährt zum Kontrollpunkt Central zurück. Für ihn ist das Rennen um den Sieg zu Ende. Er wird als Sechster durchs Ziel gehen, überholt von Sebastian Schnuelle und vor allem von Hugh Neff. Hugh wird sich seinen Traum sicherlich erfüllen. Auch er wünscht sich seit Langem, den Quest zu gewinnen. Nachdem er stundenlang gegen einen Sturm angekämpft hat, bewältigt er schließlich den Eagle Summit. Er hat jetzt einen komfortablen Vorsprung. Er braucht nur noch dahinzugleiten, um Fairbanks zu erreichen und zu gewinnen.

In diesem Moment des Rennens überholt Hugh auch noch Sebastian Schnuelle, der unmittelbar vor ihm liegt. Er erreicht somit den letzten Kontrollpunkt mit einem satten Vorsprung vor seinem Konkurrenten. Und genau in diesem Augenblick, als er das Rennen praktisch gewonnen hat – er ist Erster mit anderthalb Stunden Vorsprung und hat auch noch das schnellste Gespann –, erfährt er vom *race marshall* (Rennrichter), dass er sich eine Strafe eingehandelt hat, da er einige Kilometer lang die Straße benutzt hat, statt der parallel laufenden Piste zu folgen. Beim letzten Kontrollpunkt müssen alle Gespanne eine Zwangspause von acht Stunden einlegen. Dadurch soll vermieden werden, dass einige *Musher* der Versuchung erliegen, ihre Hunde zu sehr zum *finish* zu pushen. Hugh darf also mit den zwei Stunden Strafe erst zehn Stunden nach seiner Ankunft weiterfahren. Er bricht somit über eine halbe Stunde nach dem neuen Spitzenreiter auf, den niemand, nicht einmal er selbst, an diesem Platz erwartet hätte: Sebastian Schnuelle.

Mit einem guten, aber nicht unbedingt ausreichenden Vorsprung führt also nunmehr wieder Sebastian mit 35 Minuten vor Hugh. Er hat noch siebzig Kilometer vor sich, um die *finish line* zu erreichen. Hugh folgt ihm mit seinem Gespann, das schneller ist als das Schnuelles und alles tun wird, um diesen einzuholen.

»Es war ein Albtraum. Ich verbrachte die letzten vier Stunden damit, nach hinten zu blicken. Bei jeder Flussbiegung rechnete ich damit, dass er auftaucht«, bekannte Sebastian später.

Der siegreiche *Musher,* dem eine große Menschenmenge zujubelt, ist kaum von seinem Schlitten gestiegen, als Hugh, vier Minuten später, über die Ziellinie fährt. Nur wenige Kilometer mehr, und Hugh hätte Sebastian eingeholt. Was für ein *finish*!

2012 gewann Hugh den Quest und brach seinen eigenen Rekord. Der minimale Zeitunterschied zwischen dem Ersten und dem Zweiten war in diesem Jahr mit 26 Sekunden noch geringer als 2009. Nur 26 Sekunden trennten Allen Moore und Hugh nach einem Rennen von über zehn Tagen und etwa 1600 Kilometern.

Und wie wird das *finish* dieses Rennens aussehen? Alles weist daraufhin, dass es keine Überraschung geben wird, da Brent Sass über einen Vorsprung von ungefähr zwei Tagen plus neun Stunden gegenüber Allen Moore verfügt. Ist das Rennen also schon gelaufen? Aber niemand, der die überraschenden Wendungen erlebt hat, die sich sowohl beim Yukon Quest als auch beim Iditarod nur allzu oft schon ereignet haben, wagt so etwas noch zu behaupten.

Ich aber nehme jetzt erst einmal den Anstieg beim American Summit in Angriff und denke an diesen unglaublichen Kleedehn. Da der Hang steiler wird, helfe ich den Hunden, indem ich mit Skatingschritten anschiebe, mit einer Hand am Lenkbügel. Mit der anderen stoße ich mich wie beim Langlauf mit einem Stock ab, den ich am Pistenrand aufgelesen habe. Die beiden abwechselnd durchgeführten Anschübe erfolgen synchron. So verringern sie das Gewicht des Schlittens, den die Hunde ziehen müssen, erheblich und unterstützen ihren Krafteinsatz.

Ich keuche, ich muss mich sehr anstrengen, aber wir kommen weiter in einem guten Tempo voran. Der Himmel hat

Umgeben von Zuschauern beim Yukon Quest.

Links: Vor dem Start – Quest beobachtet mich beim Reparieren der Geschirre.
Rechts: Happy, der Zwillingsbruder von Kali, ist leider nicht in Höchstform.

Dark und Wolf sind meine *wheel dogs*, die man direkt vor den Schlitten spannt.

Burka, der Star meines Gespanns.

Die Hunde haben nur einen Wunsch: Sie wollen endlich lospreschen ...

Letztes Training mit vollem Einsatz, vier Tage vor dem Start.

Das Yukon-Territorium ist etwas mehr als halb so groß wie Frankreich. Gesamtzahl der Bevölkerung: 50 000 Einwohner.

Jeder Hund besitzt eine Medaille, in die die Startnummer des Teilnehmers eingraviert ist.

Oben: Die gründliche Vorbereitung der *Food Drop*-Beutel, die alles Notwendige enthalten und zu den Kontrollpunkten transportiert werden.
Unten: Der voll beladene Schlitten mit einem Gewicht von mehr als 150 Kilo.

Jedes Jahr versammelt sich beim Start eine große Zuschauermenge.

Einige Minuten vor dem Start ist höchste Konzentration erforderlich. Die Hunde sind außer Rand und Band, und ich muss diese unglaubliche Energie bändigen.

Gleich geht es los: Die Anspannung der Teilnehmer ist spürbar.

Whitehorse: Vierzehn Hunde, gut »ausgestattet« für die große Kälte: minus vierzig bis minus fünfzig Grad während der ersten Tage.

Auf dem Schlitten führe ich einen Strohballen mit, damit sich die Hunde bei einem Halt mitten im Wald gut erholen können und es warm haben.

 Oben: Braeburn – Die Hunde laufen in flottem Tempo, über sechzehn Kilometer pro Stunde. Unten: Erster Halt am Kontrollpunkt von Braeburn, wo ich den größten Hamburger der Welt verdrücke.

Carmacks – Pelly Crossing: Am Kontrollpunkt untersuchen Tierärzte die Hunde. Inzwischen bereiten die *Musher* die nächste Etappe vor.

Links oben: Hugh Neff, Sieger von 2012, ist einer der Stars des Yukon Quest. Links unten: Mein Freund Frank Turner, ebenfalls ein ehemaliger Sieger, ist eine Legende in der Welt des *mushing*. Rechts: Futterausgabe bei minus vierzig Grad.

Links: Während ich mit den Hunden vorpresche, fahren meine beiden *Handler*-Freunde Pierre und Fabien auf den Straßen von einem Kontrollpunkt zum anderen.
Rechts: Miwook, einer der Leithunde des Gespanns, läuft ein hervorragendes Rennen.

Meine Hunde bleiben »cool«: trotz der Zuschauer und der Gespanne der anderen *Musher*.

Der 24-Stunden-Halt in Dawson: der einzige Ort, wo während des Rennens Hilfe von außen erlaubt ist. Für jeden *Musher* ist es bereits der halbe Sieg, bis hierher zu kommen.

Oben: Man muss mit den Hunden immer viel reden, ihnen Freude, Liebe und Willenskraft vermitteln. Unten: Ein Fünf-Sterne-Hotel für die Hunde, die im Lauf von 24 Stunden ihre Batterien wieder aufladen.

Eagle – Circle City: Dark und Wolf sind unzertrennlich. Nur selten habe ich unter Hunden eine solche Liebe zwischen zwei Brüdern erlebt.

Oben: Ankunft in Circle City, Alaska. Über zwei Drittel des Rennens liegen hinter mir.
Unten: Bei jedem Checkpoint erfolgt eine Kontrolle, die Rennfunktionäre geben Ratschläge. Ich danke ihnen herzlich für ihre bemerkenswerte Arbeit.

Oben: Der Kontrollpunkt Central. Unten links: Brent Sass, der Sieger des Yukon Quest 2015, ein toller, großzügiger und sympathischer Kerl. Unten rechts: Der ganz Große unter den *Mushern*, die Legende Lance Mackey.

Central – Two Rivers: Über 200 Booties benötigt man für ein 1600-Kilometer-Rennen, um die Ballen der Hunde optimal zu schützen. Viel Arbeit!

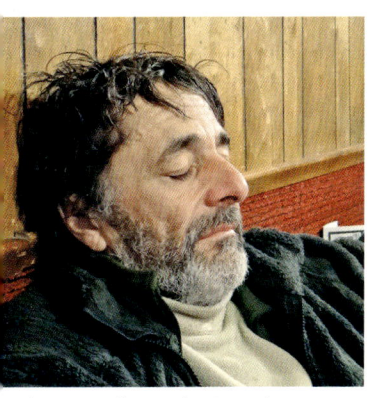
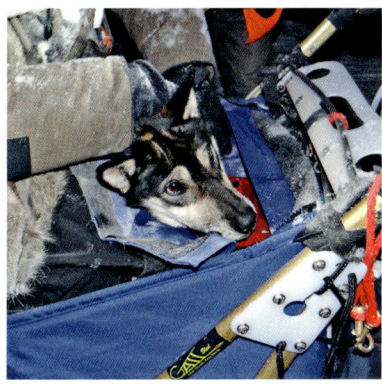

Links: Im Lauf von zehn Tagen kommt man lediglich auf zwei bis drei Stunden Schlaf innerhalb von 24 Stunden … da zählt jede Minute. Rechts: Sidi hat eine halbe Etappe im Schlitten zurückgelegt, um sich zu schonen und ihre Kräfte für den Berg aufzusparen.

Oben: Kazan und Unik laufen munter drauflos. Bald droht der legendäre Eagle Summit. Unten: Auf dem Eagle Summit genießen wir einen Moment großen Glücks: Das Rennen ist fast gelaufen, Fairbanks ist nicht mehr weit.

Eine überwältigende Freude erfüllt mich beim Passieren der Ziellinie.

Ich falle meinen beiden Freunden in die Arme, mit Tränen des Glücks in den Augen und voller Dankbarkeit im Herzen für meine großartigen Hunde.

sich erneut bewölkt. Die Temperatur ist gestiegen, es schneit leicht, und der Wind frischt auf. Ich mache mir Sorgen. Der Wind sollte nicht zu heftig werden, denn ich weiß, wie unwirtlich es da oben ist.

Der Vierfachsieger Hans Gatt – weit davon entfernt, ein Grünschnabel zu sein – hat das 2011 erfahren müssen. Er hatte sich im Sturm festgefahren, war völlig unterkühlt und unfähig, seinen Weg fortzusetzen. Zum Glück tauchte Brent Sass auf, dessen Leithund Silver dann wegen seines heldenhaften Eingreifens mit einem Spezialpreis belohnt wurde. Er führte nämlich die 21 Hunde ihrer beider Gespanne bis zum rettenden Wald am Fuß des Berges. Im tosenden Sturm gelang es Silver, die Nase am Boden, der unter dem Schnee vergrabenen Piste zu folgen, und das trotz einer Sicht von nur wenigen Metern, die so schlecht war, dass Brent nicht über die ersten vier Hunde des Gespanns hinwegsehen konnte.

Bevor ich über die Baumgrenze hinausgehe, werde ich die Windstärke messen und meine Chancen, den Gipfel zu erreichen, neu abwägen.

Die Hunde klettern gut. Kazan und Yuma keuchen. Ihnen ist heiß, weil sie sich noch mehr verausgaben als die anderen. Bei jeder Pause, die wir einlegen, ungefähr alle 500 Meter, wälzen sich die Hunde im Schnee, um sich abzukühlen. Als wir unterhalb der letzten Baumgruppe angelangt sind, weigern sie sich rundheraus weiterzulaufen. Es sieht so aus, als wollten sie mich vor der Gefahr warnen, die beim Überschreiten der Baumgrenze droht. Auch wenn der Wind immer noch recht heftig ist, hat er doch nicht an Stärke zugenommen. Es wird noch einige Stunden hell sein, und ich denke, wenn ich den Berg jetzt angehe, kann ich nur gewinnen.

»Meine Hunde, wir müssen es jetzt packen. Wir überqueren den Gipfel und gleiten dann nach Eagle hinunter, wo wir uns eine redliche Pause gönnen.«

Miwook und Burka sehen mich an und scheinen einverstanden zu sein. Dark bellt, um die anderen anzufeuern, wieder aufzubrechen. Kazan leistet gern Folge, aber nicht Yuma. Energisch dirigiere ich sie zur Piste. Sie murrt ein wenig, und ich befürchte, ihr Verhalten könnte auf die anderen abfärben, aber vorne ziehen Miwook und Unik ihre Leinen an, um keine Zweifel aufkommen zu lassen.

Wir tauchen in das große Weiß ein. Weißer Himmel. Weiße Piste. Weißer Berg. Alles verschmilzt in einer einfarbigen Landschaft, die genauso prachtvoll wie erschreckend ist. Man hat den Eindruck, kilometerweit vor der Küste allein auf dem Meer zu sein.

Jetzt, da wir den Entschluss gefasst haben, weiter voranzupreschen, hält uns nichts mehr. Der Wind peitscht den Hunden ins Gesicht, kühlt Yuma und vor allem Kazan ab, die sich wieder hochrappeln. Ich beglückwünsche mich, dass ich nicht der schwachen inneren Stimme nachgegeben habe, die mir vorschlug, den Hunden trotz allem eine Ruhepause vor dem letzten Anstieg zu gönnen. Wir hätten dann nachts in der Kälte starten und das Risiko auf uns nehmen müssen, dass der Wind an Stärke zunimmt. Er ist zwar im Augenblick auch heftig, weht aber doch nicht so stark, dass ich umkehren muss. Die Hunde spüren wohl meine Besorgnis, und ich ahne, dass auch sie nichts lieber wollen als auf die andere Seite zu gelangen, zu den Bäumen und dem rettenden Hafen. Alles, bloß nicht hierbleiben, auf hoher See, inmitten von Nowhere, vom Wind gepeitscht.

Wir steigen an, steigen und steigen. Wie hoch das doch ist! Ich schiebe mit aller Kraft, stecke mit den Hunden in einer Schlacht, die wir obendrein nicht verlieren dürfen. Miwook, Unik und Burka beeindrucken mich sehr, da sie ungewöhnliche Tapferkeit zeigen.

Ich gratuliere ihnen, ermuntere sie, erkläre ihnen, wie ich sie bewundere. Ich fühle meine Verantwortung. »Los, meine kleinen Hunde! Wir packen's, und zwei Stunden später sind wir am Kontrollpunkt, wo ich eine Überraschung für euch habe.«

Die Rennleitung stellt jedem *Musher* an allen Kontrollpunkten einen Strohballen zur Verfügung. Wenn man will, kann man einen weiteren dazukaufen, was ich nunmehr bei allen Kontrollpunkten getan habe.

»Zwei Strohballen, das ist ein Vier-Sterne-Hotel mit Spa und Feinschmeckerrestaurant für euch, meine kleinen Hunde, mit prachtvollem Blick auf die Berge.« Ich erzähle irgendetwas, aber das macht nichts, sie mögen es, hören mir zu und laufen gut gelaunt, da der *Musher* fröhlich ist.

Die Steigung verflacht sich etwas. Sind wir jetzt oben angelangt? Die Sichtweite beträgt nur fünfzig Meter, sodass ich mir nicht sicher sein kann. Ich versuche, mich an die Örtlichkeit zu erinnern, aber das letzte Mal war ich 1997 mit meinem Hundegespann hier. Das ist eine Ewigkeit her! Damals herrschte strahlendes Wetter, nicht zu vergleichen mit heute. Dagegen erinnere ich mich ganz genau an die Stelle, an der ich anhielt, seitlich von einem starken Gefälle, um Snacks an die Hunde zu verteilen, nachdem wir den Gipfel überquert hatten. Dort wartete ein Fotograf auf mich. Eines seiner Fotos verwendete ich für den Umschlag eines Buchs, das ich im Lauf des Winters, den ich mit meiner Familie im Yukon-Territorium verbrachte, geschrieben habe. Damals habe ich zum ersten Mal am Quest teilgenommen. Ich werde noch auf diese abenteuerliche Geschichte zurückkommen, die ich damals erlebte, sie endete mit einer aberwitzigen Disqualifizierung, die einen Meter vor dem Ziel verhängt wurde.

Da ich mich jetzt auf derselben Seite des Bergs befinde, auf einer Art Terrasse, nehme ich an, dass ich gerade im Begriff bin, den Gipfel zu überqueren, aber ich irre mich. Ungefähr 500 Meter weiter erwartet uns eine hübsche Steigung.

»Los, meine Hunde! Bald sind wir da!«

Der Wind nimmt zu, und wir nehmen die Steigung in Angriff.

Eine halbe Stunde später befinden wir uns im totalen *white out*. Ich sehe nichts mehr. Der Schnee peitscht mir waagerecht entgegen, und die Piste verschwindet unter ihm. Aber Miwook und Burka vorne wissen genau, wohin sie laufen. Ich weiß nicht, was für ein ungewöhnlicher Hund dieser berühmte Silver von Brent Sass war, aber auch meine Hunde verdienen Lob. Manchmal ist der Wind so stark, dass der Schlitten seitlich abgedrängt wird und auf dem zu Eis gefrorenen verhärteten Schnee nicht mehr die Spur hält. Ich habe keine Ahnung, wohin es geht, aber ich verlasse mich auf meine wunderbaren Hunde. Von Zeit zu Zeit kann ich trotz meiner beschlagenen Brille im Treiben des Schneesturms Markierungspfosten erkennen.

Ich rufe Burka und Miwook, meinen tapferen Hunden, ermutigende Worte zu. Sie halten unseren vom Wind hin und her geschüttelten Schlitten auf Kurs, der im Weiß des Schneesturms verschwindet, uns in die Irre führt und uns zum Narren hält. Aber wer zuletzt lacht, lacht am besten.

Endlich sind wir oben. Dieses Mal bin ich mir sicher. Die Piste führt jetzt den Bergkamm entlang, wir erreichen ein windgepeitschtes Plateau, das kein Ende nimmt.

Jetzt endlich wagen wir die Abfahrt. Ich kann die beiden Leithunde vorne wieder sehen, und die Markierungsposten zeigen mir, dass wir nach wie vor auf der Piste sind.

»Bravo, meine Champions! Bravo!«

Mit einem Fuß auf der Bremse regle ich ganz bewusst die Geschwindigkeit, damit sich die Hunde nicht im Neuschnee, der die Unregelmäßigkeiten der zugefrorenen Piste kaschiert, verletzen. Dann lege ich einen Halt ein, um ihnen von Herzen zu gratulieren und mich wieder warm anzuziehen. Der Tag neigt sich dem Ende zu, und der Wind hat auf dieser Seite des Bergs beträchtlich nachgelassen. Ach, was sind das für kostbare Momente! Es sind noch 25 Kilometer zu bewältigen: In knapp zwei Stunden sind wir in Eagle. In dem Augenblick, wo wir das am Polarkreis gelegene Circle City erreicht haben, darf ich dann auch an Fairbanks denken, so habe ich es mir erlaubt.

»Los, meine Hunde!«

Und da sind schon die ersten Bäume, diese alten Gefährten, die ich immer in meiner Nähe haben möchte. Der Wind mag noch so heulen, die Kälte wüten, nichts kann uns etwas anhaben, wenn wir den Schutz des Waldes haben. Hier können wir allem die Stirn bieten oder doch fast allem. Ich bin voller Bewunderung für die Inuit, die es geschafft haben, in einer Eiswüste ohne Bäume zu überleben. Ich wäre unfähig dazu. Ich bin ein Indianer, ein Mann des Waldes.

Die Nacht bricht herein, aber in der Ferne wird ein kleines Licht größer, und das beruhigt uns. Die Hunde und ich, wir wissen, dass wir da sind. Wir laufen jetzt heiter durch die Nacht bis zum Kontrollpunkt, wo uns ein sympathisches kleines Empfangskomitee zujubelt.

»*Welcome to Eagle!*«

»*I am so glad to be here! So glad!*«

»Not too windy up there?«
»Not enough to stop my team.«
»Well done, Nicolas. Nice looking team coming in.«

11 AM KONTROLLPUNKT EAGLE

14. Februar, 19.00 Uhr

Ich liebe diesen Ort: Eagle. Die freiwilligen Helfer zerreißen sich, um uns den Aufenthalt hier so angenehm wie möglich zu machen, und geben mir sehr genaue Informationen, die ich für den weiteren Verlauf des Rennens benötige. Nachdem ich nach achtzehn Uhr angekommen bin, möchte ich gegen zwei Uhr morgens wieder aufbrechen. Die Tierärzte bestätigen mir erneut die ausgezeichnete Verfassung meiner Hunde und beruhigen mich hinsichtlich des leicht geschwollenen Gelenks von Burka, mit dem sie seit Carmacks Probleme hat. Meine Hunde fressen gut. Ich bin glücklich über die Strohballen, die mir zur Verfügung stehen, und bereite ihnen ein kuscheliges Lager, auf dem sie sich wohlig einrollen.

Nachdem ich sie versorgt, massiert und gefüttert habe, gehe ich ins Innere des kleinen Kontrollpunkts, um selbst etwas zu essen. Ich mache mich an der Anzeigentafel über den Stand des Rennens kundig und stelle erstaunt fest, dass ich mich wieder auf den fünfzehnten Platz hochgearbeitet habe. In Dawson hat sich Ray Redington, ein Konkurrent, mit seinen acht Hunden, von denen einige an starken Erfrierungen litten, abgemeldet.

»Aber wo ist Lance Mackey?«

»Hinter dir, er müsste in ein paar Stunden hier eintreffen. Während er in der Hütte eine lange Ruhepause machte, hast du ihn überholt.«

Hier kennen alle dank der GPS-Peilung zu jeder Zeit den genauen Stand jedes Einzelnen. Eine weitere Information überrascht mich sehr: Ryne Olson, die am letzten Kontrollpunkt drei Stunden vor mir eintraf, liegt jetzt nur noch eine Dreiviertelstunde vor mir, ein Abstand, den man wettmachen kann. Das hat sie mir gegenüber schon bemerkt.

»Du bist schnell, du wirst mich überholen …«

Ryne, fröhlich, sympathisch, entschlossen – wie die meisten Frauen, die an diesen Rennen teilnehmen –, ist dennoch sehr weiblich. Ich finde sie sogar ausgesprochen charmant.

Mehrere Frauen haben bei den großen Hundeschlittenrennen geglänzt. Die berühmteste ist Susan Butcher, die viermal den Iditarod gewonnen hat und internationales Ansehen genießt. In Alaska wird am ersten Samstag im März offiziell der ungewöhnlichen Leistungen dieser Heldin der modernen Zeit gedacht. Sie hatte Krebs und ist 2006 gestorben.

1985, noch vor all den Siegen, die sie auf der ganzen Welt berühmt gemacht haben – sie zierte die Titelseiten vieler Frauenzeitschriften, auch in Frankreich –, wurde sie aufgrund eines tragischen Unfalls auf der Piste des Iditarod bekannt. Ein Elch hatte ihre Hunde angegriffen und zwei getötet sowie elf verwundet. Mit einer Axt versuchte sie, ihr Gespann zu verteidigen. Ein Elch wiegt bis zu 700 Kilo. Es fällt ihm schwer, sich im Tiefschnee zu bewegen, deshalb beschränkt er sich auf bestimmte Wege, die er den gesamten Winter über benutzt. Die Wölfe nutzen diese Schwäche und locken den Elch von der Piste weg, bevor sie diesen mächtigen Geweihträger angreifen. Der Elch, der im Tiefschnee schnell ermüdet, weiß, dass er dort gefährdeter ist, und bleibt deshalb beharrlich auf seinem Weg. Aber die Wölfe sind geduldig und hartnäckig. Sie folgen ihm, drängeln ihn, nutzen das Gelände und den geringsten Fehler, um ihn von seiner Fährte abzudrängen. In die Enge getrieben, zieht es der Elch meist vor, sich zu stellen, die Wölfe anzugreifen und mit den scharfen Spitzen seiner Hufe die Köpfe seiner Angreifer zu treffen. Dann ziehen sich die Wölfe zurück und geben notgedrungen auf. Wenn man diese Zusammenhänge kennt, wird verständlich, dass die Begegnung mit einem Elch, der die Piste der Gespanne als seinen Weg benützt, dramatisch werden kann. Wenn er sieht, dass ein Gespann auf ihn zuläuft, greift der Elch an, um sich gegen die Hunde, die er als ein Rudel Wölfe ansieht, zu verteidigen. Die Verletzungen können erheblich sein, da die Hunde, an der Zentralleine festgehakt, den Stößen weder entkommen noch ausweichen können.

Dieses Jahr hatte Brent Sass, immer an der Spitze des Rennens, kurz vor der Ankunft in Dawson eine riskante Begegnung mit einem Elch, der sich mitten auf der Piste befand und nicht die Absicht hatte zu weichen. Den Fuß auf der Bremse, konnte Brent nichts anderes tun als beten, dass der *moose,* beeindruckt von seinem Gespann und seinen Schreien, irgendwann beschließt, sich zu trollen … was er zum Glück dann auch tat. Charlie Boulding, ein Teilnehmer des Quest, hatte nicht so viel Glück. Er war gezwungen, mit der Axt gegen das mächtige Tier zu kämpfen – der Elch gehört zu den größten Geweihträgern der Welt! Er musste ihn töten, bevor der Koloss seine Hundemeute dezimierte. Und er war nicht der Einzige. Jedes Jahr, oder fast jedes, geraten *Musher* und ihre Hunde in prekäre Situationen mit diesem Tier, das mit seiner gelassenen Gangart beeindruckt.

Da ich alle möglichen Pisten in den wildesten Landstrichen durchstreift habe, kreuzte auch ich im Laufe meines »Hundelebens« den Weg vieler Elche. Aber auch wenn ich ein paar gefährliche Begegnungen hatte, blieb mir doch ein Unfall dieser Art erspart.

Nachdem ich an 22. Position in Pelly Crossing aufgebrochen war, freue ich mich jetzt über diesen vorläufig fünfzehnten Platz. Auch wenn Ryne noch in Reichweite ist, sind die anderen Konkurrenten, über sieben Stunden vor uns und bereits auf dem Weg nach Circle, praktisch unerreichbar.

Aber *step by step …*

Ich esse mit gutem Appetit, trinke viel und gehe zum Schlafen in den kleinen Raum, der hierfür vorgesehen ist. Auf eine Tafel schreibe ich noch, um welche Uhrzeit ich geweckt werden will: in zweieinhalb Stunden.

Nach dem Aufwachen gebe ich meinen Hunden eine dicke Suppe zu schlabbern. Vor dem Schlafengehen habe ich sie noch mit etwas Stroh zugedeckt. Während ich schlief, sind zwei Gespanne eingetroffen, das von Kristin und das von Lance Mackey. Ich bin sehr beeindruckt, diesem Star hier zu begegnen.

Lance Mackey gilt als der größte *Musher* der Welt, und das zu Recht. Sein Vater Dick Mackey hat dem nicht weniger berühmten Joe Redington – dem Großvater von Ray, der sich bereits in Dawson vom Rennen abgemeldet hat – geholfen, 1973 den Iditarod ins Leben zu rufen. Dick Mackey gewann 1978 das Rennen in einem denkwürdigen *finish,* bei dem er Rick Swenson um eine Nasenlänge geschlagen hat. Dann löste ihn sein Sohn Rick Mackey ab, der den Iditarod gewann und dann 1997 den Yukon Quest. Im gleichen Jahr habe ich das erste Mal teilgenommen und war vor meinem Freund

Frank Turner über die Ziellinie gefahren. Rick Mackeys kleiner Bruder Lance schien nicht die geringste Chance zu haben, je ein Rennen zu gewinnen. Nachdem bei ihm Kehlkopfkrebs diagnostiziert wurde, gaben ihm die Ärzte nur geringe Überlebenschancen und nur eine 1:1000-Chance, je wieder auf einen Schlitten steigen zu können. Die Operation war schwierig, die Bestrahlungen und die Chemotherapie schwächten ihn sehr und hatten verheerende Folgen: Ein Arm blieb steif, der Mund deformiert und das Gesicht angeschwollen.

Es folgten lange Monate der Rekonvaleszenz. Lance nutzte sie zu intensivem Kontakt mit seinen Hunden. Ein Jahr später befinden die Ärzte erneut über seinen Fall. Nach der Operation und der Bestrahlung scheint der Krebs besiegt zu sein, aber Lance wird gewarnt, dass er nicht mehr so leben könne wie vorher. Er braucht eine Atmungshilfe, ist geschwächt und entkräftet. Bestimmte Aktivitäten sind ihm verboten, von anderen wird ihm abgeraten. Zur ersten Kategorie gehört eindeutig das Fahren mit Hundeschlitten. Beim Quest oder beim Iditarod antreten? Undenkbar.

Lance Mackey erinnert sich sehr gut an jenen Tag, »der sicherlich schlimmer war als der, an dem ich von dieser verdammten Kehlkopfkrebs-Diagnose erfuhr«; er fügt hinzu: »In diesem Augenblick habe ich beschlossen zu kämpfen, das Unmögliche möglich zu machen: am Iditarod teilzunehmen oder zu sterben.«

Und so nimmt er 2002, als er nach wie vor intubiert wird und noch immer nicht normal essen kann, das erste Mal am Iditarod teil. Viele Zuschauer sind erstaunt, dass er es bis zur Hälfte des Rennens schafft. Dann gibt er zwar entkräftet auf, aber die Hoffnung bleibt. Heute die halbe Rennstrecke und morgen vielleicht die gesamte …

Er gibt sich ein Jahr, um wieder zu Kräften zu kommen, zu trainieren, seine Hunde mit den besten zu kreuzen. Am Ende der Saison trifft er Hugh Neff, der ihn ermutigt, am Yukon Quest teilzunehmen, eines der beiden Rennen, die über tausend Meilen (1600 Kilometer) gehen, wobei der Quest als das schwierigste gilt. Lance stürzt sich in das Abenteuer. Es ist seine erste Teilnahme, er kennt die Strecke nicht, weiß nicht, wo die Schlüsselstellen sind. Also folgt er den führenden *Mushern,* vertraut ihrer Fahrweise, prescht mit ihnen vorwärts und macht mit ihnen Pause. 300 Kilometer vor dem Ziel ist er immer noch mit von der Partie. Dann überholt er einen nach dem anderen und fährt als Erster über die Ziellinie. Die Zuschauer und die gesamte *Musher*-Welt sind sprachlos vor Bewunderung. Aber Lance steht erst am Anfang. Vier Jahre hintereinander gewinnt er den Quest. Seine Überlegenheit bei allen Schwierigkeiten des Rennens ist imposant, da er in einem Stil und mit der Eleganz gewinnt, die einen großen Champion kennzeichnen. Im *Musher*-Milieu fängt man an, darüber zu spekulieren, ob er noch im selben Jahr den Yukon Quest und den Iditarod gewinnen könnte. Die Experten äußern sich eindeutig: unmöglich.

Doch Lance macht das Unmögliche möglich. Er gewinnt beide Rennen, und zwar gleich zweimal.

Die breite Öffentlichkeit ist voller Bewunderung, die Szene hat ihren Meister gefunden. Lance wird ein echter Star, ist aber noch immer bescheiden und zugänglich. Auch heute wird mir dies bewusst, als er mich aufsucht und neben Miwook stehen bleibt.

»*Nice dog!*«

Wir unterhalten uns. Er erzählt mir, dass er mit einem jungen Gespann, das er nicht zu sehr fordern möchte, unterwegs sei und er zu Beginn des Rennens einige Schwierigkeiten gehabt habe, insbesondere wegen der großen Kälte. Er beglückwünscht mich, dass es mir gelungen ist, seit Pelly Crossing neun Hunde im Rennen und noch dazu topfit zu halten. Ich erkläre ihm, dass ich ihn wegen seiner außergewöhnlichen Leistungen aufrichtig bewundere. Er reagiert mit einem fröhlichen »Oh! Thank you«, und dann gehen wir gemeinsam frühstücken am Kontrollpunkt. Ich erlebe diesen außergewöhnlichen Augenblick wie einen Traum. Ich habe keine ausgeprägte Neigung zum Starkult, lasse mich auch nicht von den Großen dieser Welt beeindrucken, aber Lance Mackey ist einfach der Größte der Großen. Dann wird es Zeit für ihn, schlafen zu gehen. Ich wünsche ihm einen guten *Run*, und auch er wünscht mir Glück.

Ich stiefle davon und lächle in mich hinein. Lance weiß nicht, wie viel Kraft er mir gegeben hat mit seiner großartigen Einstellung, die aus allen Poren dieses toughen Mannes strömt. Das ist das Geringste, was man über dieses Wunder eines todgeweihten Menschen sagen kann, der sich dann in einer der schwierigsten Sportdisziplinen durchsetzen konnte.

Ryne Olson schlief noch, als ich aufbrach und dem Kontrollpunkt den Rücken kehrte. Damit liege ich also auf Platz 14.

Die Hunde beeindrucken mich. Ich habe ihnen keine lange Pause gewährt, aber sie laufen gut. Es sind 250 Kilometer bis Circle. Eine von einem Trapper bewirtschaftete Hütte, die für die *Musher* des Quest geöffnet ist, ist etwa siebzig Kilometer von hier entfernt. Wie die meisten *Musher* will ich dort meinen ersten Halt einlegen.

Die Piste auf dem zugefrorenen Yukon, mit gelegentlichen kilometerlangen Abstechern landeinwärts, ist recht gut, auch wenn einige Abschnitte etwas technisches Geschick erfordern. Mehrere Male ertappe ich mich dabei, wie ich unser Tempo auf meinem GPS kontrolliere. Nein, ich träume nicht, wir kommen schnell voran.

Plötzlich fallen mir im Lichtstrahl meiner Stirnlampe ein paar Hinweisschilder ins Auge. Eine Hütte? Nein, es sind zwei kleine Tafeln, die von den Pistenmachern hier aufgestellt wurden, um den *Mushern* die Überquerung der Grenze zwischen Kanada und Alaska, dem 49. Staat der USA, anzuzeigen. 1867 kauften die USA für sieben Millionen Dollar Alaska von Russland. Ein Preis, für den man heute eine große Wohnung in New York bekommen kann, wurde hier gezahlt für ein von Reichtümern überquellendes Gebiet von fast zwei Millionen Quadratkilometern. Dreimal so groß wie Frankreich.

Genau fünf Stunden und zehn Minuten später sind wir bei der Hütte angelangt. Ich sorge dafür, dass sich meine Hunde auf dem zurückgelassenen Stroh der vor mir laufenden Gespanne niederlassen und verteile Snacks und Wasser. Dann gehe ich zur Hütte, um etwas Warmes zu essen und zu trinken, während sich meine Hunde erholen.

Wir unterhalten uns. Clarence, der Hütteninhaber, beklagt sich, es sei hier nicht mehr so gut wie früher. Es gebe viel weniger Luchse und dafür wesentlich mehr Wölfe, erklärt er mir, und das Wolfsfell verkauft sich nicht so gut wie der Luchspelz.

Clarence notiert alle Zeiten der ankommenden und abfahrenden *Musher* und berechnet den Durchschnitt. Das beschäftigt ihn. Er teilt mir mit, dass ich zwischen Eagle und hier der weitaus Schnellste gewesen sei.

»Der Schnellste? Von allen?«

»Ja. Bis jetzt war Allen Moore der Schnellste, mit einer Zeit von sechs Stunden und ein paar Minuten. Du hast aber bei dem *Run* eine Stunde weniger gebraucht als er.«

Ich kann es nicht glauben. Sind wir wirklich so schnell? Ich studiere die Tafel, auf der Clarence alles notiert hat. Kein Zweifel. Ich stelle fest, dass sie alle mindestens vier Stunden hiergeblieben sind, häufig sogar länger. Wenn ich, wie vorgesehen, in zwei Stunden wieder aufbreche, werde ich näher an Jason Campeau, Brian Wilmshurst und Dave Dalton herankommen, die weit vor mir liegen. Es gibt auch noch andere, die vor mir liegen, aber immerhin weniger.

Drei Stunden Ruhepause, das ist wenig, aber ich habe das Gefühl, dass meine Hunde fit sind und fähig, auch den zweiten *Run* mit sechzig bis achtzig Kilometern zurückzulegen.

Ich verteile ein paar Snacks, bevor ich ihnen die Booties anziehe, und wieder geht's los. Nachdem wir eine schwierige enge Kurve genommen haben, die steil zum Fluss hinabführt, geht es wieder flott voran. Ich bin jetzt im Rennen, bin der *Musher* eines wettkampffähigen Gespanns, das schnell vorankommt. Mein Gemütszustand ist bestens, meine Einstellung hat sich verändert. Ich möchte nicht nur weiter vorankommen, um den nächsten Kontrollpunkt zu erreichen, ich denke ab sofort an die *Musher* vor mir, die ich gern einholen würde. Zumindest will ich es versuchen, denn ein bis zwei meiner Konkurrenten scheinen erreichbar zu sein. Dann würde ich auf den dreizehnten Platz vorrücken und hätte den zwölften im Visier: keine Schande, schließlich waren wir anfangs 26. Aber wir sind noch nicht am Ziel. Ab jetzt fangen alle an zu *rasen*. Das bedeutet, alle, die es schaffen, dem vorausfahrenden Konkurrenten näher zu kommen, versuchen auf Biegen und Brechen, ihn zu überholen.

Die Temperatur am Nachmittag ist ideal: minus 23 Grad, Windstille. An dieser Stelle ist der Yukon sehr breit, und auf dem gefrorenen Bett dieser großen Schlange aus Eis wirken wir winzig. Ich bin glücklich und zuversichtlich, obwohl ich weiß, dass uns ein großes Hindernis vor Erreichen des gelobten Landes, Circle City, erwartet. Es ist ein weitläufiges Gebiet von ineinandergeschobenen Eisschollen, die sich über mehr als 25 Kilometer erstrecken sollen.

Ich halte mehrere Male an, um Snacks und Lob an die Hunde zu verteilen. Jedes Mal erhebt Dark Protest und will weiterlaufen. Dieses Ritual, das mich letzten Winter in Sibirien zum Wahnsinn getrieben hat, beweist mir heute die Tapferkeit und die gute Verfassung der Hunde. Während meiner letzten Expedition hinderte Dark die anderen daran, sich auszuruhen, und ging mir durch sein ewiges Gekläff auf die Nerven. Manchmal fing ich an zu brüllen, um ihn zum Schweigen zu bringen. An manchen Tagen hätte ich ihn erwürgen können, aber hier macht es mir nur noch Freude.

»Gut, mein Dark! Ja, wir packen es.«

Der Fluss zieht seine großen Schleifen durch eine Landschaft, die immer flacher wird und über der eine strahlende Sonne steht. Wir kommen zügig voran, stoßen bis zum Nachmittag auf keine Hindernisse. Dann halte ich Ausschau nach einem sonnigen Platz, um den Hunden, die gerade zwei *Runs* von siebzig und sechzig Kilometern hinter sich gebracht haben, etwas Ruhe zu gönnen. Ich schmelze Eis, füttere die Hunde und massiere sie. Dann lege ich mich eine halbe Stunde aufs Ohr, bevor ich diese schmutzige und aufwendige Arbeit erneut in Angriff nehme: das Anziehen der Booties. Ich kenne keinen *Musher,* dem dieses Ritual nicht zuwider wäre, doch es ist unumgänglich. Zusammengekauert im Schnee, den Rücken gebeugt, die Hände ungeachtet der Kälte ohne Handschuhe, stellt diese gewissenhaft zu erledigende Aufgabe – eine einzige Druckstelle durch den Bootie kann den Hund verletzen – eine wahrlich mühevolle Arbeit dar. Ich nutze den Moment aber auch, um mich mit den Hunden zu unterhalten, ihnen alles zu sagen, was mir durch den Kopf geht. Ich ermutige sie, erkläre ihnen, wie sehr ich sie liebe. Psychologisch gesehen hilft dies den Hunden, sich auf einen neuen *Run* vorzubereiten. Sie haben jetzt die Technik des Rennens begriffen, die in der abwechselnden Abfolge von *run, rest, run, rest* besteht. Der nächste *Run* wird uns bis zum Slaven's Roadhouse bringen, einem bekannten Haltepunkt des Yukon Quest: eine Hütte, die gleichzeitig ein historisches Denkmal Alaskas ist, und während des Rennens offen steht. Die Rennorganisation hat hier einen halben Strohballen pro *Musher* hinterlegt. Auch ein Tierarzt steht zur Verfügung. Es ist kein Kontrollpunkt, sondern ein *Dog Drop*. Man kann also hier auch Hunde ausmustern. Die Rennorganisation sorgt dafür, dass sie mit dem Flugzeug zum nächsten Kontrollpunkt geflogen werden.

Bei jedem Kontrollpunkt, jedem *Dog Drop,* reduziert sich die Zahl der Hunde pro Gespann. Mit neun Hunden bin ich jetzt nicht weit vom Durchschnitt entfernt. Hugh Neff auf Platz 3 hat nur noch acht Hunde, genauso Normand Casavant. Viele andere haben noch neun oder zehn. Niemand hat ab Pelly dieselbe Anzahl behalten, abgesehen von Dave Dalton, der noch zwölf Hunde im Gespann hat, und mir mit neun.

Dave ist eine Größe des Yukon Quest; er hat zwei Rekorde aufzuweisen und 24-mal teilgenommen. Eine Höchstleistung, die auch Frank Turner erbracht hat. Ihn wird Dave zweifellos im nächsten Jahr schlagen, denn Frank wirft das Handtuch, während Dave mit 57 Jahren noch unschlüssig ist, ob er aufhören soll. Daves zweiter Rekord, der durchaus Respekt verdient, ist ein großartiger dritter Platz im Jahr 2004, mit vierzehn Hunden im Ziel, was ungewöhnlich ist. Dave nimmt heute den zehnten Platz ein, liegt etwa acht Stunden vor uns. Er gehört also zu den begehrten *top ten*.

Um Burka, die seit Beginn des Rennens unangefochten an der Spitze läuft, zu entlasten, habe ich Olga mit Miwook als Leithunde zusammengespannt. Ein leichter Wind fegt über den Fluss, weht stellenweise den vor Kurzem gefallenen Neuschnee in die Mulden der Piste, über die meine Hunde laufen müssen. Burka, die nunmehr mit Unik ein neues Paar bildet, scheint diese Veränderung, die manche Hunde manchmal als Strafe auffassen, nichts auszumachen. Ich spreche ihr lange gut zu, bevor ich sie anschirre, um jegliches Gefühl der Ungerechtigkeit zu entschärfen und ihr keinen Anlass zu Misstrauen zu geben.

»Meine Burka, du wirst dich zusammen mit deinem Kumpel Unik etwas erholen.«

Ich spanne Yuma mit Wolf ein und muntere Dark auf, dass er dem gesamten Gespann zeigt, wie fit er ist. Das ermöglicht mir im Übrigen, darauf zu achten, dass Yuma nicht zu sehr nachlässt, was sie von Zeit zu Zeit tut.

Dieser dritte *Run*, der uns bis Slaven's Roadhouse führt, erfolgt zum großen Teil nachts auf einer Piste, die an bestimmten Passagen durch das Eis schwierig wird. Die Piste verläuft hauptsächlich auf der linken Seite des Flusses auf einer schrägen Bahn, die das Eis in der Nähe des Ufers geformt hat. Die Pistenmacher haben diese Option gewählt, um die *Slutch**-Zonen – eine Art weicher, dichter Matsch – sowie *Overflow*-Stellen zu vermeiden. Die Fahrt auf diesem Abschnitt erweist sich als ungeheuer mühsam, da der Schlitten ständig schräg liegt und wegrutscht. Um ihn gerade zu halten, muss man ihn, auf der linken Kufe stehend, mit dem Lenkbügel zur Seite ziehen. Dieses unaufhörliche Abgleiten, diese mehr oder weniger kontrollierbaren Rutschpartien bringen die Hunde aus dem Rhythmus und brechen mir den Rücken. Es gibt nur wenige erholsame Abschnitte, und die sind schnell wieder vorbei. Als ich mitten in der Nacht endlich in Slaven's Roadhouse ankomme, bin ich erschöpft. In der Hütte befinden sich Brian Wilmshurst und Dave Dalton, der gerade dabei ist, wieder aufzubrechen. Sie sind erstaunt, mich bereits hier zu sehen. Als sie mich fragen, wie lange ich hierbleiben wolle, erwidere ich ausweichend: »Mindestens fünf Stunden.«

Das entspricht dem, was sie wohl vermutet haben, denn der *Run* bis Circle ist lang und soll stellenweise schwierig sein, weshalb es sich empfiehlt, mit ausgeruhten Hunden auf die Piste zu gehen. Nein, sie wollen wissen, wann genau ich starten will. Dann können sie den Spielraum abschätzen, den sie haben, ohne von mir eingeholt zu werden. Aber ich lasse sie mit ihren Vermutungen allein, verrate nichts. Das kleine Katz-und-Maus-Spiel hat begonnen. Und ich bin die Katze, die sie gern vor Fairbanks fressen würde!

12 DURCH DIE PACKEISHÖLLE AUF DEM YUKON

16. Februar, im Morgengrauen

Fairbanks.

Ich hatte mir geschworen, nicht vor der Ankunft in Circle City von diesem Ort zu reden. Nun tue ich's doch. Ich werde jetzt versuchen, Jagd auf die vorderen Plätze zu machen, um mich unter die großen *Musher* wie Dave Dalton oder Mike Ellis einzureihen. Ein deutliches Zeichen: Ich fasse wieder Mut.

Doch ich bleibe völlig konzentriert und gebe mich nicht der Euphorie hin. Ich weiß, wie schnell man bei solchen Rennen scheitert, wo sich der geringste Fehler sofort rächt und häufig weitere nach sich zieht. Wer erschöpft ist, gerät schnell in eine teuflische Spirale.

Meine neun Hunde laufen gut, sehr gut. Darüber informiere ich die Tierärztin, als sie mich aufsucht, während ich die Hunde versorge. Sie horcht sie ab. Auf meine Bitte hin kümmert sie sich besonders um Burkas Gelenk. Obwohl die leichte Entzündung anhält, brauche ich mir keine Sorgen zu machen, versichert sie mir. Sie rät, ich solle sie weiterhin so behandeln wie bisher, sie also bei jedem Halt intensiv massieren und das Gelenk mit einem Neoprenverband stützen, der warm hält und das Einziehen der Salbe fördert. Schließlich soll ich sie vor dem Aufbruch erst mal ein paar Sekunden herumführen, damit sie nicht kalt starten muss.

»*Good looking team. They look great!*«, bemerkt sie und beobachtet, wie die Hunde ihr Fressen mit Appetit verschlingen.

Ich tue es ihnen nach und gönne mir in der Hütte einen riesigen Hamburger. Mein Hunger ist genauso übermächtig wie mein Schlafbedürfnis. Nach dem letzten Bissen lege ich mich hin, während Brian Wilmshurst im Aufbruch begriffen ist, eine Stunde nach Dave Dalton.

Ich schlafe sofort ein, mache mir keine Sorgen ums Aufwachen. Die Hüttenbetreiber haben mir versprochen, mich zu wecken. Sie werden mich also um 3.30 Uhr morgens aufrütteln, in gut drei Stunden.

Diese Nacht währt – gefühlt – gerade mal zwei Minuten. Zwei. Die Minute, in der ich einschlief, und die, in der man mich aufweckte. Und dazwischen herrschte tiefe Bewusstlosigkeit. Ist es wirklich schon wieder Zeit zum Aufbruch? Mein ganzer Körper verlangt nach Ruhe, und doch treibt mich ein unbezähmbarer Wille hinaus, um der Kälte und der Dunkelheit zu trotzen und immer weiter voranzupreschen. Doch es liegen noch so viele Kilometer vor uns, viele Berge sind zu erklimmen, viele Schwierigkeiten zu überwinden. Welcher Wahnsinn treibt uns *Musher* immer wieder an zu diesen Rennen durch Eis und Schnee, die zugleich Schmerzen und Qualen bedeuten, aber auch Freude und Spaß?

Es ist eine komplizierte Mischung aus vielen Elementen, in jedem *Musher* eine etwas andere Mixtur von Motiven, die bewirken, dass sich jedes Jahr erneut einige Dutzend Wahnsinnige einfinden, um das Wagnis eines solchen Rennens einzugehen.

Ich verschlinge ein reichhaltiges Frühstück aus Spiegeleiern, Speck und Butterbrot und stürze mich wieder ins Rennen.

Es ist eine schöne Nacht. Die Wolkendecke ist aufgerissen, und die Kälte lässt nach. Ich nehme den Hunden ihre Mäntelchen ab, stülpe ihnen die Booties über, und wir setzen unseren Weg fort. Vor jedem neuen Start habe ich Magengrimmen, als ob mein Gespann vom Funktionieren einer Batterie abhängig wäre, von der man befürchtet, dass sie jeden Augenblick ihren Geist aufgibt. Wie viele Gespanne, die sich gerade auf der Piste befinden, haben plötzlich eine Panne? Die Hunde machen *quit,* wie man hier zu sagen pflegt: Sie geben auf, fordern eine Erholungspause und wollen sich nicht mehr anstrengen. 2001 habe ich am letzten Kontrollpunkt des Rennens, 160 Kilometer vor dem Ziel, dem Start eines *Mushers* zugesehen, der vier Stunden Vorsprung vor seinem Verfolger hatte und die besten Aussichten, das Rennen zu gewinnen. Aber er hatte seine Hunde beim vorletzten *Run* zu sehr angetrieben, und nun weigerten sie sich weiterzulaufen. »Du hast zu viel von uns verlangt«, schienen sie zu sagen. Der *Musher* hat alles versucht, sie erneut zu motivieren, aber er musste schließlich einen ganzen Tag lang warten, bevor er das Rennen fortsetzen konnte. Und dann legte das Gespann die ersten zehn Kilometer so langsam zurück, dass es bis zur Ziellinie noch zwanzig Stunden gebraucht hätte. Resigniert kehrte der Schlittenführer daraufhin zum Kontrollpunkt zurück und gab auf. Wieder einer, der glaubte, das Rennen gewonnen zu haben.

Genau das macht dieses Abenteuer so großartig. Es bleibt eine Gratwanderung, auf 1600 Kilometern den *will to go* der Hunde aufrechtzuerhalten. Man muss die Ruhepausen verkürzen, die Zeitdauer der *Runs* erhöhen und die Länge der zu bewältigenden Strecke steigern, aber dabei aufmerksam sein, die Augen und das Herz auf die Hunde fokussiert. Sie geben ständig zahlreiche Signale, die man wahrnehmen und analysieren muss, um die richtige Entscheidung zu treffen.

Meine Hunde haben den *will to go*. Sie starten gut, mit gespannter Leine, sind fit für einen guten *Run*, den ich wie ein Geschenk empfange.

»Ist gut, meine kleine Sidi. Ist gut, mein Kazan. Gut, meine Yuma.«

Es darf kein Hund übergangen, kein Leithund bevorzugt werden. Die Redezeit mit den Hunden muss in einem ausgewogenen Verhältnis zu den Streichelphasen und dem Austeilen von Lob stehen.

»Mein großer Wolf, du bist wunderbar. Ja, mein Dark. Los, meine schöne Burka …«

Die richtige Dosierung.

»Wie geht es meiner kleinen Olga, freust du dich, vorne mit dem schönen Miwook zu laufen? Ist gut, mein Dark, mein begnadeter Kläffer.«

Wenn ich ihre Namen nenne, drehen sie sich einer nach dem anderen um, sind stolz, persönlich angesprochen zu werden, wie Musterschüler, denen man gute Noten gibt. Heute Nacht erhalten sie alle die Note sehr gut. Und ich rede weiterhin mit ihnen, erkläre ihnen den *Run* oder zumindest das, was man mir darüber berichtet hat. Erzählend bereite ich sie vor auf diese schreckliche Zone mit den übereinandergeschobenen Eisschollen, die wir durchqueren müssen. Wenn meine Hunde reden könnten – aber ihre Blicke sprechen für sich –, würden sie mir sicherlich antworten: »Mach dir keine Sorgen. Wir werden den *Run* schaffen. Eisschollen hin oder her, sie werden uns nicht aufhalten.«

Ich bin jetzt voller Vertrauen in sie alle, in jeden von ihnen.

Diese schwierige Zone war angekündigt worden. Sie liegt dort vor uns, im Schein der Stirnlampe ziemlich furcht-erregend. Im Licht sehen wir riesige Schatten auf diesen Eisschollen, von denen einige mehrere Meter hoch sind. Ist es möglich, dass eine Piste durch dieses höllische Gewirr von Eisschollen und Mauern aus Eis führt? Als ich in dieses Labyrinth eindringe, gilt mein erster Gedanke den Pisten-machern, die hier Unmenschliches geleistet haben. Wie viele Stunden, wie viele Spatenstiche werden sie geschuftet haben, um einen Durchgang zu schaffen, die Kanten zu glät-ten und die Löcher aufzufüllen? An den zahlreichen Ver-suchen, die da und dort unternommen wurden, erkenne ich, wie viele Ansätze auf der Suche nach dem richtigen Weg, wie viele Kehrtwendungen gemacht wurden, wie viele Ein-stiege mit unüberwindbaren Hindernissen sich in Sackgas-sen verwandelten. Auch wenn wir zweifellos nur mühsam vorankommen in diesem Albtraum aus Eis, wo sich diese Männer Meter um Meter vorangekämpft haben, um uns eine Piste zu spuren, ist unsere Geschwindigkeit doch noch relativ zügig.

Bim! Bum! Bam! Der Schlitten schleudert, rutscht, stellt sich quer, gleitet ab. Wir durchqueren ein Ruinenfeld aus Eistrümmern. Der Winter, der schon zu lange anhält, ist ver-antwortlich für dieses Chaos. Der Fluss hat an seinen ruhi-gen Stellen Eis gebildet, das begonnen hat abzutreiben. An manchen Untiefen staut es sich dann, bildet Schollen, die sich schnell zu einem Damm auftürmen, vor dem sich wei-tere Tausende von Tonnen Eis ineinanderschieben. Dank der Gewalt der Strömung entsteht ein meterhohes Bollwerk, wie ein in die Kälte gemeißelter Monumentalbau. In den Jahren, in denen die Temperatur schnell fällt und stabil bleibt, friert der Fluss zu, bevor sich solche Zonen über mehrere Kilometer ausweiten können. In diesem Jahr hat sich der Winter Zeit gelassen, bevor er endgültig die Herrschaft übernahm. Diese völlig atypischen Abläufe der Jahreszeiten, diese Anomalien des Klimas, werden seit etwa fünfzehn Jahren immer häufiger. Sie sind die unmittelbare Folge des Klimawandels, dessen umwälzende Auswirkungen ganz besonders im hohen Norden erkennbar sind. Hier ist die Natur äußerst empfindlich und damit besonders empfänglich für diese tief greifenden Umwälzungen. Diese Störungen sind harte Schläge, die für die Natur dramatische Folgen haben. Ich habe es persönlich festgestellt, und zwar zunehmend seit einigen Jahren. Zuletzt im Winter des vorigen Jahres, als ich den östlichen Teil von Sibirien durchquerte, der absolut märchenhaft hätte sein sollen, aber trostlos war. Im Frühjahr hatten größere Überschwemmungen zur Folge, dass alle Flüsse und Ströme eines riesigen Abflussnetzes über die Ufer getreten sind. Zig Dörfer wurden von der Landkarte getilgt, und eine Armee von Feuerwehrleuten, Helfern und Ärzten, die vom russischen Ministerium für Notfallsituationen koordiniert wurde, musste mobilisiert werden. Dann verzögerte sich der Wintereinbruch. Im Oktober und November herrschten schlicht unvorstellbare Wärmerekorde. In dieser Zeit gibt es gewöhnlich Eisstaus auf den Strömen, den Seen und Flüssen, und ein weißer Mantel liegt über der Landschaft. Im hohen Norden gibt es in diesen beiden Monaten die meisten Niederschläge, doch in diesem Winter fiel kein Schnee, sondern nur Regen. Dann plötzlich kam im Dezember, mit sechs Wochen Verspätung, die Kälte. Über Westsibirien bildete sich ein riesiges Hochdruckgebiet, und das Thermometer schwankte sieben Wochen lang zwischen minus vierzig Grad und minus fünfzig Grad. Vergessen wir nicht, dass der Schnee nicht »erfunden« wurde, um den Hundeschlitten zu ermöglichen, auf ihm dahinzugleiten, er bietet vielmehr die Schutzdecke, unter der einige Tiere und vor allem die gesamte Vegetation Zuflucht vor dem Raureif des Winters finden. Ohne diesen schützenden Zufluchtsort sterben viele Pflanzen ab, die Wurzeln der großen Bäume werden angegriffen, was sie bei starken Stürmen anfälliger werden lässt. In jenem Winter sind viele endemische Pflanzen für immer verschwunden. Die Wissenschaftler haben bereits das wahrscheinliche Aussterben von über 185 Arten in dieser Zone registriert. Eine Tragödie für die Artenvielfalt. Das prachtvollste Monument kann einstürzen, wir können es wieder aufbauen, aber eine Pflanzenart, die verschwindet, ist für immer verloren.

Nach diesem für Sibirien ungewöhnlich warmen Winter kam das Frühjahr. Die Pflanzen erwachten zu neuem Leben, aber die Trockenheit breitete sich dank unglaublicher Sommertemperaturen aus. Sogar der Permafrostboden, diese seit Jahrtausenden hart gefrorene Bodenschicht – in Sibirien hat man im Permafrost eingefrorene Mammuts gefunden –, fängt an zu schmelzen. Dadurch wird viel Methangas in die Atmosphäre freigesetzt, das normalerweise unter dem Eis eingeschlossen ist. In Verbindung mit der Luft verstärkt dieses Gas den Treibhauseffekt und trägt dazu bei, die Temperaturen noch weiter in die Höhe zu treiben. Das ist der Ausgangspunkt der Spirale, die alle Wissenschaftler, die sich mit diesem Phänomen beschäftigen, in allerhöchstem Maße beunruhigt. Es ist eine Zeitbombe, die uns schnell treffen kann, wenn wir es nicht schaffen, den Klimaanstieg auf der Erdoberfläche in den Griff zu bekommen.

In jenem Sommer, der auf die gerade beschriebene Herbst- und Winterphase folgte, trockneten viele Flüsse aus. Die wenigen Fische, die nicht bei den Überschwemmungen umgekommen waren, verendeten. Das zwang die Zugvögel dazu, ihre Kleinen zurückzulassen, um irgendwo anders zu überleben. Weitere Pflanzen wurden dezimiert, Brände tilgten Zigtausende Hektar Wald von der Landkarte. Dann kam der Herbst. Am 14. September 2015 wurden Winde mit über 180 Kilometer pro Stunde registriert. Sie entwurzelten die Bäume, die nicht vom Feuer verbrannt, von den Überschwemmungen mitgerissen oder von der Kälte zerstört worden waren.

Im Dezember 2015 fand in Paris die Weltklimakonferenz statt: die Konferenz der letzten Chance. »Es ist fünf Minuten vor Mitternacht«, verkündete der Präsident des Geiec (Groupe d'experts international sur l'évolution du climat) eindringlich. Nach dem eindeutigen Scheitern des Gipfeltreffens in Kopenhagen hat diese Konferenz immerhin dazu geführt, dass erstmals verbindliche Ziele und Obergrenzen formuliert wurden. Nun wird es darauf ankommen, auch für deren Einhaltung zu sorgen.

Die Pistenmacher haben zwar eine gigantische Arbeit geleistet, dennoch ist die Fahrt durch die Eistrümmerwüste des Yukon schier endlos.

Bim! Bam! Bum! Der Rücken, die Schultern und die Beine, alles tut weh. Und vor allem mache ich mir Sorgen um die Hunde. Unter dem Schnee sind so viele Fallen verborgen, Löcher, instabile Platten, Eisschollen, Schrägstellen, an denen sie sich verletzen können.

Ich ziehe meine Jacke aus, denn bei diesem Kampf ist mir schnell heiß geworden. Ich muss im Strahl meiner Stirnlampe blitzschnell das Gelände in meinem Blickfeld analysieren, um die Piste zu meistern. Ich muss im Nu entscheiden, welche Zone ich meiden und welche ich bevorzugen sollte, was ich tun muss, um den Schlitten in der Spur zu halten, damit er nicht umkippt oder gegen eine Eisscholle prallt und zerschmettert wird.

Eine Stunde später sind wir immer noch nicht wirklich weiter. Das ist furchtbar anstrengend. Einige Stellen sind besonders schwierig, die Atempausen sehr selten. Die Hunde beweisen mal wieder große Tapferkeit. Kein einziger lässt nach, aber ich leide für Burka, deren zartes Gelenk viel aushalten muss. Es gibt jedoch keine Alternative: Sie muss im Gespann bleiben. Ich kann sie nicht auf den Schlitten nehmen, um sie zu schonen. Der Schlitten ist wie ein kleines Boot, das vom Sturm hin und her geschleudert wird. Er wird nach unten gedrückt, schnellt wieder hoch, neigt sich zur Seite und wackelt von einer Kufe auf die andere, wobei er nur mühsam das Gleichgewicht hält. Einem Hund kann man diese Schüttelei, schlimmer als der Schleudergang einer Waschmaschine, nicht zumuten.

Wir setzen jetzt unseren Weg fort. Haben wir ein Drittel geschafft, gar die Hälfte? Es scheint kein Ende zu nehmen. Wann haben wir diese Hölle hinter uns?

Manchmal wiegt man sich in falschen Hoffnungen, glaubt fast das Ende der Eisblöcke sehen zu können, da führt die Piste erneut durch diesen Wirrwarr von ineinandergeschobenen Eisschollen.

Ich gewähre uns eine Pause, verteile Snacks und massiere Burka.

»Alles in Ordnung, mein Mädchen?«

Sie sieht mich vertrauensvoll und beruhigend an. Ich gehe von einem Hund zum anderen, rede mit ihnen und streichle sie.

»Bald sind wir da, meine Hunde. Nur Mut!«

Daran fehlt es ihnen wahrlich nicht. Aber wann, verflixt, wird diese Tortur zu Ende sein?

»Scheiße! Scheiße! Scheiße!«

Jetzt, da wir endlich aus diesem Inferno herauskommen, fängt Burka an zu humpeln. Das Packeis hat ihrem zarten Gelenk zugesetzt. Ich halte sofort an und hebe sie auf den Schlitten. Ich hoffe inständig, dass wir bis Circle endlich ohne größere Hindernisse durchfahren können.

Alles ist bislang fast zu gut gelaufen. Wie konnte ich hoffen, Burka noch länger einsetzen zu können? Ist es nicht bereits ein Wunder, dass sie es bis hierher geschafft hat? Ich versuche, mich zu beruhigen. Burkas Ausscheiden aus dem Gespann geht mir unter die Haut. Ich weiß, dass ich tief betrübt sein werde, wenn ich von Circle aus ohne sie weiterfahren muss. Ich liebe diese Hündin von ganzem Herzen, und sie dankt es mir! Aber ich darf mich nicht entmutigen lassen, nicht jetzt, da wir drauf und dran sind, zwei entscheidende Etappen zu bewältigen. Ich werde Circle erreichen. Von dort aus sind es nur noch »gute« 400 Kilometer bis nach Fairbanks. Wir haben dann drei Viertel der Strecke zurückgelegt – und das mit neun Hunden auf 800 Kilometern.

Worin liegen unsere Stärken? Acht Hunde in Hochform. Miwook, ein außergewöhnlicher Leithund. Nicht zu vergessen die starken Glieder unseres Gespanns: Wolf, Unik und der unglaubliche Dark, der Chef der Meute, der nicht versagt, niemals. Und Burka – sogar jetzt, als ich sie auf den Schlitten lade, fährt sie fort, ihre Gefährten zu motivieren und prägt ihnen bellend ein: »Los, Jungs, nur Mut, wir schaffen es bis zum Ziel.«

Ich werde auf Burka verzichten müssen. Aber ich darf das Wesentliche nicht verlieren, mein gutes seelisches Gleichgewicht, auf das sich die Hunde verlassen.

13 ZWISCHENFALL AUF DER STRECKE NACH CIRCLE

16. Februar, gegen Mittag

Meine acht Hunde preschen trotz der Mehrbelastung durch Burkas Ausfall in flottem Tempo voran. Sie ist begeistert, dass sie dort oben auf dem Schlitten sein darf, und hat es sich auf den weichen Mäntelchen der Hunde, die ich ihnen heute Morgen aufgrund des Temperaturanstiegs ausgezogen hatte, bequem gemacht. Sie lässt sich streicheln und herzen. Wir genießen beide diesen besonderen Augenblick.

»Meine Burka, du wirst mir sehr fehlen.«

Aber sie hat tapfer drei Viertel der Strecke zurückgelegt, dabei befürchtete ich, sie viel früher zu verlieren. Ich will so bald wie möglich Pierre und Fabien wiedersehen. Sie haben mit dem Auto über 1800 Kilometer auf der Straße von Dawson nach Whitehorse, dann nach Fairbanks und schließlich nach Circle zurückgelegt. Fabien ist sicherlich stolz, dass unser kleines Gespann so gut vorankommt. Pierre ist wohl überglücklich, dass ich etwas verwirkliche, was mir so sehr am Herzen liegt.

Als wir in Dawson aufbrachen, waren wir noch an siebzehnter Stelle, jetzt sind wir an zwölfter. Wahrlich ein Grund, stolz zu sein, und ich bin es ganz besonders auf meine Hunde, die seit Eagle eine großartige Leistung vollbringen.

Da ereignet sich ein Zwischenfall, der erneut alles infrage stellt. Dark hat sich verletzt. Er hat sich eine Verstauchung zugezogen, als er auf einer Eisplatte in der kleinen Packeiszone, die wir gerade durchquerten, ausrutschte. Nichts Gravierendes, aber ausreichend.

Sofort halte ich das Gespann an. In dem Rauschzustand meiner Müdigkeit erlebe ich diesen Unfall als Katastrophe. Ich bin schlichtweg verzweifelt: gerade erst Burka und jetzt auch noch Dark. Bis Circle sind es nur noch zwanzig Kilometer, und jetzt verletzt Dark sich auf einem eher harmlosen Streckenabschnitt, verglichen mit der Qual, sich Kilometer um Kilometer durch die höllisch gefährliche Packeisstrecke fräsen zu müssen.

Ich zögere. Kann ich beide Hunde auf den Schlitten laden? Dark ist ein schwerer Hund, kräftig und massig. Aber ich habe keine Wahl. Ich kann Burka nicht der Kälte aussetzen, indem ich sie wieder anschirre.

Ich richte also auf dem Schlitten zwei Plätze her. Wenn ich alles gut zusammendrücke und die Hunde gut platziere, müsste es funktionieren.

Burka rührt sich nicht von der Stelle, aber Dark rebelliert. Ich habe alle Hände voll zu tun, ihn ruhig zu halten.

»Sei ruhig, Dark! Sei ruhig!«

Aber er hört nicht auf mich, ich muss ihn jetzt zwingen, sich ruhig zu verhalten. Ich ziehe die Plane des Schlittens so über ihn, dass er nur eine kleine Lücke hat, um den Kopf herauszustrecken. Werden es die sieben Hunde mit unserer Last bis Circle schaffen? Wir sind immerhin bereits seit acht Stunden unterwegs.

»Los, meine Hunde!«

Wir machen uns auf den Weg. Ich habe wieder einmal einen Tiefpunkt, leer, gebrochen, enttäuscht. Das ist einfach nicht gerecht. Nicht Dark *und* Burka.

»Man« nimmt mir zwei derart wichtige Hunde weg. Wie wird es weitergehen? Muss ich mich damit zufriedengeben, nur bis nach Circle zu kommen? Ich kann mich nicht damit abfinden. Aber wie soll es weitergehen? Wie sollen wir mit einem so reduzierten Gespann die gefürchteten Steigungen des Eagle und Rosebud Summit schaffen?

Die sieben Hunde ziehen tapfer den schweren Schlitten. Ich helfe ihnen, indem ich mit Skatingschritten anschiebe, und so gelangen wir bis Circle, wo mich Pierre und Fabien erwarten.

»Gut gemacht, Nicolas! Bravo!«

Pierre ist aufgekratzt, voller Bewunderung, sein Gesichtsausdruck ändert sich aber schnell, als er meine Niedergeschlagenheit sieht. Ich bitte darum, dass sich sofort ein Tierarzt um Dark kümmert. Ich suche einen Lagerplatz für meine Hunde und breite Stroh unter ihnen aus. Dann massiere ich Burka intensiv und versorge ihr Gelenk mit einem Neoprenverband. Hahn und Greta, zwei Tierärzte, die ich gut kenne, kommen angerannt und untersuchen Dark. Sie finden nichts, rein gar nichts.

»Was hat er denn, er humpelt doch?«

»Wir haben keine Ahnung. Er reagiert auf keinen unserer Tests, der uns eine Diagnose liefern könnte. Gönnen wir ihm etwas Ruhe und beobachten wir, wie es weitergeht.«

Damit machen sie mir etwas Hoffnung.

Wir gehen zusammen zu Burka. Hahn und Greta, die sie gut kennen und die Probleme mit ihrem Gelenk seit Beginn des Rennens verfolgen, entdecken keine gravierenden Anzeichen.

»Sie müsste eigentlich weiterlaufen können«, versichert mir Hahn.

Mein Unternehmungsgeist ist wieder erwacht, und meine Stimmung hebt sich. Bevor ich meinen Freunden zum Kontrollpunkt nacheile, kümmere ich mich ausgiebig um die Hunde. Ich wage einen Blick auf die Ergebnistafel. Ich bin jetzt die Nummer zwölf. Brian Wilmshurst hat drei Stunden Vorsprung vor mir, und Dave Dalton scheint mit sechs Stunden Abstand fast unerreichbar zu sein. Mike Ellis ist noch etwas weiter entfernt. Ich kann mich kaum noch auf den Beinen halten, bin so müde, dass ich nur mit Mühe und Not und ohne Appetit etwas Essen hinunterwürge. Die Fragen von Pierre und Fabien beantworte ich nahezu abwesend. Sie sind rücksichtsvoll, bedrängen mich nicht weiter, obwohl sie begierig sind, die Einzelheiten meiner letzten Etappen zu erfahren. Aber wie soll ich in wenigen Worten diese Stunden, die mir wie Tage vorkamen, diese Tage, die sich wie Wochen zogen, zusammenfassen? Wie diese Augenblicke der Euphorie und der tiefsten Niedergeschlagenheit, den Zustand des wachen Bewusstseins, diese Symbiose mit den Hunden schildern?

Ein großes beheiztes Zelt wurde als Schlafsaal aufgestellt. Das Glück, schlafen zu dürfen, ist überwältigend. Als ich die Augen schließe, beherrscht mich nur ein Gedanke: Wie werde ich es schaffen, in drei Stunden wieder aufzustehen?

Als ich wieder aus dem Zelt trete – ich fühle mich noch erschöpfter als vorher –, herrscht stockdunkle Nacht, und es fängt an zu schneien, erst leicht, dann sehr dicht. Ich suche die Offiziellen auf, die an ihren Computern den Rennverlauf der Konkurrenten verfolgen sowie den Wetterbericht. Sie versichern mir, dass es sich nur um einen vorübergehenden Schneeschauer handeln könne, da kein schlechtes Wetter vorausgesagt sei. Doch der Schnee »fällt wie Pizzas«, wie Fabien zu sagen pflegt.

Ich renne los, um nach Dark zu sehen. Ich bin nervös und besorgt, zögere den Augenblick absichtlich hinaus in der Hoffnung auf eine positive Überraschung.

»Guten Morgen, mein Dark.«

Die Hunde schlafen, bequem ausgestreckt auf einer dicken Lage Stroh. Einige heben den Kopf, andere bleiben regungslos und nutzen die Ruhe, die ihnen gewährt wird, so lange wie möglich aus. Dark erhebt sich, geht fast normal, nur etwas steif, kraftlos. Ich bereite meinen *Run* vor und verstaue in den Beuteln alles, was ich benötige. Es erwartet mich eine lange Nachtetappe. Ein *Run* von 120 Kilometern, den ich durch einen mehrstündigen Halt unterbrechen werde. Wenn alles wie geplant funktioniert, müsste ich noch vor Tagesanbruch dort unten ankommen. Ja, es ist eine lange schlaflose Nacht, die mich erwartet. In diesem Zustand der Ermattung fragt man sich, ob eine Stunde Schlaf mehr oder weniger überhaupt noch eine Rolle spielt.

Ich werde Greta erklären, was ich vorhabe, möchte ihre Zustimmung einholen. Ich möchte mit meinen neun Hunden aufbrechen und Burka und Dark ein paar Kilometer lang testen. Sollte einer der beiden Hunde wieder zu humpeln anfangen, würde ich umkehren und ihn oder auch beide hier ausmustern.

»Mach das so, Nicolas, das ist genau das Richtige.«

Die Tierärzte des Quest sind auch gewiefte Psychologen. In dieser Phase des Rennens und bei diesem Zustand extremer Erschöpfung wissen sie, dass man die Teilnehmer beruhigen muss, und das machen sie sehr gut. Die Piste wird als ideal angekündigt, und ich wettere gegen den Schnee, der immer noch fällt und unsere Geschwindigkeit drosselt. Doch als wir wieder aufbrechen, hört es auf zu schneien – ein gutes Zeichen!

Voller Furcht und mit klopfendem Herzen beginne ich diesen *Run*, den Blick auf Dark geheftet, der nichts ahnt und munter dahintrabt, als wenn nichts wäre. Vorne stürzt sich Burka mit derselben Freude am Laufen in die Nacht hinaus. Ich kann meine unbändige Freude über mein Gespann mit den neun Hunden, die wieder voller Energie sind, nicht lange zurückhalten. Ich brülle meine Begeisterung in die Nacht hinaus: »Yahooooooo!« Die Hunde haben Spaß daran, denn sie wollen mich glücklich und stark sehen. Ihre Leinen spannen sich, und sie galoppieren so schnell wie Wölfe, die ihre Beute in der Nacht jagen. Wir verfolgen die Gespanne, die vor uns liegen.

Nach einigen Kilometern verschwindet die dünne Schneedecke, die auf der Piste lag, was darauf hindeutet, dass der Schneeschauer örtlich begrenzt war. Ich bin voll konzentriert, denn es gibt viele Pisten und Wege, die sich kreuzen, und die Markierung ist unübersichtlich. Mehrere Male halten wir an, um die Spuren zu überprüfen, Pfosten zu suchen. Es gibt Pfosten, die die Pisten markieren, aber auch andere, die die nicht benutzbaren Strecken sperren. In der Nacht sind all diese fluoreszierenden Markierungen etwas verwirrend, und man findet sich nicht leicht zurecht. Aber Burka und Miwook erraten und spüren den Weg, täuschen sich nicht. Ich bin unsagbar müde, aber auch dermaßen glücklich, dass mich die Freude wach hält. Der Himmel reißt auf, die Wolkendecke löst sich auf. Sterne und ein Halbmond am

Himmel spenden etwas Helligkeit. Und auch ein paar Nordlichter leuchten am Himmel.

»Mein Dark, du kannst dir nicht vorstellen, welche Angst
du mir eingejagt hast. Weißt du, in was für eine Lage du
mich gebracht hast?«

Was ist passiert? Ein vorübergehender Krampf? Eine falsche Bewegung? Was auch immer, er läuft gut, sehr gut, und
ich sehe darin ein unerwartetes Geschenk des Himmels.
Mein Chef der Meute ist einfach ungeheuer wichtig.

Meine Durchschnittsgeschwindigkeit ist gut, sehr gut,
ungefähr vierzehn Kilometer pro Stunde, was ausgezeichnet ist. Das ermöglicht mir mehr Ruhepausen als meinen
Konkurrenten, ohne an Durchschnittsgeschwindigkeit ein-
zubüßen. Das ist ein Segen, denn meine Absicht ist nun doch
ganz klar, am Ende des Rennens einen guten Platz zu ergattern. Mein Ziel, das in der Broschüre des Yukon Quest
schwarz auf weiß gedruckt steht und zu dem ich mich nun
bekenne, lautet, »zu den *top ten* zu zählen«.

Dieses Ziel, das ich zwischendurch völlig aufgegeben
hatte, ist erneut aktuell. Die beiden Konkurrenten vor mir
scheinen einholbar zu sein. Auch wenn Brian und Dave beide
jeweils noch zwölf Hunde und dazu langjährige Rennerfah-
rung haben, bin ich schneller. Doch dieser zugegeben oft
entscheidende Vorteil ist nicht der einzige Parameter, der zu
berücksichtigen ist. Man hat erlebt, dass relativ langsame
Gespanne Rennen gewonnen haben, weil sie mehr Ausdauer
hatten, die Fähigkeit besaßen, sehr lange *Runs* zu schaffen
und wenig Ruhepausen einzulegen. Nichts berechtigt mich
zu der Annahme, dass Brian oder Dave nicht fähig wären,
diese 120-Kilometer-Etappe in einem Rutsch durchzuziehen, während ich sie in der Mitte durch einen mehrstündigen Halt unterbrechen werde. Aber ich bin entschlossen,

mich nicht von den Entscheidungen der Konkurrenten beeinflussen zu lassen. Nichts ist schädlicher, als sein Rennen nach dem Rhythmus der anderen auszurichten. Man hat dann mehr den Konkurrenten im Auge als die eigenen Hunde. Man soll, wie ein Seemann, nur vorangehen, wenn der Wind bläst und der *will to go* vorhanden ist.

Seit Pelly Crossing wurde ich nicht überholt. Dagegen verbessere ich ständig meine Platzierung. Ich muss so weitermachen, die anderen im Auge behalten, aber mich auf meine Hunde konzentrieren und auf das vertrauen, was unsere Kraft ausmacht: ein schnelles, stetiges Vorankommen mit *Runs*, die nicht über achtzig oder neunzig Kilometer hinausgehen. Die Hunde wurden darauf trainiert, und diese Entfernung beherrschen sie perfekt, nachdem sie im letzten Winter auf einer Strecke von 6000 Kilometern reichlich »gefressen« haben.

Hier besteht die Taiga nur aus einem spärlichen Wald mit rachitischen Kiefern und Birken sowie großen Sumpfgebieten, in denen von Zeit zu Zeit einzelne Bäume in die Höhe ragen, die lange Schatten auf den grauen Schnee werfen. Ich glaube auch zwei Wölfe zu erblicken, zwei spindeldürre Schatten, die bald von der Nacht verschlungen sind. Die Hunde haben sie gewittert, zeigen eine seltsame Angst, die für diese Situationen charakteristisch ist. Einige Kilometer weiter kommen wir direkt am Kadaver eines frisch gerissenen Karibus vorbei. Die Hunde zeigen nicht die geringste Lust, von dem Fleisch zu fressen, was mich doch sehr erstaunt. Vermutlich riecht das Karibu noch zu sehr nach Wolf, dem Verwandten, vor dem sie Angst haben. Das nimmt ihnen jeden Appetit auf das Fleisch.

Bei Kilometer 60, nach vierstündigem *Run*, überfällt mich bleierne Müdigkeit. Ein schweres Gewicht legt sich auf meine Augenlider, und ich kann sie nur unter großer Anstrengung wieder öffnen. Ich bin erschöpft. Mein Kopf sinkt auf die Brust, meine Schultern fallen, meine Sicht trübt sich, ein Schleier legt sich auf meine Augen. Laufen meine Hunde noch, oder schlafe oder träume ich? Ich erkenne eine Straße und eine Tankstelle, in der viele Menschen an Tischen sitzen und riesige Pancakes essen. Prima, diese Tankstelle kommt wie gerufen. Ich werde hier eine Pause einlegen und hoffe, dass Stroh vorhanden ist. Der Parkplatz, auf dem mehrere Autos stehen, ist weitläufig und eisglatt. Mein Schlitten gerät ins Rutschen, und ich stürze, als er gegen eine Schneeverwehung stößt.

Bis ich wieder zu mir gekommen bin, sind die Hunde bereits über alle Berge, verschluckt von der rabenschwarzen Nacht.

Ich brülle und fange an zu laufen: »Hooooooo!«

Die Hunde werden langsamer. Mit großen Schritten hole ich den Schlitten ein, der zum Stehen kommt, nachdem Miwook und Burka anhalten und so das Gespann zwingen, es ihnen nachzutun. Außer Atem versuche ich, mich zu sammeln, und ramme den Anker in den Boden. Die Tankstelle war eine Halluzination, sie beweist, dass der Schlafmangel einen kritischen Punkt erreicht hat, sowohl für die Hunde als auch für mich. Jeden Augenblick laufe ich Gefahr, wieder eine Fata Morgana zu sehen. Ich erinnere mich, dass ich beim Rennen im Jahr 1997 sah, wie die Bäume hinter mir in den kleinen engen Fluss Fortymile fielen. Ich hatte den Hunden befohlen, an Tempo zuzulegen, aber wie eine Welle, die uns überrollt, fielen die Bäume nach unserem Vorbeiflitzen weiterhin um und drohten uns zu zermalmen. Etwas später bemerkte ich im erleuchteten Fensterrahmen einer kleinen Hütte einen Mann, der mich einlud, hereinzukommen und mich aufzuwärmen. Natürlich gab es weder eine Hütte noch seltsame Bäume, lediglich einen völlig erschöpften *Musher*.

Der Schlafentzug zieht mehrere wohlbekannte Reaktionen nach sich, darunter die deutliche Verminderung der intellektuellen Fähigkeiten, das Auftreten von Sehstörungen mit Verzerrungen und eine starke Beeinträchtigung der Wahrnehmung peripherer Bilder. Ebenso ein vermindertes Reaktionsvermögen, da das Gehirn deutlich länger braucht, auf Anreize von außen zu reagieren.

Auf den Langstreckenrennen kennen alle *Musher* diesen halb komatösen Zustand, bei dem die geringste Anstrengung, eine Entscheidung zu fällen, mühsam wird. Deshalb muss die Routine des Anhaltens perfekt ausgearbeitet sein, damit sie automatisch und fast reflexhaft ausgelöst werden kann.

Einige Tage vor dem Ziel hat diese abgrundtiefe Müdigkeit ihren Höhepunkt erreicht. Dann steigt zwar der Adrenalinspiegel, aber das Lenken des Schlittens erweist sich als immer gefährlicher. Die Reaktion wird immer langsamer, und die Wachsamkeit auf den Kufen, beim Bremsen, bei der Positionierung des Körpers, um das Schlingern des Schlittens auszugleichen, verringert sich zunehmend. Das führt zu Stürzen, Rutschpartien und häufigem Aufprallen auf Hindernisse.

Heute Nacht spüre ich, dass ich die Gefahrenzone betrete. Bei Kilometer 85 halte ich das Gespann an, an einer Stelle, wo ein *Musher* Stroh liegen gelassen hat. Ich brauche, erschöpft, wie ich bin, mehr als anderthalb Stunden, um alle bekannten Aufgaben, die eigentlich nur Routine sind, zu erfüllen: Booties anziehen, Wasser herstellen, Fressen verteilen und massieren. Ich trinke zwei Liter Wasser. Um nicht zu riskieren, zehn Stunden zu schlafen, stelle ich meine beiden Wecker mit fünf Minuten Abstand (mein GPS hat eine integrierte Alarmvorrichtung) sowie meine Armbanduhr, die ich in meiner Mütze verstaue. Dann lasse ich mich neben Miwook und Burka für einen »langen« Erholungsschlaf von 45 Minuten nieder.

Noch bevor die beiden Wecker sich melden, wecken mich die Kälte und mein Bedürfnis zu urinieren. Ich habe jetzt nur noch einen Wunsch: aufzubrechen, um schnell beim Kontrollpunkt Central anzukommen. Ich hatte vorgesehen, dort sieben Stunden Pause einzulegen, bevor ich die gefürchtete Etappe zum Eagle Summit in Angriff nehme. Dort kann ich dann dreieinhalb Stunden schlafen. Eine Ewigkeit.

Langsam nehme ich die Booties ab, mein Rücken schmerzt in dieser gekrümmten Haltung. Die Hunde wachen nacheinander auf. Dark und Miwook, bereits startbereit, betrachten die Piste, wie es Sportler tun, bevor sie auf das Spielfeld laufen, auf dem sie Großes leisten wollen.

»Gut, mein Miwook, gut, mein Dark, alles klar, meine Burka? Und wie geht es meinem Unik?«

Streicheln, ermutigendes Tätscheln und Massage zur Entkrampfung der Muskeln.

»Guten Morgen, meine tapfere kleine Sidi, guten Morgen, Yuma.«

Küsschen auf die Schnauze.

»Wie geht es meinem großen Wolf?«

Er springt mich an, damit ich ihm schmeichle, was ich gern tue.

»Aber ja, mein Kazan, natürlich habe ich dich nicht vergessen. Wie könnte ich meinen Kazan vergessen? Und meine kleine tapfere Olga, bist du bereit?«

Und wie bereit sie sind, meine neun Hunde. Ein tolles Team. Ich stecke zwei Sandwiches in meine Brusttaschen, damit sie auftauen, und wir brechen auf. Wie bei jedem Start bin ich fasziniert von dieser wunderbaren Mechanik wie bei einem gut funktionierenden Uhrwerk, wenn meine Hunde sich zügig wieder in Bewegung setzen, in flottem, rhythmischem Trab.

14 KURZ VOR DEM
KONTROLLPUNKT CIRCLE

17. Februar, 5.00 Uhr

Ist dieses rote blinkende Licht da hinten am Horizont, das die Spitzen der kleinen Nadelbäume in Regenbogenfarben schillern lässt, schon wieder eine Halluzination? Auch die Hunde haben es entdeckt und beschleunigen ihre Schritte, denn sie wissen, dass Zivilisation gleichzusetzen ist mit Kontrollpunkt, also mit Stroh, Fleisch und Erholungspause. Aber es ist noch nicht Central. Wie ich mich erinnere, wird dieses rot blinkende Licht von einem sehr hohen Übertragungsmast ausgestrahlt, der nicht weit von dem winzigen Ort Central steht: ein paar Hütten inmitten von Niemandsland.

Sidi liegt seit dreißig Kilometern bequem auf dem Schlitten und schläft tief und ausdauernd. Da die Etappe leicht ist, ohne Hindernisse und auf ebenem Gelände verläuft, sind acht Hunde völlig ausreichend. Ich schone meine beste Kletterin, damit sie auf der bevorstehenden Königsetappe mit dem Eagle Summit ihr Bestes geben kann. Mit vier Stunden auf dem Schlitten und sechs Stunden Ruhepause am Kontrollpunkt kann sie sich insgesamt zehn Stunden erholen. Somit wird sie in der Lage sein, ihre Willenskraft, die sie zeigt, wenn steile Anstiege zu erklimmen sind, auf die anderen zu übertragen. Eine echte Bergfexin! Diese kleine phänomenale Hündin versetzt mich immer wieder in Erstaunen. Dabei sah ich sie zu Beginn des Rennens keineswegs als *finisher*, denn ich hielt sie für zu anfällig. Aber ich habe mich gründlich geirrt.

Die Piste biegt jetzt in ein kleines Tal ab, wo *Overflow* zu Eis erstarrte. Im Strahl meiner Stirnlampe entdecke ich hier und da einige Zonen, wo das Wasser aus dem Eis hervorquillt. Die Hunde umgehen sie, indem sie sich geschickt daran vorbeischlängeln. An einer Stelle ergießt sich das Wasser in voller Breite über eine große dünnschichtige Eisfläche. Miwook entdeckt zur Linken einen Abschnitt, der tragfähiger erscheint. Ich spüre, dass er unentschlossen ist und sich nicht aufraffen kann, dorthin zu laufen. Also signalisiere ich ihm meine Zustimmung und befehle »yap«. Sofort umgehen Miwook und Burka die gefährliche Stelle, als plötzlich die dünne Eisschicht, auf der wir uns befinden, nachgibt. Der Schlitten und die vier Hunde, die im Gespann hinten angeschirrt sind, versinken im Wasser, wo sie herumpatschen. Da wir uns nicht auf einem Fluss befinden, gerate ich nicht in Panik. Wir riskieren nichts. Wir müssen uns nur schnell wieder aus der Klemme ziehen und uns trocken reiben. Das Wasser geht mir bis zur Taille, aber die Hunde können nicht mehr stehen.

Ich brülle, damit die fünf Hunde, die auf dem Trockenen geblieben sind und denen das eiskalte Bad erspart blieb, mir zu Hilfe kommen. Der Schlitten ist stecken geblieben. Ich muss mich nach vorne hangeln, um das Vorderteil des Schlittens anzuheben, damit ich ihn ganz herausziehen kann. Die Eisschicht, auf der ich mich bewege, liegt einen Meter unter dem Wasser, wirkt stabil. Ich glaube nicht, dass ein Risiko besteht, durch eine weitere Eisschicht durchzubrechen.

Aber Vorsicht ist trotzdem geboten. Durch die Talmulde, die die Piste durchquert, zieht sich ein Graben, in dem ein kleiner Bach fließt. In einem solchen Gelände können sich Eis und Wasser wie eine Cremeschnitte auf mehreren Metern Dichte anstauen, wobei sich die Schichten den ganzen Winter über weiter aufbauen. Man muss an solchen Stellen auf der Hut sein. Das hat auch Hans Gatt, wie ich bereits berichtet habe, erfahren. Im letzten Augenblick wurde er von einem anderen *Musher* gerettet.

Als ich mit dem Strahlenbündel meiner Stirnlampe die Zone ausleuchte, entdecke ich die Piste, die fünfzig Meter von uns entfernt wieder auf sicherem Gelände verläuft. Um dorthin zu gelangen, müssen wir erst einmal hier rauskommen und hoffen, dass die Wassertiefe nicht zunimmt. Ich ziehe mit aller Kraft und schaffe es, den Schlitten gerade auszurichten. Sidi ist inzwischen heruntergesprungen, und wir kommen wieder ein Stück weiter. Dark und Wolf schwimmen vor mir, während vor ihnen Kazan und Yuma versuchen, auf das hauchdünne Eis zu klettern, das aber auseinanderbricht. Die Hunde, die sich auf der zugefrorenen Eisfläche befinden, ziehen mit aller Kraft, um der Falle zu entgehen. Aber sie rutschen, gleiten, stürzen, verheddern sich in den Leinen, die sie einschnüren, sie nach rechts ziehen, wenn sie versuchen, links zu gehen, und umgekehrt. Endlich erreichen Kazan und Yuma eine stabilere Stelle und schaffen es, auf das Eis zu klettern. Sofort legen sie sich mächtig ins Geschirr und helfen ihren Kameraden. Ich lasse den Schlitten an mir vorbei und halte ihn dabei so gut wie möglich aus dem Wasser. Dann nehme ich wieder meine Position hinter ihm ein und schiebe mit aller Kraft, die ich noch aufbringen kann. Die dünne Eisschicht gibt weiterhin nach, sodass der Bug des Schlittens nicht aus dem Wasser kommt, während wir voranrücken. Unerwartet blockiert er erneut.

Ich brülle, damit sich die Hunde kräftig ins Zeug legen. Aber nichts zu machen, der Schlitten ist eingeklemmt. Sicherlich hat sich die Zugleine im Eis verfangen. Ich beuge mich vor. Der Bug des Schlittens wurde an eine feste Stelle geschoben, auf der sich Wolf gerade schüttelt.

Was blockiert ihn denn?

»Dark! Aber wo ist denn Dark?«

Ein jäher Schreck durchfährt mich.

Dark ist unter dem Eis. Gefangen und im Begriff zu ersticken. Während er im Wasser paddelte, wurde er von den anderen mitgezogen. Behindert durch die Leinen, die sich in das Eis einfraßen, saß der arme Dark in der Falle. Er ist unter mir im Wasser, am Ertrinken. In wenigen Sekunden wird er tot sein.

Meine erste Reaktion ist genauso instinktiv wie unpassend. Ich versuche, den Schlitten zurückzuziehen, die Leine zu lockern, die das Eis durchschnitten hat wie ein Faden die Butter. Aber es ist unmöglich, denn die Hunde hören nicht auf zu ziehen, und ihre Zugkraft ist viel stärker als meine.

»Die Axt.«

Ich stürze mich auf den Schlitten, dessen hinterer Teil immer noch unter Wasser liegt, und es gelingt mir keuchend, diese zu erhaschen. Um schnell wieder nach vorne zu kommen, lasse ich mich ins Wasser fallen und gleite auf der instabilen Eisfläche zum Vorderteil. Egal. Schnell! Schnell ...

Ich fange an, mit der flachen Seite der Axt auf das Eis einzuschlagen, erst behutsam, dann von Mal zu Mal kräftiger. Wenn ich zu weit aushole, streift die Schneide meinen Rücken. Ich spüre bereits, wie sie meine Jacke aufreißt. Ruhig Blut! Es bleiben mir noch ein paar Sekunden, aber jede einzelne zählt. Ich kann mir keinen Fehler erlauben. Begleitet von meinem »Haaaaan!«-Ruf, der den Rhythmus skandiert, schlage ich auf das Eis ein. Es bricht, aber die Hunde, die mein Manöver nicht verstehen, ziehen kräftig weiter an, machen somit meine Anstrengungen zunichte. Schnell! Schnell! Ich schaffe es, Darks Halsleine dicht über dem Eis durchzutrennen, dann die Zugleine. Da sie nicht mehr zurückgehalten werden, ziehen die Hunde den Schlitten sofort heraus. Der saust über mich hinweg und drückt heftig gegen meine Rippen. Ich greife schnell wieder nach der Axt, die ich losgelassen habe. Schnell!

»Han! Han!«

Ich schlage mit aller Kraft auf die Eisfläche ein. Das Eis bricht, Wasser quillt hervor. Es wäre fatal, wenn Dark durch meine Schläge verletzt würde, aber er muss da raus.

Ich stehe im Wasser, inmitten von Eisstücken, die ich schnell zur Seite schiebe, um meinen Hund zu schnappen.

»Dark!«

Ich nehme eine dunkle, zottelige Masse in die Arme und hieve mich auf den stabilen Teil der Eisfläche. Ich weiß nicht genau, wann ich feststelle, dass Dark noch am Leben ist. Vermutlich nach einer Herzmassage und nachdem er Wasser herauswürgte. All das spielte sich in rasender Geschwindigkeit ab. In einer Minute, nicht mehr.

Dark steht schwankend auf und schüttelt sich, damit sich das Wasser, das anfängt zu gefrieren, aus seinem Fell löst. Er fällt aufs Hinterteil, groggy und zitternd. Ich nehme ihn hoch und laufe mit ihm bis zum Schlitten, der im Neuschnee feststeckt, in dem sich die Hunde wälzen, um trocken zu werden. Der Schnee saugt die Feuchtigkeit auf, die die Hunde durch das Schütteln abgeben.

»Mein Dark! Mein Dark!«

Ich muss langsamer gehen, denn mein Herz schlägt mir bis zum Hals. Das Blut pocht in meinen Schläfen. Ich bette Dark in den Schnee und reibe ihn mit den Mäntelchen ab, die auf dem oberen Teil des Schlittens trocken geblieben sind. Das kräftige Abreiben regt die Blutzirkulation an und wärmt ihn auf. Dann bereite ich aus den Mäntelchen ein Lager auf dem Schnee und lege Dark darauf. Aber dieser versucht sofort, sich wieder zu erheben, auch wenn er heftig schwankt.

Ich selbst zittere vor Kälte und laufe ebenfalls Gefahr zu unterkühlen. Meine Finger sind klamm, ich muss schnell machen. Zum Glück stehen hier ein paar Nadelbäume, deren dürre Äste ich abreiße.

Ich bibbere immer mehr, und es fällt mir schwer, ein Streichholz anzuzünden, um mit steif gefrorenen Fingern und zunehmender Gefühllosigkeit in den Gliedern den Docht der Kerze zu entflammen, aber ich schaffe es. Sogleich schüre ich das Feuer mit immer größeren Zweigen. Dark nähert sich und legt sich in der Nähe des Feuers nieder, genießt die Wärme, die sein Fell trocknet.

»Alles wieder gut, mein Dark!«

Um schnell meine Stiefel auszuziehen, muss ich mit der Axt die Schnürsenkel, die in Eisklumpen feststecken, durchtrennen. Dann wechsle ich in Windeseile meine Filzsocken gegen trockene aus meinem wasserdichten Beutel im Inneren des Schlittens aus. Danach entledige ich mich meiner Überhose und aller Schichten Unterwäsche, die vollgesogen sind mit Wasser. Schließlich schlüpfe ich in das einzige Teil Unterwäsche, das ich doppelt mit mir führe. Den Rest lege ich sofort zum Trocknen aus. Ich hole meine Säge, peile eine abgestorbene Kiefer an und mache mich über den Baum her. Das tut gut, um warm zu werden, aber ich brauche das Holz auch für das Feuer. So erhalte ich vier große, lange Scheite, die das Feuer verschlingt. Die züngelnden Flammen verbreiten eine wohltuende Wärme.

Dark erholt sich langsam. Sein Herzschlag ist noch schnell, aber ich erkenne deutlich, dass er sich allmählich beruhigt. Die anderen Hunde, die bereits trocken sind, ruhen sich ebenfalls aus. Ich ziehe ihnen die Booties herunter. Sie sind vollgesogen mit Wasser und fangen an zu gefrieren und ihre Pfoten einzuengen. Gleichzeitig schüre ich das Feuer mit allem, was ich in der Umgebung auftreiben kann. Meine Kleidungsstücke, die ich sorgfältig ausgewrungen habe und alle zehn Minuten wende, dampfen wie eine Lokomotive. Ich verteile Snacks, beruhige die Hunde, verbringe eine Weile mit Dark, der mit gutem Appetit das verschlingt, was ich ihm serviere.

Eine Stunde später bereite ich mich für den Aufbruch vor, auch wenn meine Überhose noch nicht völlig trocken ist. Sidi, die ich bei all dem Hin und Her übersehen hatte, steht neben Kazan. Um ein Haar hätte ich vergessen, sie vor dem Start anzuschirren. Ich möchte Dark auf den Schlitten betten, damit er sich erholen kann. Aber er springt wie wild in die Höhe und bellt lauthals, sodass ich nachgebe und bereit bin, ihn neben Wolf anzuschirren. Sidi darf erneut ihren Platz auf dem Schlitten einnehmen.

»Los, meine Hunde!«

Dark zieht den Schlitten so, wie es bei jedem Aufbruch tut, und fällt bald in Trab. Er läuft, als ob nichts passiert wäre. Fast fühle ich mich versucht, einen Blick zurückzuwerfen auf das Loch, das wir hinterlassen haben. Ich möchte mich noch einmal vergewissern, dass das, was wir gerade erlebt haben, keine Halluzination war. Aber nein, meine Kleider sind noch feucht, das Eis haftet noch am gesamten unteren Teil des Schlittens und an der Plane, die über den Schlitten gespannt ist.

Zwei Stunden später kommen wir in Central an, es ist sieben Uhr morgens. Unseren Unfall hat Dark offensichtlich ohne Folgen überstanden. Was hat er in der Minute unter Wasser getan? Hat er den Atem angehalten, wie es Labradore wohl tun? Ich glaube nicht, da er jede Menge Wasser ausgespuckt hat, was ein Beweis dafür ist, dass es höchste Zeit war, dass ich ihn da rausholte. Armer Dark … Hätte ich die Situation vermeiden, sie mit mehr Augenmaß einschätzen können, wenn ich weniger müde gewesen wäre? Ich glaube nicht. In der Nacht kann man an dieser Stelle unmöglich die Stabilität des Eises einschätzen, auch nicht die Tiefe des Wasserlochs, in das wir gestürzt sind.

Die Hunde laufen gut, sehr gut sogar. Aber Sidis Ballen, der anfällig ist, seitdem er durch eine kleine Frostbeule einen Teil der Hornhaut verloren hat, macht mir Sorgen. Dauerhaft geschützt durch einen besonders stabilen Stiefel, bildete sich gerade eine neue Haut, die sie sich erneut abgerissen hat. Die Tierärztin, die ich um Rat gebeten habe, hat mir empfohlen, eine künstliche Haut daraufzukleben, wie es die Marathonläufer tun. Vielleicht klappt das.

Der Tag erwacht, als mir die Augenlider zufallen, während eine strahlende Sonne den Rücken der Hunde wärmt. Diese liegen bequem auf einem üppigen Strohlager. Sie werden diese wenigen Stunden der Ruhe voll auskosten. Dann werden wir den Mythos des Yukon Quest, den Eagle Summit, in Angriff nehmen.

15 AUFBRUCH VOM KONTROLLPUNKT CENTRAL

17. Februar, 13.00 Uhr

Der vor drei Tagen angesagte heftige Sturm hat sich deutlich weniger intensiv entwickelt als erwartet. Die Teilnehmer, die in der Nacht den Gipfel überquerten, wurden durch die Witterungsverhältnisse kaum behindert. Ich mache die Hunde gerade fertig, als mir die Tierärztin, die Sidis Ballen verbunden hat, berichtet, was an der Spitze des Rennens geschehen ist. Beim Start in Circle hatte Brent Sass zehn Stunden Vorsprung vor seinem Verfolger Allen Moore. Ein beträchtlicher Spielraum, der vermuten ließ, dass das Rennen entschieden sei, zumal Brent noch zwölf Hunde in Hochform im Gespann hatte. Aber wieder einmal war es die Müdigkeit, die ihm einen bösen Streich spielte. Am Rande der Piste hatte sich Brent bei einer geplanten Ruhepause von höchstens zwei bis drei Stunden, um den Vorsprung nicht zu verlieren, etwas zu gemütlich in seinen Schlafsack gekuschelt und dem Wecksignal seiner Armbanduhr vertraut. Körperlich ausgelaugt und erschöpft von chronischem Schlafmangel, war Brent in einen tiefen Schlaf gefallen, der so intensiv war, dass er erst neun Stunden später wieder aufwachte. Später erzählte er, wie ihn die Panik packte, als er die Augen öffnete. Er, der das Rennen praktisch schon gewonnen hatte – wovon er so viele Jahre geträumt hatte –, erkennt, dass sein Vorsprung wie Schnee in der Sonne dahingeschmolzen ist. Brent reißt beinahe den Reißverschluss seines Schlafsacks ab, stürzt zur Piste und versucht, frische Hundespuren ausfindig zu machen. War Allen jetzt vor ihm oder noch hinter ihm?

In diesem Augenblick machte sich Allen, der ein paar Kilometer hinter ihm eine Pause eingelegt hatte, wieder startbereit. Er war völlig ahnungslos, was sich da vor ihm ereignet hatte. In dieser Phase des Rennens hatte er bereits jede Hoffnung auf den Sieg aufgegeben, genauso wie in den vergangenen beiden Jahren. Er gab sich damit zufrieden, den beruhigenden Abstand zu Hugh Neff zu halten und sich damit den zweiten Platz zu sichern. Was für eine Überraschung für Allen, als er am nächsten Kontrollpunkt erfährt, dass Brent nur noch eine Stunde Vorsprung hat. Jetzt begann eine neue Phase des Rennens. Er konnte wieder durchstarten und den Versuch machen, es doch noch zu gewinnen. Allerdings hatte Brent noch ein Ass im Ärmel: Seine Hunde hatten sich neun Stunden lang ausruhen können. Er konnte also die nächste Ruhepause ziemlich kurz halten, was Allen sich nicht erlauben konnte, wenn er den Abstand zwischen ihnen verringern wollte. Auf jeden Fall war das Rennen wieder in Schwung gekommen. Und einmal mehr hatte der Quest, seinem Ruf getreu, alle vermeintlich sicheren Voraussagen über den Haufen geworfen.

Während an der Spitze der Kampf um den Sieg voll entbrannt ist, geht es auch im Wettbewerb um den zweiten Platz hoch her, genauso um alle weiteren Ränge bis zum fünfzehnten. Es geht hier ums »Geld«, denn die Prämien werden vom ersten bis zum fünfzehnten Platz immer geringer. Ein Platz mehr oder weniger macht einen Unterschied von mehreren Tausend US-Dollar aus. Aber auch wenn Geld sicher nicht die einzige Motivation für die Teilnehmer ist: Die ganze Vorbereitung eines solchen Rennens ist schon sehr teuer. Die *Musher*, die eine Platzierung anstreben, rechnen also mit diesen Prämien und verschenken keinesfalls leichtfertig einen Platz, zumal viele potenzielle Sponsoren die Rennen verfolgen auf der Suche nach einem *Musher,* in den sie in der nächsten Saison investieren wollen.

Ich habe keine gefährlichen Verfolger, und mein Vorsprung gegnüber Ryne Olson, Lance Mackey und Kristin Knight Pace hat sich vergrößert. Sie liegen jetzt über elf Stunden hinter mir. Gegenüber Brian Wilmshurst, Mike Ellis und Dave Dalton, die nur noch ein paar Stunden vor mir liegen, habe ich beträchtlich aufgeholt. Das ist das logische Ergebnis meiner Renngeschwindigkeit, die höher liegt als ihre, und des Systems meiner Erholungspausen, die regelmäßig kürzer sind als ihre.

Brian beginnt, sich für den Aufbruch vorzubereiten, als ich gerade damit fertig bin, die Booties überzustreifen. Ich starte also vor ihm, aber mit drei Stunden Ruhepause weniger, was sich für eine so schwierige Etappe wie den Eagle Summit *Run* als Nachteil erweisen könnte. Es gibt nur wenige Teilnehmer, die ebenfalls so kurze Ruhepausen eingelegt haben, nämlich sechs Stunden. Aber ich bin zuversichtlich, meine Hunde werden immer leistungsfähiger.

Ich erinnere mich, wie ich mich in Pelly Crossing mit neun Hunden auf den Weg gemacht habe. Ich konnte mir nicht vorstellen, dass ich den tausend Kilometer entfernten Eagle Summit mit derselben Anzahl von Hunden überqueren würde. Und dass ich so schnell und so gut vorankommen würde.

Wir belegen jetzt den elften Platz.

Noch eine Verbesserung, dann gehören wir zu den *top ten*!

Als wir Central hinter uns lassen, denke ich an all die Siegesträume, die der Eagle Summit platzen ließ. Sehr viele sind bis hierher gelangt, manchmal sogar in Spitzenpositionen. Sie haben dann aber letztlich doch das Rennen nicht beendet, waren gezwungen, umzukehren und sich in Central vom Rennen abzumelden.

»Niemandem ist es je gelungen, den Eagle mit ermüdeten Hunden zu meistern«, warnt der Champion Sebastian Schnuelle und fügt hinzu: »Mit Ausnahme vielleicht von Bruce Lee im Jahr 1998.« In jenem Jahr überraschte der Frankokanadier André Nadeau alle, als er sich von Anfang an vor die Arrivierten setzte. Er fütterte seine Hunde mit gefrorenen Hähnchen, die nicht einmal gerupft waren. Wegen seines rustikalen Schlittens und besonders wegen seines Gespanns kam er nur langsam voran, aber er absolvierte *Runs* von zwölf Stunden und mehr. Vom ersten Kontrollpunkt an lag er in Führung, aber niemand setzte auf ihn, da es so aussah, als würde er seine Hunde überfordern. Alle dachten, dass er bei so langen *Runs* – zum Ausgleich für das geringere Tempo – mit wenigen Erholungspausen für sein Gespann nicht lange durchhalten würde. Aber in Dawson war er immer noch in Führung, und man fing an, ihn ernst zu nehmen, besonders Bruce Lee, der in jenem Jahr das Rennen unbedingt gewinnen wollte. Bruce jagte ihm also hinterher und holte ihn vor Central ein. Er wollte den Eagle Summit von der Spitzenposition aus in Angriff nehmen. Aber dafür musste Bruce die Ruhepausen etwas verkürzen, obwohl seine Hunde nicht mehr so frisch waren. Am Fuß des Bergs wurde ihm dies schnell bewusst, als die Hunde anhielten und signalisierten: »Nein, wir machen da nicht mit.« Der Eagle Summit ist eine hoch aufragende Wand. Man kann sich kaum vorstellen, sie zu bezwingen.

Bruce Lee versuchte alles, aber es war vergeblich. Sollte er nach Central zurückkehren und sich abmelden? Er konnte sich nicht dazu entschließen. Er lud das gesamte Gepäck vom Schlitten und fing an, es etwa hundert Meter weiter nach oben zu tragen und zu einem großen Stapel aufzubauen. Dazu musste er mehrmals hin- und herlaufen. Mit dem leeren Schlitten und diesem Stapel im Blickfeld gelang es Bruce, seine Hunde zu motivieren, bis dorthin zu laufen. Nicht weiter.

Er wiederholte diese ermüdende Prozedur immer wieder, trug das gesamte Gepäck etwa hundert Meter weiter den Berg hinauf, schichtete es dort zu einem neuen Stapel auf und brachte seine Hunde erneut dazu, mit dem leeren Schlitten das nächste Stück zu laufen. Und alles noch einmal, so ging es mühsam die Flanke des Bergs hinauf. Häufig blickte Bruce zurück, rechnete jeden Augenblick damit, dass André Nadeau auftauchen könnte. Aber er kam oben an, noch bevor etwas von André oder seinen Hunden zu sehen war. Und Bruce, erschöpft, aber siegreich, überquerte endlich den Gipfel, um dann den Kontrollpunkt Mile 101 anzupeilen. Er hat das Rennen dann doch noch gewonnen.

2006 wurden sechs Teilnehmer mit dem Hubschrauber abtransportiert, nachdem sie von einem furchtbaren Sturm überrascht worden waren, der zwei von ihnen fast das Leben gekostet hätte. Sie wurden im letzten Moment gerettet, völlig unterkühlt. In einem anderen Jahr schleppte einer der Teilnehmer elf Stunden lang seine Hunde einen nach dem anderen den Berg hinauf bis zum Gipfel. Dann brach er vor

Erschöpfung zusammen und musste mit einem Schneemobil abtransportiert werden.

1997 ist mein Freund Frank Turner (1995 in Rekordzeit
Sieger des Rennens) mit dem Schrecken davongekommen.
Er war mit drei weiteren Favoriten an der Spitze, als sie gemeinsam den fürchterlichen Berg hochkletterten. Plötzlich
gerieten die Hunde von Mark May wegen des Stativs eines
deutschen Kamerateams, das sich mit dem Hubschrauber
auf den Gipfel hatte fliegen lassen, um den Aufstieg zu filmen, völlig in Panik. Man dreht nun mal keinen Film über
den Quest, ohne eine Sequenz dieses mythischen Aufstiegs.
Marks Hunde verhedderten sich, bekamen Angst. Damit
steckten sie auch die Hunde von Frank an, der hinter ihm
fuhr. Der Hang war vereist, Frank schaffte es nicht, den
zurückgleitenden Schlitten aufzuhalten oder zu bremsen.
Aber es sollte noch schlimmer kommen. Vermutlich weil der
Schlitten nicht mehr zu kontrollieren war und die Hunde
verängstigt waren, verließen diese die Piste und rannten
nach rechts, steuerten einen flacheren Hang an, der zu einer
Schlucht führte. »Ein Albtraum«, gestand etwas später der
Sieger Rick Mackey, der Bruder von Lance, »aber wir konnten nichts tun.« Glücklicherweise trat Frank mit voller Kraft
auf die Bremse, kippte den Schlitten zur Seite und benutzte
den Anker als Bremse. So schaffte er es, den Schlitten unmittelbar vor dem Abgrund aufzuhalten.

Es würde sich lohnen, ein Buch über den Eagle Summit
zu schreiben, über die Dramen, die sich dort abspielten, die
Hoffnungen, die er weckte, die Verzweiflung, in die er jemanden stürzte, der scheiterte.

Im Augenblick ahnen meine Hunde nichts, sie fressen die
Kilometer, bewältigen leichtfüßig und geschickt zahlreiche
Schwierigkeiten der Piste: Kunsteis, *Overflow,* offene Flüsse,

enge Kurven. Miwook meistert dieses Labyrinth voller Schwierigkeiten glänzend, scheint glücklich und stolz zu sein, sein Talent unter Beweis stellen zu können.

»Es ist gut, mein Miwook.«

Ich bin erstaunt festzustellen, in welchem Ausmaß er seinen analytischen Verstand und seine Entschlossenheit, die Initiative zu ergreifen, entwickelt hat. Ohne Weiteres verlässt er die Piste, um eine Stelle mit brüchigem Eis zu vermeiden oder einen *Overflow* zu umgehen. Er verlangsamt, um die Sicherheit eines Übergangs zu prüfen, bevor er den Weg fortsetzt oder auch darauf verzichtet, manchmal noch zögernd. Ich helfe ihm, so gut ich kann, versuche, gefährliche Situationen vorauszuahnen und an seiner Stelle zu entscheiden, um ihn zu schonen und ihm so viel wie möglich von der Last dieser schweren Verantwortung abzunehmen. Der Leithund ist ständig gefordert. Kein Vergleich zu seinen »Gespann-Kumpels«, die ihm lediglich zu folgen brauchen und keine »intellektuelle« Anstrengung unternehmen müssen. Auch benötigen sie keine besondere Konzentration. Nur wenige Leithunde halten dieser Anspannung über die ganze Strecke vom Start bis zum Ziel stand. Ich bin mir sicher, dass Miwook auf keinem anderen Platz über die Ziellinie laufen würde als auf diesem, der so anspruchsvoll und schwierig ist.

»Gut, meine Burka …«

Auch wenn ich sie mit Miwook zusammengespannt habe, ergreift Burka nur selten die Initiative, begnügt sich damit, einfach mitzulaufen. Um eine derart talentierte Leithündin auf den zweiten Platz verweisen zu können, muss Miwook voll in Form sein. Im Laufe meines »Lebens mit Hunden« hatte ich mehrere »große« Leithunde: Otchum, Voulk, Cheap und Gao. Wenn Frank Turner von mir erzählt, erwähnt er auch häufig die Qualität meiner Leithunde. Was Voulk vollbracht hat, versetzte ihn in Erstaunen. Das Kompliment aus dem Munde eines solch erfahrenen *Mushers* zählt natürlich doppelt. Wenn viele meiner Leithunde weit über dem Durchschnitt liegen, hat das mit den Bedingungen ihrer Lehrzeit und mit den vielfältigen Abenteuern zu tun, die wir zusammen erleben. Die Hunde, die ständig gefordert sind, sich allen möglichen ungewöhnlichen, komplizierten, unerwarteten Situationen zu stellen, entwickeln eine außergewöhnliche Anpassungs- und Reaktionsfähigkeit. *Musher*, die für die Rennen trainieren, tun dies in 99 Prozent der Fälle auf den Rennstrecken, und zwar so lange, bis die Hunde diese schließlich auswendig kennen. Ein Hund besitzt ein verblüffendes Pistengedächtnis. Meist muss er nur an auftauchenden Weggabelungen nach rechts oder links abbiegen. Meine Hunde legen Tausende von Kilometern in unbekanntem Gelände zurück, in fremden Ländern, auf zugefrorenen Flüssen, in Schnee- und Eiswüsten. Sie klettern und folgen dabei keiner Piste, sondern spuren ihre eigene. Sie müssen vielen Hindernissen ausweichen und eine Menge Schwierigkeiten meistern. Dies alles ist in einem Umfeld, in dem Hunde regelmäßig von *Mushern* trainiert werden, nicht zu finden. Ein Gespann mit zwei Leithunden wie Miwook und Burka zu lenken ist vergleichbar mit einem Rennen in der Formel 1. Und heute weiß ich, dass mein Formel-1-Team eines der schnellsten ist.

»Los, meine kleinen Hunde.«

Wir schlängeln uns durch ein kleines Tal. Je höher es geht, desto mehr öffnet es sich. Überall stoßen wir auf Eis, *Slutch* und *Overflow*. Zum Glück haben die Hunde, einschließlich des armen Dark, keine zu negative Erinnerung an unseren Einbruch ins Eis. Sie laufen über diese Stellen mit derselben Gelassenheit wie immer, zeigen sich als die Hunde, die den eisglatten Baikalsee überquerten und über Tausende von Kilometern das nur teilweise zugefrorene Bett der mongolischen und chinesischen Flüsse bewältigten.

Sidi läuft wacker, ohne das geringste Zeichen irgendeiner Behinderung. Der kleine künstliche Hautflicken, der durch zwei Booties geschützt ist, scheint seinen Zweck zu erfüllen. Wir packen jetzt die Steigung an, und sie liebt es. Sie wird auf ihre Kosten kommen.

Ich hole eine ziemlich flüssige Mischung aus Hackfleisch und Kroketten aus meiner Kühlbox. Ich habe sie am Kontrollpunkt Central zubereitet und verteile sie jetzt an die Hunde. Allmählich weicht der Wald mit den spärlichen Bäumen dem Berg, auf dessen Gipfel sich lediglich hie und da einige vereinzelte dürre Kiefern abzeichnen. Die Hunde schlabbern gierig den wohlriechenden flüssigen Brei, und ich leere meine beiden Thermosflaschen mit jeweils anderthalb Litern lauwarmem Wasser. Aus einem Erlenstrauch schnitze ich mir einen Stock, dann schäle ich mich aus der dicken Oberbekleidung. Nachdem ich jeden einzelnen meiner Hunde mit meinen guten Wünschen versorgt und sie ermuntert habe, untersuche ich den Ballen von Sidi! Los, vorwärts!

Wir stöbern mehrere Gruppen weißer Rebhühner auf und etwas weiter entfernt einen prächtigen roten Fuchs, der auf der Lauer liegt. Der Hang wird immer steiler. Der Wind fegt derart heftig über die Piste, dass lediglich ein paar von den Gleitschienen der Kufen hinterlassene Linien von der Passage der vorausfahrenden Schlitten zeugen. Zum Glück haben die Pistenmacher die Strecke hier sehr gut markiert, sodass man ihr sogar bei Nacht und im Schneesturm folgen könnte. 2006 sind hier einige *Musher* fast umgekommen, und man hat daraus gelernt. Übrigens protestieren in diesem Jahr einige von ihnen sowie eine Gruppe Offizieller dagegen, dass der Yukon Quest weiterhin über den Eagle Summit führt. Sie sind der Meinung, dass die Überquerung zu schwierig und vor allem zu gefährlich sei. Andere halten dagegen, wenn man dem Quest den Eagle Summit nähme, würde er sein Highlight, gewissermaßen seinen Eiffelturm verlieren.

Wie dem auch sei, der Eagle ist dort vor uns. Der kalte Wind peitscht mit dreißig Kilometern pro Stunde über die Piste; das ist nicht wirklich hinderlich, brennt aber in den Augen. Mir kommt das sogar recht gelegen. Wenn ich mich anstrenge, wird mir schnell sehr heiß, was dieser kalte Wind lindert. Dadurch fällt es mir leichter zu laufen, zu skaten und anzuschieben, um den Hunden zu helfen, die tapfer den Anstieg angehen, furchtlos und außergewöhnlich gut.

Wir bewältigen das erste Drittel des Hangs, ohne anzuhalten. Dann ordne ich eine Verschnaufpause an, damit ich etwas Atem schöpfen und meine armen Muskeln etwas lockern kann. Dark und Sidi bellen, jammern, weil sie weiterlaufen wollen. Alle sind auf den Beinen, warten nur auf das eine: auf meinen Befehl aufzubrechen. Sie wollen kämpfen, sich wie Rugbyspieler ins Getümmel stürzen, ehrgeizig und entschlossen. Sie erklären mir: »Du wirst schon sehen, wie wir deinen Eagle Summit verschlingen.«

Sie verblüffen mich. Ich weiß, welche Schwierigkeiten andere *Musher* hier hatten – ich habe mit einigen gesprochen. Sie kamen nur ruckartig vorwärts, fast nur Meter um Meter, mussten ihren Hunden gut zureden, damit sie überhaupt liefen und die Herausforderung annahmen, dieses »Kap Hoorn« der *Musher* zu bezwingen.

Der Hang wird immer steiler. Die Hunde legen sich noch mehr ins Zeug, stemmen sich voller Wut gegen ihn, suchen an den unebenen Stellen der Piste den besten Stand, um gut ziehen zu können. Ich schiebe, ermutige, schwitze, aber ich bin glücklich, weil ich weiß, dass wir im Begriff sind, Großartiges zu leisten. Schade, dass kein kundiger Zuschauer Zeuge dieser vortrefflichen Leistung wird.

Ein *Musher,* der nie am Yukon Quest teilgenommen hat, wird sagen, dass der Steigungswinkel des Hangs, der zum letzten Streckenteil des Aufstiegs führt, das Maximum ist, was Hunden und einem Schlitten zuzumuten ist. Und doch ist diese letzte Wand, und es ist wirklich eine, noch schlimmer: völlig einmalig. Das ist das mythische Steilstück des Quest, wo so viele *Musher* in Rage geheult haben. Aber viele, die es bis zum Gipfel schafften, haben dafür den Rausch eines unvergleichlichen Stolzes empfunden, ein Hochgefühl, das kein anderes Rennen auslösen kann.

Endlich haben wir dieses Teilstück hinter uns gebracht und können eine Pause einlegen. Ich gehe zu jedem Hund und beglückwünsche ihn herzlich. Sie wirken, als wollten sie mir mit einem Achselzucken sagen: »Pfft! Geschenkt!«

Es sind nur noch diese 300 Meter zu bewältigen. Der Hang ist dermaßen steil, dass ich mich frage, wie es die Leithunde schaffen, nicht rückwärts auf den Schlitten zu stürzen.

Auf mein Kommando hin zögert keiner meiner Hunde, schon gar nicht Miwook, der alle anderen in gerader Linie senkrecht den Hang hinaufführt. Er versucht nicht einmal, durch schräges Gehen den Anstiegswinkel zu reduzieren, wie es so viele Hunde tun. Für ihn gibt es nur eine Möglichkeit, bis zum Gipfel zu gelangen. Ganz gerade und direkt.

»Meine Hunde! Loooooooooooo!«

Sie stürzen vorwärts. Dark knurrt wie ein aggressiver Tennisspieler, der dem Gegner den Ball mit aller Härte um die Ohren drischt. Sidi stemmt sich mit den Hinterbeinen in den Schnee, Yuma tut dasselbe neben Kazan, der etwas aus der Fahrtrichtung läuft, weil er sich da wohler fühlt beim Ziehen. Um einen besseren Stand zu bekommen, stemmt sich Unik mit angewinkelten Beinen in den Schnee, den er mit seinen Krallen beim Hochklettern umpflügt.

Wir klettern zwanzig Meter hoch, legen eine Pause ein, um Atem zu schöpfen. Die Hunde nutzen die Gelegenheit, kleine Mulden zu scharren, in die sie hineinkriechen, um es sich bis zur Weiterfahrt bequem zu machen.

Noch zwanzig Meter. Pause.

Jedes Mal muss ich den Schlitten blockieren, damit er nicht rückwärts abgleitet und uns alle ins Nichts mitreißt. Beim Start muss ich meine ganze Kraft aufwenden, um die gesamte Bürde, die zum Gipfel hochmuss, erst einmal in Bewegung zu setzen; ich muss die Spannung auf dem Ankerseil lockern, damit ich den Anker lösen kann.

Wir haben jetzt die Hälfte geschafft. Die Hunde entdecken den Gipfel und wollen zum Ende kommen. Sie verweigern die Ruhepause, die ich ihnen anbiete, und klettern weiter hoch. Unglaublich. Ich brauche nur zu folgen, todmüde, erschöpft, kurzatmig.

Hundert Meter vor dem Gipfel flehe ich, unfähig, dem Tempo der Hunde zu folgen, um Gnade. Ich kann nicht mehr, mein Herz wird aus der Brust springen. Auch wenn das noch so unglaublich klingen mag, ich muss mich auf die Kufen stellen und mein ganzes Gewicht einsetzen, damit sie endlich anhalten, und doch gelingt es ihnen, den Schlitten noch ein paar Meter weiterzuziehen.

Sie sind verrückt, meine Hunde.

Ich keuche und lache gleichzeitig, mache mich über diesen alten *Musher* lustig, der nicht mehr dieselbe Kondition besitzt, nicht mehr fähig ist, im Schwung seiner Hunde mitzumachen. Dark hat angefangen, wütend zu bellen: »Mich mittendrin zu stoppen!« Sidi und Kazan tun es ihm nach. Unbeirrbar erwarten Miwook und Burka da oben – und nicht vorne – meinen Befehl.

»Gut, dann los, Pech für mein Herz ... Doch es hat schon anderes erlebt, müsste durchhalten.«

Ich habe für einen Moment den Eindruck, dass der Hang zum Gipfel hin unmerklich flacher wird. Nein, ganz im Gegenteil, es wird noch steiler, und die Hunde klettern geschickt wie Gämsen weiter hoch.

Zum Ende hin wölbt sich der Hang dem Gipfel zu. Ich steige auf die Kufen, um die letzten Meter anzugehen, und genieße nun endlich das Panorama der märchenhaften Landschaft, die sich uns in einem strahlenden Sonnenuntergang in Malve und Rosa darbietet.

»Yahoooooooooooou!«

Die Hunde wenden die Köpfe, freuen sich, mich so euphorisch und strahlend zu sehen. »Wenn der Herr sich so freut, tun wir es ebenfalls.« Sie werden den Abstieg »mit links« machen. Ich blockiere den Schlitten mit dem Anker, den ich fest in den gefrorenen Schnee ramme, denn ich traue ihnen zu, dass sie mir den Schlitten entreißen und ohne mich weiterlaufen. Das wäre eine Katastrophe, denn die Abfahrt wird fast genauso steil sein wie der Aufstieg, und das will etwas heißen. Gerät der Schlitten auf dem schwindelerregenden Hang ins Schleudern, fährt er über die Hunde und reißt sie mit.

Sofort nachdem wir oben angekommen sind und der Schlitten stillsteht, gehe ich zu den Hunden und gratuliere ihnen nacheinander überschwänglich, küsse sie auf die Schnauze und tätschle sie. Da reagieren sie wie Musterschüler auf das Lob und die Anerkennung des Lehrers.

Heute würde mein Gespann 22 von zwanzig Punkten verdienen.

Wir haben im wahrsten Sinne des Wortes den Gipfel erreicht.

16 ABFAHRT VOM EAGLE SUMMIT IN RICHTUNG MILE 101

17. Februar, gegen 17.00 Uhr

Wir verweilen gute zehn Minuten auf dem Gipfel, um den magischen Augenblick auszukosten, diesen Sonnenuntergang, ein echtes Geschenk. Wenn ich in diesem Moment gewusst hätte, dass wir einen neuen historischen Etappenrekord zwischen Central und Mile 101 aufgestellt haben, hätte ich mir dann die Zeit genommen, das Schauspiel länger zu genießen? Doch, das hätte ich, denn wir sind nicht in erster Linie hier, um Rekorde aufzustellen oder Rennen zu gewinnen. Mein Ziel ist vielmehr: mit diesen jungen Hunden, Neulingen auf dieser Strecke, ein schönes Rennen zu fahren – und genau das tun wir gerade.

Um die Geschwindigkeit des Schlittens bei einem solchen Gefälle zu verringern, verfügt der *Musher* über zwei Bremsen. Die erste ist eine mit kleinen Klammern ausgestattete Mattenbremse. Wenn man sie mit dem Fuß nach unten drückt und belastet, greift sie sowohl im Neuschnee als auch im Eis. Die zweite, die mit sehr spitzen und überaus stabilen Krallen aus Hartmetall bestückt ist, kann in das stärkste Eis eindringen. Bei einem Hang wie diesem platziert sich der *Musher* so, dass er gleichzeitig beide zum Einsatz bringen kann. Er erhöht den Druck seines Gewichts, indem er mit aller Kraft den Bügel des Schlittens nach oben zieht. Bleibt noch, die Balance zu halten. Das geschieht über die Bremsen, indem man immer wieder den Druck von ihnen nimmt. Ein heikles Manöver. Deshalb ist es sinnvoll, sich bei der Abfahrt möglichst geradeaus zu halten, auch wenn der Hang sehr steil ist. Solange die Hunde das Gefühl haben, dass der *Musher* die Geschwindigkeit des Schlittens, der ihnen im Nacken sitzt, kontrollieren kann, halten sie sich an das langsame Tempo, das dieser vorgibt. Auch wenn die Hunde noch so erfahren sind, ist die Verletzungsgefahr nie größer als bei einer Abfahrt. Wenn sie spüren, dass der Schlitten außer Kontrolle gerät, beschleunigen sie aus Angst, dass sie überrollt werden könnten. Das gilt vor allem für die Hunde, die ganz vorne laufen. Das steckt auch die übrigen an, und alle galoppieren noch schneller. Und damit laufen sie Gefahr, sich mit einer Geschwindigkeit den Hang hinunterzustürzen, die schnell unkontrollierbar wird. Da dieser Steilhang aber schneebedeckt ist, sodass die beiden Bremsen gut greifen können, ist die Gefahr hier gering.

Der Blick schweift weit in die Ferne. Die untergehende Sonne strahlt die Wolken an, die sich am Horizont gesammelt haben. Ich bin begeistert von diesem gewaltigen Panorama mit den schneebedeckten malven- und rosafarbenen Bergen. Ich genieße diesen Augenblick. Das ist der Grund, warum man den Quest erlebt haben muss, so schwierig er auch ist. Die Verbundenheit zwischen den Hunden und dem *Musher* entwickelt sich in einem unberührten Umfeld und wird durch die Müdigkeit noch verstärkt, die manchmal wie ein Rauschmittel wirkt, eine Art Bewusstseinstrübung, die stellenweise als angenehm, einen Moment später als total deprimierend empfunden wird. Ich habe Burka hinten angeschirrt und vorne durch Yuma ersetzt. Die Gelenke der Hunde, die vorne laufen, werden häufig durch das Bremsen mit den Beinen stark belastet und daher mehr beansprucht als bei jenen des übrigen Gespanns, die sich damit begnügen, lediglich mitzulaufen. Bevor ich Burka hinten einspannte, habe ich mir Zeit genommen und sie gelobt und beruhigt.

»Meine Burka, du warst wunderbar. Bis zum Kontrollpunkt Mile 101 nimmst du diesen Platz ein, um dein empfindliches Gelenk zu schonen.«

Und ich reibe sie intensiv mit der Salbe ein, die ich immer in der Innentasche meiner dicken Jacke dabeihabe, damit sie warm bleibt und ich sie bei jeder Pause zur Verfügung habe. Danach verteile ich noch schnell Snacks, tätschle noch einmal jeden Rücken, und schon brechen wir wieder auf. Die Piste führt durch eine Gegend ohne Schnee. In einem Engpass, der nicht zum Verweilen einlädt, wütet ein Wind in Höchstgeschwindigkeit. Die Kufen des Schlittens knirschen auf Steinen und Kies, gleiten aber auf den mit Gras überzogenen Stellen wieder besser. Zum Glück habe ich ein Paar Ersatzkufen dabei, falls diese hier zu sehr abgenutzt werden.

Ich kann es kaum glauben, dass ich mit meinen neun Hunden hier bin, dass sie immer noch so schnell und so gut laufen. Nach einer Stunde kommen wir zu dem kleinen Kontrollpunkt Mile 101, der aus drei verlassenen Hütten in den Bergen besteht. Ich werde uns vier Stunden Ruhepause einräumen, und dann brechen wir zur letzten schwierigen Etappe auf: zwei Anstiege zum Rosebud Summit in der Bergkette der White Mountains, die wir dann bis Two Rivers überqueren werden. Von diesem letzten Kontrollpunkt aus bleiben nur noch 120 Kilometer, die wir in einem Zug bis Fairbanks zurücklegen wollen. Wenn wir den Rosebud Summit, der sehr steil ist, auch wenn der Anstieg nicht so extrem wie beim Eagle Summit ist, bewältigt haben, ist das Spiel gewonnen. Aber das tragische Beispiel von Brent Sass, der im Vorjahr ein paar Stunden vor dem Passieren der Ziellinie erschöpft vom Schlitten fiel, ist für jeden *Musher* eine eindringliche Mahnung, bis zum letzten Kilometer völlig konzentriert zu bleiben.

Wird Brent Sass dieses Jahr den Sieg holen? Zwar hatte er über neun Stunden geschlafen und wurde dann von Allen Moore eingeholt. Aber nach dieser langen Pause laufen jetzt Brents Hunde schneller. Um Brent auf den Fersen zu bleiben, musste Allen seine Erholungsphasen reduzieren, insbesondere die in Central. Bis Mile 101 ist er in einem Rutsch durchgefahren. Nachdem Brent die Zeiten verglichen hatte, wusste er, dass Allen langsamer war. Er legte sich also folgende Strategie zurecht: Er wird ihm dicht auf dicht folgen, ihn aber nicht überholen, sondern bis zur letzten Gelegenheit warten, dem letzten *Run*. So starteten sie also im Abstand von zwei Minuten, Allen vor Brent, vom letzten Kontrollpunkt Two Rivers, wo jedes Gespann genau acht Stunden Pause einlegen muss. Werden diese acht Stunden Erholung ausreichen, damit die Hunde von Allen Moore wieder etwas schneller werden? Wird es Brent, der voller Zuversicht hinter Allen aufbricht, gelingen, ihn zu überholen? Alle Beobachter des Rennens halten den Atem an. Sie wissen aus Erfahrung, dass bei diesem *finish* alles möglich ist.

Das Tageslicht nimmt ab, aber nicht die Kräfte meiner Hunde, die in flottem Tempo zum Kontrollpunkt traben. Ich habe es eilig, dort anzukommen. Natürlich um mich zu erholen, aber vor allem um meinen Rückstand auf Dave Dalton in Erfahrung zu bringen, der an zehnter Stelle liegt. Mike Ellis, der in Central noch einen Vorsprung von über fünf Stunden hatte, scheint unerreichbar zu sein.

Gerade als ich im Begriff bin anzuhalten und mich bereits auf eine weitere »Nacht wie gehabt« einstelle, erscheint der kleine Kontrollpunkt Mile 101. Fabien steht neben den Schiedsrichtern und den freiwilligen Helfern, die für den Kontrollpunkt zuständig sind.

»Wie stellst du es an, so schnell zu sein?«

»Sie sind außer Rand und Band, und ich versuche, ihnen mit meinem alten Schlitten zu folgen.«

Mein Blick schweift über den Kontrollpunkt. Die Hunde zweier Gespanne erholen sich auf dem Stroh.

»Wer ist das?«

»Dave Dalton und Mike Ellis. Sie schlafen in der Hütte da vorn.«

Ein paar Augenblicke lang zögere ich, die Versuchung ist einfach zu groß. Ich könnte sie hier überholen. Mir und den Hunden keine Erholung gönnen und diese Etappe über fünfzig Kilometer in Angriff nehmen. Ich würde dann ganz unerwartet einen neunten Platz ergattern und zu den *top ten* zählen, was mein Traum ist. Meine Hunde sind in Höchstform – aber ist das sinnvoll? Ich zögere, aber eine kleine Stimme in mir flüstert: Sei vernünftig! Seit Circle haben wir nichts falsch gemacht, weil wir unser Tempo eingehalten haben, uns niemals von den Ruhezeiten der anderen Teilnehmer haben beeinflussen lassen. Diese »Technik« hat sich ausgezahlt, meine ehrgeizigsten Hoffnungen haben sich erfüllt, denn zurzeit bin ich einer der Schnellsten im Feld. Also muss ich das umsetzen, was mir Frank so viele Male eingebläut hat: »Vertrau deinen Hunden.« Sie werden jetzt nicht nachlassen, ganz im Gegenteil, sie werden kontinuierlich leistungsfähiger. Wenn ich unseren Rhythmus unterbreche, riskiere ich, ihren *will to go* zu brechen. Ich muss dieses Verlangen zu überholen unterdrücken, konzentriert bleiben, auf meine Hunde hören, die nach diesem glanzvollen Anstieg wieder Kräfte sammeln müssen, um beim zweiten *Run* des Tages genauso leistungsfähig zu sein.

»Was hast du jetzt vor?«, will Fabien wissen.

»Wann sind sie angekommen?«

»Dave vor knapp zwei Stunden und Mike vor drei.«

Der Vorsprung ist beachtlich, aber als ich alles schnell überschlage, werde ich nachdenklich. Wie habe ich es geschafft, so viel Zeit aufzuholen? Über zwei Stunden gegenüber Dave und eine gegenüber Mike. Die Antwort ist eindeutig. Wir waren sehr viel schneller als sie.

Ich bringe die Hunde zum Ruheplatz, füttere und massiere sie. Dann gehe ich zum Kontrollpunkt, um etwas zu essen. Ich studiere die Tafel, auf der die Start- und Ankunftszeiten verzeichnet sind. Hier habe ich die schriftliche Bestätigung von dem, was mein müder Verstand schon durchgerechnet hat. Wir haben diese Etappe buchstäblich überflogen, indem wir eine Rekordzeit von lediglich etwas mehr als vier Stunden benötigt haben, während Konkurrenten wie Dave 5.49 Stunden benötigten. Brent Sass und Allen Moore haben jeweils 5.17 Stunden und fast sechs (5.56) Stunden gebraucht. Wenn wir auf der nächsten Etappe, die mit einem ähnlich steilen Anstieg ziemlich der ersten gleicht, auch wenn sie etwas länger ist, genauso effizient sind, können wir gegenüber Dave und Mike noch einmal ein bis zwei Stunden aufholen. Dann folgt noch die sehr lange letzte Etappe, die sich über zweimal 120 Kilometer erstreckt.

Wenn ich eben noch zögerte, meinen Draufgängern eine ausgiebige Ruhepause zu bewilligen, jetzt zweifle ich nicht mehr. Ich fühle mich stark und zuversichtlich, weiß, dass ich nicht gern ein Gespann wie unseres hinter mir hätte. Dave und vielleicht sogar Mike haben allen Grund, sich Sorgen zu machen.

Die Hunde schlafen tief und fest auf dem Stroh, das ich unter ihnen ausgebreitet habe. Im Vorbeigehen rufe ich ihnen noch ein »Gute Nacht, meine Hunde« zu. Wann auch immer Dave starten wird, ich bin entschlossen, standhaft zu bleiben, mich nicht vom Siegestaumel mitreißen zu lassen. Ich werde den Hunden mindestens drei Stunden Ruhe gönnen. Als ich die kleine Hütte betrete, um mich schlafen zu legen, öffnen Dave und Mike ein Auge.

»*Nicolas, you are flying!*«

Ein Kompliment, das durchaus einen besorgten Unterton verrät.

Beide erheben sich sogleich, um sich startklar zu machen und loszuflitzen, denn sie wollen möglichst viele Kilometer zwischen sich und mich bringen. Mit einer gewissen Erleichterung beobachten sie, wie ich mich für den Schlaf vorbereite, meine Socken zum Trocknen auslege. Ich bin sicher, kaum dass sie die Tür hinter sich geschlossen haben, werden sie sich nach meiner genauen Ankunftszeit erkundigen, wahrscheinlich auch nach meiner Startzeit, der Zeit der Fütterung meiner Hunde und der notwendigen Zeit für die Verdauung (mindestens zwei Stunden). Wir sind bei einem Rennen, und ein Platz mehr oder weniger spielt hier eine große Rolle. In dieser Phase des Rennens erreicht das Katz-und-Maus-Spiel zwischen den Konkurrenten seinen Höhepunkt. Von nun an zählen nicht mehr nur das Tempo der Hunde und deren Leistungsfähigkeit und die des *Mushers* auf einem längeren *Run*, sondern auch die Strategie, die List.

2008 entschied sich das Rennen zwischen Jeff King und Lance Mackey. Seit Jahren herrschte zwischen den beiden das *mano a mano,* eine Art Kopf-an-Kopf-Wettkampf. Lance führte den Tanz in einem Höllentempo an; Jeff folgte ihm und ließ den Abstand nie zu groß werden. Er war in der stärkeren Position, da seine Hunde schneller waren. Wenn er am letzten Kontrollpunkt immer noch dicht hinter Lance wäre, könnte er ihn auf der letzten Etappe überholen. Das war Lance offensichtlich klar. Beim vorletzten Kontrollpunkt waren alle beide erschöpft. Sie hatten seit zwei Tagen kein Auge mehr zugetan und hintereinander mehrere lange schwierige Etappen bei Kälte und Wind hinter sich gebracht. Jeff folgte Lance, passte sein Tempo dem seines Konkurrenten an, blieb aber immer hinter ihm. Jeff, der sein eigenes Tempo und das seines Rivalen kannte, startete jedes Mal mit einem kleinen Rückstand auf Lance – holte ihn aber immer wieder ein.

Beim vorletzten Kontrollpunkt erweckt Lance den Anschein, endlich eine mehrstündige Pause einlegen zu wollen. Er entlädt seinen Schlitten, zieht den Hunden die Booties aus, gibt ihnen ausgiebig zu fressen, zumindest tut er so, indem er einen großen Futternapf vorbereitet, dessen Inhalt er aber nicht ganz verteilt. Er wird also mindestens vier Stunden Ruhepause einlegen, die Zeit der nötigen Verdauung. Lance rollt dann seinen Schlafsack aus und kriecht hinein. Er wünscht Jeff, der sich neben ihm niedergelassen hat, guten Schlaf. Jeff, total erschöpft, schläft auf der Stelle ein. Aber nicht Lance. Zwanzig Minuten später erhebt er sich geräuschlos und rennt zu seinen Hunden.

Er wirft alles ungeordnet auf seinen Schlitten, verzichtet auf das Überstülpen der Booties und löst den Anker. Auch er kennt das Tempo seiner und das von Jeffs Hunden. Er weiß, wenn er mit über vierzig Minuten Vorsprung am letzten Kontrollpunkt ankommt, wird ihn Jeff nicht mehr einholen.

Lance hat bereits mehr als zehn Kilometer hinter sich, als Jeff die Augen aufreißt und voller Panik bemerkt, dass Lance weg ist. Er springt hoch, schnappt sich einen Journalisten und fragt ihn, wo Lance sei.

»Er ist aufgebrochen.«

»Wie lange ist das her?«

»Ungefähr zwanzig Minuten.«

»So ein Arschloch.«

Jeff stürzt ins Freie, zieht den Hunden in aller Eile die Booties über (später wird er das bereuen) und stürmt auf die Piste, aber er liegt fast eine Stunde hinter Lance. Werden dessen Hunde, die eine kürzere Erholungsphase hatten, weiterhin ihren *will to go* bewahren? Genau diese Frage stellen sich Jeff und alle Zuschauer des Rennens, die es im Internet dank GPS verfolgen. Aber Lance kommt ohne Probleme voran, wenn auch langsam. Er erreicht den letzten Kontrollpunkt mit dem nötigen Vorsprung. Hier sind sechs Stunden Erholungspause Pflicht für alle. Er wird das Rennen gewinnen.

Noch ein anderes *finish* ist in Erinnerung geblieben, nämlich das von Susan Butcher, der legendären *Musherin*. Sie gehörte zu den vier Führenden, die einen großen Abstand auf ihre Verfolger geschafft hatten. Es stand außer Zweifel, dass einer dieser vier als Sieger durchs Ziel gehen würde. Sie beobachteten sich gegenseitig argwöhnisch, keiner konnte sich absetzen. Ungefähr hundert Kilometer vor dem Ziel wurden sie von einem Sturm abrupt gestoppt. Eine Weiterfahrt auf dem Packeis wäre bei diesem Wetter besonders gefährlich. Sie müssen Geduld haben, den Hunden Erholung gönnen und darauf warten, dass der Sturm sich legt, was für ein paar Stunden später angekündigt ist. Dennoch ist ihr Vorsprung so groß, dass keiner ihrer nachfolgenden Konkurrenten sie einholen kann. Sie bereiten also ihren Hunden ein Strohlager, füttern sie und betreten den Kontrollpunkt, um etwas zu essen und sich hinzulegen. Niemand hatte bemerkt – und wie hätte man das bei diesem tobenden Sturm können, in dem man keine zehn Meter weit sieht –, dass Susan Butcher ihre Jacke auf dem Schlitten gelassen hat. Sie bestellt beim Betreiber des Kontrollpunkts einen riesigen Hamburger, nimmt Platz und fängt an zu essen. Als sie aufsteht, um vielleicht zur Toilette zu gehen, achtet niemand auf sie. Keiner der drei anderen völlig erschöpften *Musher,* die nur den einen Wunsch haben, sich eine Zeit lang zu erholen, schaut ihr hinterher.

Susan geht zu ihrem Schlitten und kleidet sich in Windeseile an. Fünf Minuten später taucht sie wieder im Sturm unter.

Als die anderen Konkurrenten sich Sorgen machen, weil sie nicht zurückkehrt, ist es schon zu spät. Sie ist bereits in der Nacht verschwunden, und der Wind hat ihre Spuren verweht. Sie können es kaum fassen, beschließen aber, nicht hinterherzujagen. Ohnehin wird sie auf dem Packeis aufgeben müssen. Der Wind ist zu heftig. Sie wird sich verirren. Davon sind sie überzeugt.

Doch sie kommt durch und gewinnt das Rennen, wird damit zur Legende.

Bei diesem Spiel sind einige Strategen hinterhältiger als andere, aber man muss auch Hunde haben, die in Hochform sind. Susan Butcher hatte zwei außergewöhnliche Leithunde und ging besser mit Hunden um als sonst jemand.

Um auf Lance zurückzukommen – auch seine Hunde waren ausdauernd wie die ihren, das heißt, sie konnten Langstrecken mit einem Minimum an Ruhepausen zurücklegen.

Beim diesjährigen Quest kämpfen Brent und Allen gerade um den Sieg. Hinter ihnen versucht jeder, seinen Vordermann zu »fressen«. Ein Preisgeld gibt es nur bis zum fünfzehnten Platz. Wer dahinter liegt, ist nicht mehr beim Kampf um den Gewinn dabei. Daher helfen diese Teilnehmer sich eher gegenseitig als sich beim Kampf um die Spitze des Feldes zu schwächen. Die Prämien in Höhe von über 200 000 Dollar werden gemäß einer komplizierten Staffelung unter den Ersten aufgeteilt. Hinzu kommen die manchmal sehr hohen Prämien der Sponsoren, die damit »ihre« Champions belohnen. Diese *Musher* brauchen eine Mannschaft, die wirtschaftlich arbeitet. Um Profi zu bleiben, müssen sie ganz für ihre Leidenschaft leben, was nicht immer einfach ist.

Ich strecke mich aus, kann aber nicht schlafen. Ich bin überglücklich über das, was wir geleistet haben: eine überragende Etappe. Trotzdem bin ich auch ziemlich nervös wegen des Zwists, der sich ankündigt.

Eine halbe Stunde später erhebe ich mich wieder und stelle fest, dass Mike Ellis bereits auf der Piste ist und Dave sich gerade darauf vorbereitet. Er zieht seinen Hunden die Booties über. Ich gehe zu Sidi, deren Pflaster abgenommen wurde, und stülpe ihr ein Bootie über, nachdem ich ihren aufgescheuerten Ballen eingerieben habe. Dann stelle ich den Hunden einen mit Wasser gefüllten Napf hin und verteile an jene, die noch am muntersten sind, ein paar Snacks:

Natürlich ist Dark dabei, aber auch Miwook sowie Yuma und Unik.

Ich lege mich noch eine halbe Stunde aufs Ohr und gehe danach wieder zu den Hunden. Kaum habe ich begonnen, ihnen die Booties anzuziehen, sind Miwook, Unik und Dark bereits auf den Beinen, schütteln sich, strecken sich, scharren im Schnee auf der Suche nach ein paar Brotkrümeln. So überbrücken sie die Wartezeit und zeigen, dass sie topfit sind, um aufzubrechen. Ich bin voller Bewunderung. Aber was motiviert sie dermaßen, da sie es sich doch im Stroh gemütlich machen könnten, nachdem sie bereits so viel gelaufen sind. Spüren sie mein eigenes Verlangen derart stark, dass sie es sich zu eigen machen und darauf reagieren? Empfinden sie, genau wie ich, ein riesiges Vergnügen an unseren gemeinsamen verrückten Abenteuern, das sie Hunger und Müdigkeit vergessen lässt? Noch nie habe ich eine solch innige Verbindung mit meinen Hunden gehabt, eine solche Harmonie empfunden. Ihr Keuchen gibt meines wieder. Ihre Müdigkeit ist meine. Ich bin eine Art Bogen, der die Saiten eines schönen Instruments zum Klingen bringt, im Gleichklang mit seinem Orchester.

»Alles in Ordnung, meine Sidi?«

Ein Teil ihres Ballens ist immer noch offen und wund. Doch das stört sie keineswegs. Ich creme sie gründlich ein und ziehe ihr ein kleines, mit Polarwolle gefüttertes Bootie an, das die empfindliche Stelle wirkungsvoll schützt. Was für eine tapfere kleine Hündin! Ich küsse sie auf die Schnauze. Sie revanchiert sich, indem sie mir das Kinn leckt. Etwas weiter entfernt verlangt Burka, eifersüchtig geworden, nach einer Tätschelei.

»Aber ja, meine Burka, ich vergesse dich nicht.«

Ich vergesse keinen der Hunde.

Nachdem wir 3.26 Stunden pausiert haben, lösen wir um 21.04 Uhr den Anker. Auf dem Startprotokoll, das ich unterschreibe, lese ich: Dave hat den Kontrollpunkt nach einer Pause von 4.22 Stunden um 20.11 Uhr verlassen. Mike Ellis ist um 19.35 Uhr aufgebrochen. Er hatte sich eine Ruhepause von 4.53 Stunden gegönnt.

Ich liege also gegenüber Dave eine Stunde zurück und gegenüber Mike anderthalb Stunden.

»Los, meine Hunde!«

»Nico, viel Glück!«

Pierre, der neben Fabien steht, feuert mich spürbar bewegt an. Ich kenne ihn gut genug, um zu wissen, dass er sich mit jeder Faser wünscht, dass ich weitere Plätze gutmache, so wie wir es seit ein paar Tagen tun. Er erlebt das Ende dieses Rennens mit vollem Einsatz, leidenschaftlich und begeistert.

17 AUFBRUCH VOM KONTROLLPUNKT MILE 101

17. Februar, 21.04 Uhr

Die ersten Kilometer führen durch die Mulde eines breiten Tals, in dem sich Eis- und *Overflow*-Zonen abwechseln, die Miwook und Burka aber großartig meistern. Seit 48 Stunden habe ich kein Auge zugetan, und diese zusätzliche schlaflose Nacht scheint lang zu werden. Aber das Schlimmste ist geschafft. Bei einem Marathon kennt man den toten Punkt, der überwunden werden muss, als »Mauer«. Sie taucht häufig zwischen dem dreißigsten und 35. Kilometer dieses 42-Kilometer-Rennens auf. Die Reserven an Muskelglykogen sind nämlich ungefähr bei dieser Anzahl von Kilometern verbraucht. Da der Organismus dann nicht mehr über ausreichend direkt aufnehm- und umwandelbaren Kraftstoff verfügt, um stärkeren Belastungen gewachsen zu sein, muss er die Fettsäuren anzapfen, die aber nicht ausreichen, den erhöhten Bedarf an Energie zu liefern. Wenn die Muskelreserven aufgebraucht sind, ist das Reservoir erschöpft, wie bei einem Auto ohne Benzin. Der Läufer, der seine Glykogen- und Fettreserven verbraucht hat, muss langsamer werden, ja anhalten. Die Mauer beim Quest taucht zwischen Kilometer 1000 und 1300 auf, wenn man sechs bis sieben Tage hinter sich hat, aber noch zwei oder drei durchzustehen sind. Der Schlafmangel, im Durchschnitt zwei bis drei Stunden Schlaf auf 24 Stunden gerechnet, und der enorme Energieverbrauch infolge der Kälte und der körperlichen Anstrengung sind verantwortlich für dieses Leistungstief, das einige besser überwinden als andere. Kurz vor dem Ziel übernimmt zum Glück der Kopf die Regie des Körpers. Man kann die Kraft der Psyche, ihre Bedeutung für den Sportler im Positiven wie im Negativen, gar nicht hoch genug schätzen.

Da ich häufig versucht habe, meine eigenen Grenzen zu überschreiten, bin ich immer wieder erstaunt über das, was ich die »Programmierung der Psyche« nenne: das Gefühl, am Ende einer anstrengenden Etappe buchstäblich keinen Meter mehr schaffen zu können. Im Laufe einer Etappe, wenn ich erschöpft und am Ende meiner Kräfte bin, ruft mein Körper alle seine Funktionen, eine nach der anderen, auf, um den letzten Rest von Energie für eine einzige Sache zu mobilisieren – das Ziel zu erreichen. Erst danach schalten sich die Bereiche, die im Dunkel meines Gehirns verborgen sind, wieder ein und verbrauchen meine letzten Energiereserven. Meine Batterien sind jetzt leer, und mein Körper kann nicht mehr. Es geht erst weiter, wenn ich wieder aufgetankt habe.

Die meisten *Musher* erleben dieses totale »Aus« ihrer Kräfte, wenn das Ziel erreicht ist. Die *Handler,* die dem Yukon Quest folgen, sind gewarnt. Auch wenn sie noch so begierig sind, alles über das Rennen zu erfahren, wissen sie, dass die *Musher* anfangs nur einsilbige Antworten geben können. In diesem Moment bedeuten Sprechen und Kommunikation nur einen unnötigen Energieverlust, der unbedingt vermieden werden muss. Selbst wenn man an einem Kontrollpunkt einen Freund trifft, ist man unwillkürlich kurz angebunden. Die Aussagekraft des Berichts leidet darunter, da die Worte oft zusammenhanglos sind und manchmal sogar total unverständlich. Die gesamte Energie ist auf die Hunde fokussiert, ihre körperliche Verfassung und ihren *will to go* sowie das Vorankommen, das Erreichen der Ziellinie. Alles andere muss beiseitegeschoben werden. Andernfalls würde man riskieren, noch vor dem Ende einen Burnout zu erleiden. Meine Hunde, die dieses Rennen zum ersten Mal erleben, kennen das Ziel nicht. Das ist ein Handicap, denn die Hunde, die wissen, dass das Ziel naht – ihr Pistengedächtnis ist phänomenal –, beschleunigen nochmals und vergessen die Müdigkeit.

Eine gute Technik, um wach zu bleiben und die Stimmung zu halten, besteht darin zu lachen, was ich häufig mit den Hunden mache. Manch einer würde mich wohl für total bescheuert halten, wenn er hörte, was für ein albernes Zeug ich den Hunden erzähle, dass ich über meine eigenen Dummheiten lache – und das ganz allein mitten in der Nacht auf meinem Schlitten. Aber dieser positive Monolog verhindert, dass ich negativen Gedanken nachhänge wie etwa: Es sind noch über 150 Kilometer zu meistern. Ich bin todmüde. Meine Beinmuskeln tun weh, und dabei muss ich noch zwei Berge hochklettern. Sidi hat einen kaputten Ballen. Die letzte Etappe ist sehr lang. Was um Himmels willen treibe ich überhaupt hier mitten in der Nacht und in der Kälte, mit dieser Müdigkeit, die bleiern auf meinen Schultern lastet, wo ich doch gemütlich bei mir zu Hause im Warmen sitzen könnte?

Nein, solche Gedanken bringen nichts, würden mich nur runterziehen.

Im Gegenteil, ich weiß, ich bin glücklich darüber, mit meinen Hunden hier im hohen Norden zu sein, den ich so liebe. In diesen Bergen, die ich hochklettern werde. In dieser Kälte, die mir zum Freund geworden ist. Mit dieser Müdigkeit, die ich zu beherrschen gelernt habe. Pech gehabt, wenn ich völlig verrückt bin, aber das Leben lohnt sich nicht, wenn man sich zwingt, nur vernünftige Dinge zu tun.

»Nicht wahr, meine kleinen Hunde, wir sind völlig verrückt – und glücklich darüber?«

Mehrere Male müssen wir Wasserstellen überqueren. Die Technik besteht dabei darin, kurz seine Stiefel in das Wasser zu tauchen und dann die Wirkung extremer Kälte positiv zu nutzen. Die Feuchtigkeit gefriert beim Kontakt mit der Luft sofort und verwandelt sich auf den Stiefeln in eine dünne Eisschicht. Dadurch werden diese wasserfest. Die Hunde mögen es nicht besonders, durchs Wasser zu waten. Yuma und Olga hassen es sogar, aber, mitgezogen von den anderen, müssen sie ihnen wohl oder übel folgen. Auf Miwook und Burka an der Spitze meiner Meute kann ich mich verlassen. Sie waten tapfer durchs Wasser, zumal ich ihnen versichere: »Wenn der Chef sagt, dass das vorübergeht, dann geht es vorüber!« Es liegt jetzt an mir, sie nicht zu enttäuschen und jeden Abschnitt richtig einzuschätzen, damit das Gespann die Stelle umgeht, wo das Wasser über dem Eis höher als etwa vierzig Zentimeter ist. Wenn ich Zweifel habe, darf ich das Risiko nicht eingehen und das Vertrauen der Hunde nicht aufs Spiel setzen.

Was ein treuer, ergebener Leithund zu leisten imstande ist, ist schlichtweg unglaublich. Die Teilnehmer bei den Dreharbeiten einer gefährlichen Szene in meinem Film *Der letzte Trapper* hat das zu Tränen gerührt. Sie handelte von Voulk, einem großartigen Leithund, mit dem ich ganz Kanada von einem Ozean zum anderen durchquert, mein erstes Yukon-Quest-Rennen absolviert und auch noch Lappland durchstreift habe. Mit ihm und seinem Vater Otchum habe ich die kanadischen Rocheuses-Berge bereist, gemeinsam mit meiner Frau und meiner kleinen Tochter. Gemeinsam haben wir so viele Abenteuer erlebt, so viele Bewährungsproben bestanden, dass wir einander durch und durch kannten und unsere Verbundenheit grenzenlos war. Ein Beispiel lieferte die bereits erwähnte Szene aus *Der letzte Trapper*: Ich hatte in dem Film vor, den Schlitten in eine Art Schlucht abstürzen zu lassen. Die Hunde und der Trapper Norman sollten es im letzten Moment schaffen, sich aus der Klemme zu ziehen. Zumindest sollte das aus der Perspektive der Zuschauer so aussehen. Der Schlittenführer, erfahren im Hochgebirge, und ein Freund, Sylvain Bardoux, hatte sich ein regelrechtes System ausgedacht, um den Schlitten zu sichern und zu verhindern, dass er ins Leere stürzte. Die Dramaturgie sah vor, dass das Gespann den Abgrund streift, bis der Schlitten am Hang ins Schleudern gerät und umstürzt. Dann übernahmen Sylvain und sein Team den weiteren Ablauf: Sie bremsten den Schlitten und hatten ihn so gut unter Kontrolle, dass sie ihn zurückhalten konnten. Sie ließen aber noch einen Spielraum in der Spannung der Leinen, damit die Hunde mit Normans Hilfe in der Lage waren, das Absacken des Schlittens zu verhindern. Es erfolgte also ein Kampf zwischen dem Gewicht des Schlittens, das in Richtung Abgrund zog, und den Hunden. Die waren nach wie vor durch die Zugleine mit dieser schweren Last verbunden und versuchten, ihre Haut zu retten, indem sie mit aller Kraft dagegenhielten.

Im Film sieht man, wie Norman, der Trapper, den Hunden Befehle erteilt. Doch in Wirklichkeit redete ich mit Voulk. Jetzt ging es darum, ihm begreiflich zu machen, wohin er meinem Wunsch entsprechend gehen sollte. Er jonglierte nicht nah genug am Abgrund, um den Eindruck zu erwecken, dass er abstürzen könnte. Doch genau das wollte ich. Beim ersten Versuch hielt er sich zu weit rechts. Beim zweiten befahl ich: »Ja, Voulk, *yap, yap* und nochmals *yap*.« Er verstand mich richtig und wagte sich gerade so weit an den Rand der Schlucht, dass er nicht abrutschte. Ich redete also nochmals mit ihm, beruhigte ihn und ließ ihn beim nächsten Versuch von einer anderen Stelle losfahren. Alle hielten den Atem an. Voulk sah mir direkt in die Augen, als wolle er sagen: »Bist du dir wirklich sicher?«

Ich war es. Als er vorstürzte, wiederholte ich: »Ja, Voulk, *yap*. Ja.«

Voulk warf mir einen letzten Blick zu und zog dann das gesamte Gespann mit sich, den Hang hinunter. Der Schlitten schlitterte, und alles geschah so wie vorgesehen. Diese Film-sequenz ist großartig. Und Voulk war einfach umwerfend. Wenn ich an ihn denke, meinen lieben, großartigen, unglaublichen Voulk, an seinen Beweis von Liebe und Vertrauen, kommen mir die Tränen.

Miwook ist aus demselben Holz geschnitzt, auch Burka, die genauso aufopferungsvoll ist, unter bestimmten Umständen sogar noch mehr, aber weniger tollkühn. Mit diesen beiden Hunden schaffe ich es bis ans Ende der Welt.

Wir erreichen nach knapp einer Stunde den Kontrollpunkt am Fuß des Berges, den wir erklimmen müssen: Rosebud Summit. Und was sehe ich?

Ein kleines Licht da oben auf dem Berg.

Dave Dalton. Die Nummer 10.

Ich befehle dem Gespann zu stoppen, verteile Snacks, gebe den Hunden die lauwarme Futtermischung, die ich am

Kontrollpunkt zubereitet habe, und erkläre ihnen: »Seht ihr dieses kleine Licht da oben? Das ist der Schlitten des *Mushers*, der zurzeit auf dem zehnten Platz liegt. Wisst ihr, was wir tun? Wir greifen ihn uns.«

Ich kenne meine Hunde gut genug, um zu wissen, dass sie die Entschlossenheit in meiner Stimme erkennen. Das zu hören erfüllt sie mit Energie, gibt ihnen Biss. Dark fängt an zu bellen. Die unglaubliche kleine Sidi, meine Bergkönigin, schließt sich ihm an. Ich ziehe meine Jacke und meine Überhose aus, und los geht's. Ich bin nicht motiviert, ich bin geradezu high!

Ich skate, ich schiebe, ich laufe. Die Hunde gehen den Anstieg an. Trotz der Steigung und der Last des Schlittens laufen sie in beeindruckend flottem Tempo. Das Licht da oben wird immer größer.

»Meine Hunde, gleich haben wir ihn.«

Sieht er, wie ich immer näher komme? Dave steigt etappenweise hoch, bewältigt immer nur hundert Meter am Stück, während wir in einem Zug hochklettern. Eine Viertelstunde später überholen wir ihn. Der Tempounterschied zwischen meinen Hunden und seinen ist beeindruckend. Als ich an Dave vorbeiflitze, grüße ich ihn mit einer freundschaftlichen Geste, die er genauso freundlich erwidert. Er hatte sich wohl schon darauf eingestellt, dass ich ihn überholen würde.

Einige Minuten später drehe ich mich um und entdecke das kleine Licht seiner Stirnlampe, das immer winziger wird und schließlich von der Nacht verschluckt wird.

Nun sind wir dort angelangt, wovon ich träumte: Wir sind unter den *top ten!* Diesen Platz haben wir errungen und wollen ihn auch halten. Zum Glück ist keiner meiner direkten Verfolger imstande, mich einzuholen.

Macht es den Hunden Spaß, ein anderes Gespann zu überholen? Man könnte sagen: Ja. Sicher haben sie, wie immer, das Glück ihres *Mushers* im Auge, und das drücken sie mit ihrem freudigen Vorauspreschen aus.

Wir kommen höher und höher. Einige Nordlichter stehen waagerecht am Himmel und leuchten – erst verhalten, dann strahlend. In der Ferne unterhalten sich zwei Wölfe, als wollten ihre Stimmen mit dem Ton und dem Licht dieser prächtigen Nacht verschmelzen.

Nach der Hälfte der Steigung gönne ich uns eine kleine Pause von wenigen Minuten. Als wir wieder aufbrechen, wird es steiler. Was für ein Irrsinn ist doch dieses Rennen, dessen Streckenführung über so viele Höhenlagen führt.

»Los, meine Hunde!«

In der Nacht ist das Gefälle atemberaubend. Die Markierungspfosten mit den fluoreszierenden Enden erscheinen nicht vor, sondern über uns, wie festgenagelt am Himmel. Ist es möglich, dass die Piste dort verläuft? Welches Wunder bewirkt, dass diese Pfosten wie aufgehängt in der Luft halten? Die Hunde klammern sich fest, die Pfoten in den Schnee gestemmt, stützen sich ab und klettern Meter um Meter hinauf. Hinten am Schlitten schiebe ich, so gut ich kann. Trotz der Kälte und des Winds, der, auch wenn er schwach ist, das Kältegefühl erheblich steigert, bin ich schweißgebadet.

Vor mir höre ich das Keuchen der Hunde, das unsere Anstrengungen rhythmisch untermalt, wie eine schöne Musik, die uns zum Gipfel hochträgt. Und das verleiht mir ein erhabenes Gefühl. Mein Puls und der ihre schlagen in der gleichen Frequenz, und so steigen wir eine lange halbe Stunde unter den Nordlichtern, die ein überirdisch anmutendes Licht über der Landschaft verbreiten, weiter nach oben.

Ich weiß, ich habe es mit zwei Gipfeln zu tun. Einem ersten Anstieg, dann einer Abfahrt, einer langen Terrasse und einem zweiten Gipfel, bevor man über einen offenen und dann langen Hang den Kontrollpunkt von Two Rivers erreicht, vierzig Kilometer von hier entfernt. Wir dürfen also nicht all unsere Kraft beim ersten Anstieg verbrauchen, sondern müssen Reserven für den zweiten zurückhalten. Aber wie steht's denn eigentlich mit meinen Energiebatterien? Habe ich sie nicht schon völlig entladen? Schwer zu sagen, da die Müdigkeit meinen Geist vollkommen benebelt, der andauernde Schlafmangel und der ständige Krafteinsatz ihren Tribut fordern. Alles zusammen ergibt einen Cocktail, der auch einen Elch betäuben würde …

Auf dem Gipfel bewillige ich uns eine Verschnaufpause, in der ich die Hunde, einen nach dem anderen, herzlich beglückwünsche und ausgiebig lobe. So weit der Blick von diesem baumlosen Gipfel reicht, kann ich nicht das geringste Lichtzeichen entdecken. Unser rasanter Aufstieg hat Dave weit zurückgeworfen. Er hat jetzt einen Rückstand von einer Stunde.

»Und nun packen wir den zweiten Gipfel!«

Ich klopfe mir auf die Schulter, dass ich nicht der Versuchung nachgegeben habe, die beiden Etappen ohne Halt am Kontrollpunkt Mile 101 durchzuziehen. Hätte ich die kurze, aber wohltuende Erholungspause übersprungen, die ich den Hunden und auch mir gewährt habe, wäre mich das bestimmt teuer zu stehen gekommen.

Die Nachtetappen sind besonders kräftezehrend, denn außer der Müdigkeit hat man mit Schwierigkeiten auf der Piste zu kämpfen. Das ist auf die mangelnde Sicht bei Nacht zurückzuführen, die erhöhte Konzentration und schnelles Reagieren erfordert.

Meine Beinmuskeln fühlen sich an wie von Zangen verdreht, mein Kopf ist wie ein Kürbis, und die Pfeifgeräusche, die mein Gehirn durchdringen, sind genauso quälend wie das endlose Heulen einer Alarmanlage, die man nicht abstellen kann.

Der Übergang zwischen den beiden Gipfeln ist endlos, eine leichte Steigung, Abfahrt, Ebene und Anstieg. Ich kann es nicht erwarten, den Gipfel dieses verdammten Bergs hochzuklettern, um zum Ende zu kommen.

Der Mond geht auf und taucht die baumlose alpine Landschaft, die wir durchfahren, in ein verschwommenes Licht. Auf dem Bergkamm, den wir überqueren müssen, haben die Winde den Schnee völlig weggefegt. Die Nordlichter setzen ihren Tanz am Himmel fort, in der Ferne hören wir die Wölfe heulen. Wir fahren durch eine Bilderbuchlandschaft wie auf den Postkarten, die mich als Kind zum Träumen brachten. Ich stelle mir vor, welches Schauspiel wir in der Nacht bieten, wenn sich unser Gespann auf dem Kamm vor dem grauen, von Nordlichtern erhellten Sternenhimmel abzeichnet. Ein Bild im Stil von *Wolfsblut* und *Ruf der Wildnis,* den Abenteuerromanen von Jack London. Als Kind habe ich oft von solchen Szenen geträumt. Seitdem habe ich mir das Prinzip zu eigen gemacht: »Es ist besser, seine Träume zu leben, als sein Leben zu träumen.«

Und da liegt er direkt vor uns, dieser letzte, beeindruckende Aufstieg. Auf der anderen Seite wird dann eine schöne Abfahrt folgen, und danach kommen die großen Flächen der nördlichen Wälder und Seen bis Fairbanks.

Ich lege eine Ruhepause ein und erkläre den Hunden das Programm: erst der Aufstieg, dann eine lange Abfahrt bis zum Kontrollpunkt Two Rivers, wo sie acht Stunden Schlaf auf dem Stroh erwarten. Und dann kommt der letzte *Run.*

Aber wir sind noch weit davon entfernt. Jetzt müssen wir erst noch diesen Gipfel erreichen, der über alle Maßen herausfordernd ist. Der Hang ist steil.

Doch nicht der steile Weg bereitet uns Kopfzerbrechen. Die Hunde erklimmen den Hang mit derselben Verbissenheit wie ich, als ob sie wüssten, dass es der letzte ist. Das Problem taucht kurz danach auf.

Oben angelangt, befehle ich den Hunden anzuhalten und genieße den Augenblick. Wir haben Rosebud bezwungen, den höchsten Schwierigkeitsgrad beim Quest. Ich beglückwünsche meine Hunde, spiele etwas mit ihnen, verteile Komplimente und streichle sie zur Aufmunterung. Dann brechen wir wieder auf.

Wir schwenken auf den Hang ein und stürzen ins Leere.

Ich trete mit beiden Beinen auf die Bremse, aber die neun Gespanne, die vor mir hier heruntergefahren sind, haben dasselbe getan und den gesamten Schnee, der ein Minimum von Kontrolle ermöglicht hätte, abgetragen. Es ist nur noch eine Mischung aus gefrorener Erde und Kieselsteinen übrig. Wir legen an Tempo zu. Die Hunde merken bald, dass ich unseren Schlitten nicht mehr beherrsche, und rennen immer schneller. Diese zügellose Fahrt versetzt sie in furchtbare Angst. Ein Teufelskreis, der durch nichts durchbrochen werden kann. Wir müssen einfach unten ankommen, aber dieses Unten … lässt auf sich warten. Die Abfahrt ist endlos. Der Schlitten wird hochgeworfen, prallt zurück, schlägt auf die Steine, von denen einige so groß wie ein Ball sind, und gerät ins Rutschen. Mehrere Male wäre ich fast vom Schlitten geflogen, kann mich gerade noch einigermaßen im Gleichgewicht halten. Meine armen Hunde preschen jetzt in höllischem Galopp den Hang hinunter. Sie haben keine Möglichkeit mehr, eine Entscheidung zu treffen oder ihre Pfoten einzusetzen, sie laufen Gefahr, sich auf den Steinen zu verletzen, zu stürzen oder abzugleiten. Mir ist sterbenselend.

Und da sind auch schon die ersten Bäume, ohne dass deswegen der Hang sachter wird. Es wird jetzt höllisch gefährlich, und zwar nicht nur für die Hunde. Ich überlege, meine Gedanken überstürzen sich, ich bin verzweifelt. Soll ich den Schlitten mit einem kräftigen Schwung zur Seite reißen, ihn auf den Hang drücken, um somit das Tempo wieder unter Kontrolle zu bekommen? Umgestürzt bietet der Schlitten mehr Widerstand und gleitet weniger als auf den Kufen. Zudem greifen die Bremsen auf diesem Untergrund so gut wie gar nicht. Aber es besteht die Gefahr eines grässlichen Sturzes. Der Schlitten kann bereits auf den ersten Metern gegen die Hunde prallen, die sich in den Leinen verheddern würden. Ich muss also versuchen, auf dem verrückten Schlitten zu bleiben und bis unten durchzuhalten. Und genau das mache ich, aber was für eine Talfahrt!

Ich versuche, mit meinem Fuß von der Bremse auf die Kufe zu wechseln, und bleibe dabei hängen. Das ist der blanke Horror, denn der Fuß kann sofort in die enge Metallöffnung zwischen den beiden Holmen gezogen werden, was dazu führen könnte, dass diese bei der rasenden Abfahrt »geschreddert« würden – mit entsprechenden Folgen für das Bein. Als ich gerade versuche, meinen Fuß wieder in die richtige Stellung zu bringen, knallt der Schlitten gegen einen Stein und wird hochgeworfen. Beinahe wäre ich dabei gestürzt. Bei diesem »Höllenritt«, der nicht endet, brülle ich die ganze Zeit den Hunden zu, langsamer zu werden, »Hoooooo«, aber völlig umsonst, ich weiß es. Ich brülle, um mir mehr Kraft zu verleihen und auf die Bremse zu drücken, die nicht in die gefrorene Erde dringt, da diese hart wie Beton ist. Ich brülle, um mich aufrecht zu halten. Ich brülle, weil ich Angst um die Hunde habe und um mich. Ich brülle, weil ich nicht verstehe, warum die Strecke hier entlangführt, da dies doch lebensgefährlich ist.

Diese verdammte Abfahrt zieht sich endlos hin. Meine Beine sind matschig, die Schultern und Arme kaputt, als wir endlich weiter unten ankommen und auf etwas Schnee stoßen. Ich lege mein ganzes Gewicht auf die Bremse und schaffe es endlich, den Schlitten zum Stehen zu bringen.

»Meine armen kleinen Hunde! Meine armen Hunde.«

Ich gehe von einem zum anderen, mustere meine Meute, kann aber nichts Beunruhigendes entdecken. Burka, deren Gelenk empfindlich ist, scheint durch die brutale Abfahrt nicht übermäßig mitgenommen zu sein.

»Meine schöne Burka ...«

Unik und Kazan haben sich in den Schnee geworfen, um etwas frische Luft zu schnappen. Ich streichle sie und beruhige sie.

»Es ist zu Ende. Wir werden gemächlich nach Two Rivers traben, wo euch Stroh, Fleisch und Ruhe erwarten.«

Yuma sieht mich wie immer an, scheu und etwas ängstlich.

»Alles in Ordnung, meine Yuma ... alles ist gut.«

Olga neben ihr wirkt sehr fit, fast fröhlich. Ich löse ihre Leine und spanne sie zusammen mit Miwook an die Spitze.

»Meine Burka, es wird noch eine Weile steil abwärts gehen, deshalb schone ich dich, du verstehst?«

Der Ton, in dem ich mit ihr spreche, beruhigt sie. Sie weiß, dass es sich nicht um eine Strafe handelt, ganz im Gegenteil. Ich streichle sie lange und schirre sie neben Kazan an, dessen eiserne Nerven mich beeindrucken. Noch letzten Winter war Kazan nicht gerade mein Geheimtipp. Jetzt aber: weit gefehlt. Mit Hunden muss man Geduld haben, dann erlebt man Überraschungen.

Kazan hat eine Wandlung durchlaufen. Aus ihm ist ein großartiger Hund geworden.

Sidi ist die Einzige, die unter dem Abstieg gelitten hat. Ihr Ballen, der eben eine zarte, vernarbende Haut gebildet hatte, wurde von den Kieselsteinen wieder aufgerissen. Es ist nicht schlimm, aber sie braucht jetzt ein paar Tage Ruhe.

»Meine süße kleine Sidi. Du warst einmalig, mutig, ausdauernd und noch viel mehr. Ich werde dir einen gemütlichen Platz auf dem Schlitten mit den Mäntelchen als Unterlage einrichten, und du wirst in meiner Nähe sein. Deine acht Kumpel reichen aus, um uns auf dieser abschüssigen Piste bis Two Rivers zu führen.«

Sidi lässt es mit sich geschehen, freut sich wohl auch, bei mir zu sein. Ich tätschle sie und schmeichle ihr.

Die Piste ist schön, breit und hart gefroren, aber ich habe noch nie eine solche Schaukelpiste erlebt. Ein Buckel. Eine Delle. Ein Buckel. Eine Delle. Wir befinden uns auf dem Westhang eines moorigen Tals, dessen Grund mit Grasschollen übersät ist, darunter liegt der Permafrost. Es gibt keinen noch so kleinen Abschnitt, in dem diese Buckel, die man Hundeköpfe nennt, nicht auftauchen. Wenn ich das Tempo um ein oder zwei Stundenkilometer drosseln würde, würde sich der Schlitten bei seiner Fahrt den Buckeln und Dellen anpassen. Bei unserer Geschwindigkeit springt er, hüpft und springt ... und jedes Mal, wenn er springt, hüpfe ich ebenfalls. Ich übertreibe nur wenig, wenn ich sage, dass ich meine Rückenwirbel klappern und krachen höre.

Wir preschen schnell voran, sicher. Aber es scheint mir unmöglich, Mike Ellis, der mehr als anderthalb Stunden vor mir in Mile 101 gestartet ist, noch einzuholen. Wenn sich die Landschaft vor mir so weit öffnet, dass man in die Ferne sehen kann, ertappe ich mich dabei, wie ich nach dem Licht seiner Stirnlampe suche. Die Etappe von siebzig Kilometern ist nicht lang genug, um ihn einzuholen, auch wenn mein Gespann noch so schnell ist. Aber wer weiß?

Nach Zigtausenden von Buckeln komme ich um zwei Uhr morgens am winzigen und ungemütlichen Kontrollpunkt Two Rivers an. Eine Hütte und ein geheiztes Zelt, das den *Mushern* als Schlafraum dient. Hier muss eine obligatorische Erholungspause von acht Stunden eingelegt werden. Alle *Musher* schlafen also ungefähr vier Stunden, nachdem sie ihre Hunde versorgt und sich auf diese lange letzte Etappe von 120 Kilometern vorbereitet haben. Diese vier Stunden Schlaf – eine Ewigkeit!

Kaum angelangt, erkundige ich mich als Erstes nach der Ankunftszeit von Mike. Ich studiere die *Check-in-/Check-out*-Tafel:

Torsten Kohnert traf um 21.56 Uhr ein, liegt jetzt an achter Stelle;

an neunter Mike Ellis, der um 2.08 Uhr eintraf;

an zehnter Nicolas Vanier, Ankunft um 2.33 Uhr.

Ich startete mit anderthalb Stunden Rückstand und liege jetzt nur noch 25 Minuten hinter Mike! 25 läppische Minuten!

»You catch me, Nicolas!«

Mike versetzt mir einen Klaps auf den Rücken und beglückwünscht mich. Er gesteht mir, dass er über die Geschwindigkeit meines Gespanns nur staunen kann.

»*You are flying!*«, wiederholt er. Dave Dalton, den ich nach der halben Etappe überholt habe, trifft um 4.07 Uhr ein, anderthalb Stunden nach mir.

Unsere Zeit für diese Etappe beträgt 5.20 Stunden, das ist ausgezeichnet. Zum Vergleich: Brent Sass, der Spitzenreiter, benötigte 6.43 Stunden, die beiden ehemaligen Sieger Allen Moore und Hugh Neff jeweils 7.10 Stunden und 8.35 Stunden. Diese Zahlen sprechen für sich.

18 AM KONTROLLPUNKT VON TWO RIVERS

18. Februar, 2.33 Uhr

In der kleinen Hütte am Kontrollpunkt Two Rivers beglückwünschen mich die beiden Rennrichter überschwänglich zu der spektakulären Verbesserung im Klassement, die mir in den beiden letzten Tagen gelungen ist, was sich wie ein Lauffeuer herumgesprochen hat. »Donnerwetter, der Franzose ist ja unterwegs wie der Leibhaftige!« Sie freuen sich auch, weil sie mich mögen, aber vor allem, weil einer von ihnen meine »Geschichte« mit dem Quest kennt. Eine abenteuerliche Geschichte.

Trevor und ich waren 1997 zwei *Musher*-Debütanten, *rookies,* die bei Frank Turner trainierten. Gemeinsam hatten wir unsere Proviantbeutel vorbereitet, auf dieselbe Weise und mit dem gleichen Material verpackt und etikettiert. Bei einem Kontrollpunkt irrten sich die freiwilligen Helfer, die den *Mushern* ihre Bündel bringen, und gaben mir das falsche. Sie hatten nach einem der beiden Säcke, die völlig gleich aussahen, gegriffen, ohne das Etikett zu prüfen. Auch ich hatte es nicht kontrolliert. Ich wühlte also nichtsahnend im Bündel meines Kumpels, war nur etwas beunruhigt, weil ein paar Beutelchen fehlten, die ich doch eingepackt hatte. Aber ich ging der Sache nicht auf den Grund. In dieser Phase des Rennens, nachdem ungefähr zwei Drittel der Strecke zurückgelegt waren und ich todmüde und erschöpft war, war mir nicht einmal mehr bewusst, dass Trevor denselben Sack hatte wie ich.

Trevor war hinter mir. Als er am Kontrollpunkt ankam, fand er natürlich seinen Beutel nicht. Er erstattete Anzeige, ohne zu merken, dass mein Beutel ja noch da war, vollgepackt und noch zugeschnürt. Und ich war schon wieder unterwegs. Er brach sofort wieder auf, und die Schiedsrichter begannen, in dieser Sache zu ermitteln.

Der »Dieb« war bald gefunden. Sie informierten sofort den Renn-Marschall, der mich einen Tag vor der Ankunft ausgerechnet während der kurzen Erholungspause weckte, die ich mir am vorletzten Kontrollpunkt gönnte. Es waren noch 160 Kilometer bis Fairbanks. Ich wollte diese Strecke in einem Rutsch bewältigen. Ohne mir genau zu erklären, worum es sich handelte, informierte mich der Offizielle, dass ich eine zweistündige Strafe aufgebrummt bekäme, weil ich den Beutel eines Konkurrenten »gestohlen« hätte. Er sagte, alles werde bei der Ankunft erklärt, begründet und bewiesen werden. Ich war so geschockt, dass mir die Worte fehlten und ich nur schwach protestierte. Da ich nichts gestohlen hatte, verstand ich kein Wort.

Als ich richtig wach war, war der Renn-Marschall bereits wieder nach Fairbanks zurückgekehrt, wo die ersten Teilnehmer eintrafen – darunter Frank Turner, der in jenem Jahr Zweiter wurde.

Ich hatte keine Lust mehr weiterzumachen, wollte aufgeben. Aber Jérôme, der die Hunde mit mir zusammen auf das Rennen vorbereitet und mit ihnen einen Winter lang in Quebec trainiert hatte, bat mich, das Rennen zu beenden, und sei es nur ihm zuliebe. Ich entsprach seinem Wunsch, wenn auch wutentbrannt. Die wenigen Informationen, die ich vor meinem Start am Kontrollpunkt bekommen konnte, ermöglichten es mir jedoch, das Ganze zu rekonstruieren. Bei einer Kontrolle auf halber Strecke bat ich um ein Telefonat mit dem Renn-Marschall. Ich hatte Glück, bekam ihn ans Telefon und erklärte ihm das Missverständnis. Er erwiderte, die Angelegenheit werde nach der Ankunft untersucht werden. Ich konterte, ich könne unmöglich das Rennen mit dem Makel, als Dieb zu gelten, beenden. Ich war aufbrausender als sonst, da ich todmüde war. Ich brüllte ins Telefon, drohte ihm und ... er legte auf.

Ich setzte meinen Weg nach Fairbanks fort, war stolz auf die Leistung meiner nordischen Hunde, aber immer noch wutentbrannt. Ich fuhr nicht über die Ziellinie, sondern brachte meinen Schlitten zwei Meter davor zum Halten. Ich forderte, dass man die Strafe aufhebe, und verlangte eine Entschuldigung.

Der Renn-Marschall weigerte sich: »Das Reglement schreibt Regeln vor, die eingehalten werden müssen. In diesem Fall muss, sofern der Strafe widersprochen wird, das übliche Verfahren eingeleitet werden. Nachdem die Ankunft des Konkurrenten registriert ist, muss der Einspruch auf dem offiziellen Formular schriftlich niedergelegt werden.«

Die Schiedsrichter wurden ungeduldig. Es war vier Uhr morgens, auch sie hatten seit Wochen wenig geschlafen. Sie ermahnten mich ein letztes Mal, über die Ziellinie zu fahren. Ich erwiderte ironisch, dass das Reglement nicht untersage, zwei Meter vor der Ziellinie eine Pause einzulegen, und genau das würde ich tun.

Sie berieten sich. Zehn Minuten später tauchte der Renn-Marschall wieder auf. Ein zufriedenes Lächeln umspielte seine Mundwinkel.

»Du kannst über die Ziellinie fahren, wann du willst, denn es ist nicht mehr unsere Angelegenheit.«

Am nächsten Morgen erfuhr ich, dass er mich disqualifiziert hatte.

Ein Jahr später traf ich diesen Renn-Marschall an der Bar eines Restaurants in Whitehorse wieder. Wir haben uns ausgesprochen, uns im Nachhinein darüber amüsiert, wie wir ausgerastet sind. Ich spendierte ihm ein Bier, und er revanchierte sich. 2002 trafen wir uns erneut beim Start des Quest 300.

»Schau an, da ist der Beuteldieb«, scherzte er.

Die Ironie der Geschichte: Auch Trevor befand sich, wenn auch zerknirscht, am Start zu diesem Rennen.

Es wurde mein schönster Wettlauf. Beim Quest 300, der ein paar Stunden nach dem Start des »großen« Quest begann, an dem ich erst im Jahr darauf teilnehmen wollte – 2002 waren meine Hunde noch zu jung dafür –, waren wir dreizehn Teilnehmer.

Mein Gespann, leichter als mein vorheriges, war noch schneller. Bald konnte ich mich mit den Besten messen. Ich hatte außerdem dieses Mal mit Cheap eine außergewöhnliche Leithündin. Sie sorgte die ganze Zeit für Schwung und stachelte das übrige Gespann an, ein schnelles Tempo beizubehalten. Hinzu kam, dass sie sehr sicher war. Während meiner »Weißen Odyssee« – der Durchquerung Kanadas von Westen nach Osten, von einem Ozean zum anderen – ist sie auf einer Strecke von 8000 Kilometern mit allen möglichen Situationen konfrontiert worden. Sie war acht Jahre alt, konnte also noch ein bis zwei Jahre Höchstleistungen bringen.

Beim Quest 300 starteten wir wie der Blitz. Fünfzig Kilometer lang liefen die Hunde durchgehend im Galopp, im

Durchschnitt ungefähr zwanzig Kilometer pro Stunde. Dann ging es im Trab weiter, flott und anhaltend, was mir ermöglichte, die erste Etappe mit über 160 Kilometern in einem Rutsch zurückzulegen. Dank dieses raschen Tempos kam ich noch vor einigen Gespannen des großen Quest, die auf der Hälfte der Etappe eine Pause eingelegt hatten, am Kontrollpunkt an.

Ich verließ den Ort sieben Stunden später, war bereits auf Platz 6. In jenem Jahr verlief die Rennstrecke von Fairbanks nach Whitehorse. Statt eines fürchterlichen Anstiegs zum berühmten Eagle Summit mussten wir also dessen verdammtes Gefälle meistern. Der Zustand der Piste war mäßig, man kam nicht gut voran. Der Schnee fehlte, und Gestein kam zum Vorschein. Hinter den dreißig Gespannen des Yukon Quest quälten sich die *Musher* des Quest 300, denn die vorausfahrenden dreißig Schlitten mit über 400 Hunden hatten die Steine noch weiter freigelegt. Wir kämpften uns auf den Kieselsteinen vorwärts, vor allem bei den Abstiegen, wo die Bremsen der Schlitten noch den letzten Rest Schnee weggeschoben hatten.

Die Schäden waren groß. Seit der ersten Etappe hatten sich mehrere *Musher* abgemeldet, entweder wegen eines kaputten Schlittens oder wegen einer Verletzung der Hunde oder des *Mushers* selbst.

Frank, der Rekordfahrer des Rennens, zählte ebenfalls dazu. Sein Leithund hatte sich beim ersten *Run* verletzt, und er glaubte nicht auf ihn verzichten zu können. Er hatte nur zwei Leithunde, und der Ersatzhund war nach seiner Einschätzung nicht in der Lage, das Gespann über zehn Tage lang vierzehn Stunden am Tag anzuführen. Da er sich bestens vorbereitet hatte und voller Ehrgeiz war, war Frank tief enttäuscht.

Als ich gegen drei Uhr morgens oben auf dem Eagle Summit anlangte, gefror mir beim Anblick dessen, was sich mir im Strahl meiner Stirnlampe bot, das Blut in den Adern. Der Hang bestand auf den ersten fünfzig Metern aus glattem Fels. Danach sah man die Spuren, die die Schlitten im Schnee gezogen hatten, bis sie die Hunde eingeholt hatten, die kopfüber gestürzt waren und hie und da große Löcher im Schnee hinterlassen hatten. In einer Schneemulde entdeckte ich einen *Musher* und seine Hunde, die ineinander verwickelt waren. Der Schlitten war umgekippt und alle möglichen Dinge über den Steilhang verstreut.

Ich zögerte nicht. Ohne Hoffnung, einen Ausweg zu finden, blieb mir nichts anderes übrig, als mich in den glatten Steilhang zu stürzen. Komme, was da wolle.

»Los, Cheap!«

Tapfer wagte sie sich in den Steilhang, und hinter ihr folgte das gesamte Gespann. Ich bremste auf den Kieselsteinen, so gut ich konnte, und versuchte, die Hunde anzuhalten, vorsichtig weiterzulaufen und nicht in Panik zu geraten. Dann befahl ich ihnen, nach rechts in Richtung Schnee zu laufen, wo ich den Schlitten auf die Kante drehen, abbremsen und verhindern konnte, dass er gegen die Hunde prallte. Cheap führte das Gespann weiter in den Neuschnee und nahm eine schwierige Kurve in Schräglage. Wir haben unsere Sache gut gemacht. Bei aller Bescheidenheit: Wir waren nicht weit von der absoluten Perfektion entfernt. Wenn ich das herausforderndste der vielen steilen Gefälle nennen müsste, die wir schon gemeistert haben, wäre es dieser Steilhang.

»Bravo, meine Hunde. Bravo, Cheap!«

Wir waren stolz auf uns. Kein einziger Hund hatte sich verheddert, keiner war abgerutscht, und wir befanden uns bereits am Fuß dieses verdammten Abhangs. Ich zeigte Cheap die Piste, auf die sie zustrebte, indem sie sich kräftig nach rechts ins Zeug legte.

»Und hopp! Vorwärts!«

Als ich am nächsten Kontrollpunkt eintraf, konnte ich die Schäden abschätzen, die der Eagle Summit mal wieder zu verantworten hatte: Vier weitere *Musher* hatten aufgegeben.

Ich musterte keinen Hund aus, und als einziger *Musher* hatte ich am Ende des Rennens noch dieselbe Anzahl von Hunden wie beim Start.

Die folgende Etappe des Quest 300 bleibt einer meiner Lieblingsabschnitte. Eine lange Strecke, die sich einen Fluss entlangwindet, voller Schleifen, was für die Gespanne die doppelte Kilometerzahl bedeutete.

In dieser Phase des Rennens hatte ich einen großen Teil der Teilnehmer des großen Quest eingeholt, zumindest die acht *Musher*, die zum Hauptfeld gehörten. Die Champions lagen natürlich weiterhin vorn.

Ich hatte also zur zweiten Gruppe aufgeschlossen, wo die zeitlichen Abstände der Gespanne untereinander kurz waren. Es war eine helle Nacht, und am Himmel stand ein schöner Vollmond, dessen milchweiße Farbe sich im Schnee spiegelte, sodass ich sogar ohne Stirnlampe sehen konnte. Die Temperatur, minus 35 Grad, war ideal. Ideal für die Menschen, die gut ausgerüstet und aktiv sind und die Kälte ertragen, aber auch für die Hunde, die diese relative Kälte mögen und dann ihr Bestes geben. Wir glitten in der Stille dahin wie eine geschmeidige Schlange, die sich ohne sichtbare Mühe auf diesem Band aus Eis und Schnee, das sich zum Wald hin öffnet, entlangwindet. Als ich von hinten kam, sah ich die acht Gespanne vor mir. Die ersten waren in dem Kältedunst nur verschwommen erkennbar. Es herrschte absolute Stille, ein Gefühl des Friedens. Lediglich ein leichtes Klirren der Karabinerhaken in den Stahlringen war zu hören. Die Schlitten flitzten geräuschlos auf der schneebedeckten Piste dahin. Wir bewunderten die Nordlichter, die am Himmel pittoreske grüne, blaue und malvenfarbene Tücher ausrollten. Meine Hunde liefen mit gespannten, wohlgeordneten Leinen, schön in einer Reihe. An ihren Schritten, an der Art, wie sie das Tempo beschleunigten, erkannte man, dass sie dieses Rennen mochten. Ich bedauerte nur eines: dass ich sie etwas unterschätzt und sie lediglich zu diesem kleinen Quest angemeldet hatte, obwohl sie bereits durchaus in der Lage gewesen wären, beim großen anzutreten.

Wir hatten gemeinsam mit den anderen Gespannen in einer der kleinen Buchten dieses Flusses, der viele Halbschleifen und stehendes Wasser aufweist, ein Lager aufgeschlagen. Nach vierstündiger Ruhepause war ich allein weitergefahren, ließ die Gruppe zurück, die sich noch etwas mehr Ruhe gönnte, nach dem Motto: »Wer weit kommen will, schone sein Reittier.« Sie hatten noch über tausend Kilometer vor sich, während das Ziel des kleinen Quest weniger als hundert Kilometer entfernt war. Ich belegte bei diesem Rennen den vierten Platz, ohne die Hunde zu sehr zu strapazieren und ohne einen einzigen auszumustern.

Im Jahr darauf (2003) stand ich wieder am Start, diesmal zum »großen« Quest.

In jenem Jahr war der Start in Whitehorse, wo meine Kinder zur Schule gingen. Wir hatten beschlossen, für einige Zeit mit der Familie dort oben zu leben. Jedes Wochenende fuhren wir in die Berge. Montaine, zehn, und Loup, knapp sieben, lenkten jetzt ihre eigenen Schlitten. Côme wuchs im

Leib seiner Mutter heran, deren Schwangerschaft voranschritt, was uns aber nicht davon abhielt, mit den Schlitten zu fahren. Wir brachen also mit vier Schlitten auf. Es war wunderbar. An einigen Sonntagen meldete ich Montaine und Loup zu kleinen Rennen an, die die Stadt für die Kinder organisierte. Wir lebten mit unseren Hunden etwa dreißig Kilometer von Whitehorse entfernt, mitten im Wald, in einer gemieteten Hütte.

Mein Gespann war in Bestform. Seine einzige Schwäche bestand darin, dass es nur über einen echten Leithund verfügte, eine Hündin, aber was für eine! Cheap war in Topform. Dieses Rennen sollte ihre Krönung sein. Unter den vier großen Leithunden, die ich hatte – Otchum, Voulk, Gao und jetzt Cheap –, war sie ohne Zweifel optimal für ein Rennen geeignet, denn sie gab das Tempo vor und feuerte die anderen Hunde ständig an, noch schneller zu laufen.

Ich war gut gerüstet für meine zweite Teilnahme am Yukon Quest. Ich kannte die Strecke. Und auch mehrere Freunde, darunter Frank Turner, waren anwesend. Die Organisatoren und ich waren froh, das Missverständnis, das während meiner ersten Teilnahme entstanden war, ausgeräumt zu haben. Vor allem hatte ich ausgezeichnete Hunde, schnell, ausdauernd und bestens trainiert. Sie besaßen Erfahrung, denn abgesehen von dem »kleinen« Quest hatten sie bereits an einigen schönen Rennen teilgenommen, darunter das Percy de Wolf in der Nähe von Dawson City.

Ich war also zuversichtlich und voller Tatendrang bis zu dem Tag, als die Katastrophe passierte.

Eines Nachts konnte Cheap, die gerade läufig war, unbemerkt entwischen und sich von einem der Hunde des Gespanns bespringen lassen. Meine Freunde kümmerten sich um die Hunde und ihr Training, solange ich mich in der Arktis bei Dreharbeiten zu dem Film *Der letzte Trapper* aufhielt. Statt sofort zu reagieren und Cheap auf der Stelle zum Tierarzt zu bringen, warteten sie, bis sie mich erreichen konnten. Mit der Folge, dass die Behandlung, die sie verspätet erhielt, nur geringe Erfolgschancen hatte.

Ich hatte kein Glück. Ein paar Wochen später bestätigte der Ultraschall, was ich beim Training schon vermutet hatte: Cheap war trächtig. Sie würde folglich nicht am Yukon Quest teilnehmen können. Das war ein Tiefschlag! Alle Opfer, alle Vorbereitung auf ein solches Rennen, alles Training und beträchtliche Ausgaben, vor allem für einen Europäer – umsonst.

Gao war zwar bereits ein guter Leithund, aber eigentlich noch zu jung, er konnte nicht an Cheap heranreichen. Er war noch in der Ausbildung, ohne echte Erfahrung außer der, die er in der Zusammenarbeit mit Cheap erworben hatte. Aber würde er über 1600 Kilometer durchhalten können?

Ich hatte einen ausgezeichneten Start. Die Hunde liefen schnell. Auf der ersten Etappe über 160 Kilometer absolvierten sie einen fehlerfreien Lauf, was mich beruhigte. Ich startete vom ersten Kontrollpunkt als Zehnter von 25 Teilnehmern, hatte meinen Hunden viel Ruhe gegönnt. Dann legten sie zwischen Carmacks und Pelly Crossing eine großartige Etappe hin. Sie galoppierten nicht, sondern flogen regelrecht. Dabei war dieser Streckenabschnitt in jenem Jahr technisch besonders schwierig, körperlich sehr anstrengend, vor allem auf dem Fluss voller Packeis. Ich überholte alle Konkurrenten und befand mich einige Stunden lang an der Spitze des Rennens. Dann überholten mich die vier Champions, darunter Hans Gatt, der Vierfachsieger. Ich erwartete sie neben einer Feuerstelle, hatte die Absicht, ihnen auf den Fersen zu bleiben, was mir auch bis zum Kontrollpunkt gelang. Ich war mir sicher, dass ich es mit diesem Gespann schaffen konnte, mit der Spitzengruppe mitzuhalten. Nicht, um die ersten Plätze anzustreben, die außer meiner Reichweite waren, aber um unter den *top five* zu sein. Man muss ehrgeizig sein, und mit diesen Hunden konnte ich das durchaus.

Als ich in Pelly Crossing an vierter Position hinter den drei großen Champions startete, hatte ich folgendes Ziel: Ich wollte bei der Ankunft in Dawson, auf halber Strecke bis Fairbanks, den fünften Platz ergattern. Dann würde ich auch sehen, ob es mir vielleicht gelänge, noch ein oder zwei Plätze nach oben zu rücken. In Pelly Crossing sagten mir die Tierärzte, dass von allen Konkurrenten mein Gespann dasjenige sei, das am besten in Form sei.

Als wir am Kontrollpunkt aufbrachen, verlief auf den ersten Kilometern alles gut. Dann gelangten wir erneut auf Packeis. Es gab keine Piste mehr, der Wind hatte sie zum größten Teil weggefegt. Wir mussten uns also zwischen den Eisblöcken hindurchschlängeln und dabei die Markierungspfosten beachten, die die Pistenmacher in diesem aufgewühlten Bereich klugerweise ziemlich eng gesteckt hatten. Erneut war der Leithund sehr gefordert.

»*Djee, yap! Djee,* ja! *Yap!*«

Gao fing an, Fehler zu machen. Ich führte ihn mehrere Male zur Piste zurück, ohne laut zu werden. Der Arme, er hatte letzte Nacht eine großartige Leistung auf einer Etappe erbracht, die für einen Leithund sehr stressig war, und hatte jetzt ein starkes Verlangen nach Ruhe. Er wollte gern laufen, aber nicht geradeaus. Er war bereit, sich körperlich anzustrengen, aber auch nicht mehr. Das war eindeutig. Doch ich beharrte, denn ich hatte keine Wahl. Ich hoffte jedoch, dass wir bald zu einer Zone kommen würden, wo die Piste wieder zu erkennen und leichter zu befahren wäre. Aber das war nicht der Fall. Plötzlich trat Gao in den Streik. Er legte sich auf die Seite und weigerte sich weiterzulaufen. Ich versuchte alles, aber ohne Erfolg. Dann bemühte ich mich bei Quebec, Taran und Kurvik. Sie waren voll des guten Willens, aber nicht fähig, das Gespann zu leiten. Alle Hunde hinter diesen »Aushilfschefs« bellten, da wir seit einer Stunde pausierten und sie alle aufbrechen und laufen wollten. Aber niemand wollte geradeaus laufen.

Ich betrachtete meine vierzehn Hunde. Sie waren voller Energie, bereit zu kämpfen und den Schlitten zu ziehen, ohne zu ermüden. Aber jetzt war ich in einem Boot ohne Lotse. Man kann den Yukon Quest nicht ohne einen erfahrenen Leithund schaffen.

Ich dachte an Frank Turner, den ich im Vorjahr überholt hatte. Er hatte aufgeben müssen, weil sich sein Leithund bereits bei der ersten Etappe verletzt hatte.

Ich hatte keine Alternative: Ich musste es ihm nachtun. Schweren Herzens kehrte ich nach Pelly Crossing zurück. Gao, der begriff, dass es zurückging, war bereit, das Gespann zu führen. Ich beglückwünschte ihn herzlich, hielt an und versuchte, in die Gegenrichtung zu steuern. Wie ich erwartet hatte, weigerte er sich. Man durfte ihn nicht für dumm verkaufen.

Ich ließ das Gespann ein letztes Mal umkehren, und wir traten den Rückweg an. Für uns war dieses Rennen gelaufen. Die Geschichte mit Cheap, die im folgenden Jahr zu alt sein würde, um erneut am Quest teilzunehmen, ist nach wie vor eine große Enttäuschung für mich.

19 LETZTE ETAPPE VOR FAIRBANKS CREEK

18. Februar, 10.33 Uhr

Brent Sass hat den Yukon Quest 2015 gewonnen. Er ist mit einem Rückstand von zwei Minuten gegenüber dem Vorjahressieger Allen Moore aufgebrochen, überholte ihn aber bald und traf mit einer Stunde Vorsprung in Fairbanks ein. Ein schöner Sieg, den dieser großartige Champion auf dem Höhepunkt seiner Karriere mehr als verdient hat. Zwischen diesen beiden Champions und mir liegen sechs Konkurrenten, aber nur einer davon ist für mich erreichbar: Mike Ellis, der eine halbe Stunde vor mir liegt. Torsten Kohnert mit fünf Stunden ist nicht mehr einzuholen.

Am Kontrollpunkt Two Rivers gibt es den zusätzlichen Strohballen, den ich bestellt habe. Mit wahrem Vergnügen verteile ich das Stroh unter, über und um die Hunde. Sie versinken darin wie in einem Daunenbett, lediglich ihr Kopf ragt heraus. Sie bekommen noch einem riesigen Napf mit Fisch, Fleisch und Hühnerfett, vermischt mit Kroketten. Nachdem sie massiert und gehätschelt wurden, schlafen sie jetzt mit eingerollten Pfoten wie die Murmeltiere. Sidi erhielt die nötige medizinische Versorgung, damit die Wunde an ihrem Ballen schnell verheilt. Sie wird bald von Fabien in Empfang genommen, da sie an der letzten Etappe nicht teilnehmen wird. Acht Hunde in Hochform genügen durchaus, um den inzwischen ultraleichten, von jeglichem Ballast befreiten Schlitten zu ziehen. Im Übrigen verfahren alle Konkurrenten so, bevor sie diese letzte Etappe in einem Rutsch zu Ende bringen. Auch wenn ich Sidi zutraue, diese letzte Etappe auch noch zu schaffen, gönne ich ihr die Erholung, damit sie sich auskurieren kann.

Gegen fünf Uhr morgens schlafe ich beruhigt ein, da ich weiß, dass mein Start um 10.33 Uhr freigegeben ist, genau acht Stunden nach meiner Ankunft. Ich hatte darum gebeten, mich um 8.30 Uhr zu wecken, damit ich genug Zeit zum Frühstücken habe und mich in aller Ruhe vorbereiten kann. Ich habe ohnehin keinen tiefen Schlaf. Ich bin aufgeregt, gehe in Gedanken nochmals alle Einzelheiten dieses letzten *Runs* durch, worauf ich achten muss, damit er so gut wie möglich gelingt. Ich plane, wann ich Snacks verteile, überlege mir, an welchem Platz an der Leine die Hunde ihre optimale Leistung bringen können: ein Gespann mit Olga und Miwook an der Spitze, Burka und Unik in der zweiten Reihe, dann Yuma und Kazan und schließlich das einmalige Paar Wolf und Dark. Was für ein tolles Team!

Gegen 8.15 Uhr stehe ich auf und fange nach einem ordentlichen Frühstück an, mich in aller Ruhe vorzubereiten. Ich bitte einen Tierarzt, die erforderlichen Formalitäten für die Ausmusterung von Sidi durchzuführen. Sobald das Dokument unterschrieben ist, hat Fabien das Recht, sie zu übernehmen.

»Bis bald, meine kleine Sidi … Erhol dich gut.«

Ich möchte, dass bei diesem letzten *Run* alles mustergültig ist. Ich wechsle die Kufen aus, da sie bei der Abfahrt auf dem steinigen Bergkamm schrecklich strapaziert wurden. Sie abzunehmen ist nicht schwierig, denn ich brauche lediglich die Kufe von der Schiene zu ziehen, in der sie rutscht. Doch alles wird kompliziert, als ich versuche, die neue Kufe in die Schiene einzuführen. Da es sich um ein biegsames Material handelt, muss man die Kufe behutsam nach und nach einführen, denn sonst wölbt sie sich. Zwei, drei, vier Mal nehme ich sie wieder heraus und führe sie wieder ein, doch bei jedem neuerlichen Versuch schaffe ich kaum mehr als fünf Zentimeter.

Allmählich gerate ich in Panik. Was ist, wenn ich es nicht schaffe? Dann könnte ich das Rennen nicht fortsetzen. Denn ich darf niemanden bitten, mir zu helfen, sonst werde ich disqualifiziert, keinerlei Hilfe von außen ist erlaubt. Soll ich den Schlitten ins geheizte Zelt mitnehmen, um dort die vereisten Kufen aufzutauen? Ich weiß aber nicht, ob dies erlaubt ist, und das Ganze würde auch zu viel Zeit in Anspruch nehmen. Ich hätte keine Chance mehr, rechtzeitig zu starten, um Mike einzuholen. Was für ein Idiot ich doch bin! Ich hätte die Kufen vor dem Schlafengehen wechseln sollen. Dann hätte ich mehrere Stunden vor mir gehabt, um das Problem zu lösen. Ich bin wütend über mich selbst. Meine lauten Flüche dringen bis zu Pierre. Er steht außerhalb der für die *Musher* reservierten Parkzone und macht sich Sorgen. Ich unternehme noch ein paar Versuche. Nichts zu machen. Ruhig Blut!

Ich überprüfe mein Werkzeug. Ein Leatherman, eine Axt, eine Säge und ein Draht. Dann reinige ich die Schiene gründlich, indem ich mit der Rückseite der Axt auf die Kufe klopfe und das ganze Eis beseitige, dann mit der Spitze meines Leatherman kleinere Eisstücke herauskratze und schließlich in die Zwischenräume puste, um die restlichen feinen Eispartikel zu lösen. Nachdem ich die Schiene gereinigt habe, versuche ich erneut, die Kufe einzuführen. Beim dritten Versuch rastet sie, mit etwas Druck, endlich ein. Das hat mich eine Dreiviertelstunde gekostet. Wenn es mit der zweiten nicht besser klappt, kann ich meinen pünktlichen Start abschreiben. Ich bemühe mich, die Schiene der zweiten Kufe sorgfältig und methodisch freizulegen – und, dem Himmel sei Dank, die Kufe gleitet reibungslos hinein.

Es bleiben mir noch vierzig Minuten, um die Booties überzuziehen, den Schlitten zu beladen und meine Vorbereitungen zu beenden: Snacks, Wasser, Batterien etc. Das ist knapp, sehr knapp. Zum Glück hatte ich vorausgedacht. Jetzt heißt es Ruhe bewahren, also konzentriere ich mich, denn aus Nervosität begeht man Fehler.

Mein Start ist um 10.33 Uhr.

Um 10.25 Uhr habe ich den Hunden die Booties angezogen, und um 10.32 Uhr bin ich fertig, etwas gestresst und außer Atem, aber fertig. Endlich fertig.

Als ich gerade noch mit den Booties beschäftigt war, sah ich, wie Mike aufbrach. Sein Gespann mit den zehn Hunden hatte ein flottes Tempo drauf, und mich überkamen Zweifel. Werden wir ihn wirklich einholen können? Werden seine gut erholten Hunde nach dieser achtstündigen Ruhepause nicht noch mehr an Tempo zulegen? Sie kennen dieses Rennen, das Ende und Fairbanks. Werden sie nicht noch schneller dahinflitzen? Er hat bereits einen Vorsprung von 25 Minuten.

Ich darf nicht an meinen Hunden zweifeln. Die Zeiten, die sie in den letzten Tagen gelaufen sind, sind hervorragend. Zudem gibt es keinen Grund, dass sie mit etwas weniger Ruhepause nicht auch wieder dasselbe Tempo erreichen könnten. Dann aber sind wir superschnell, und Mike wäre greifbar.

Genau um 10.33 Uhr reiße ich den Anker heraus. Meine acht Hunde sind in Topform, sind munter, voller Elan, als ob sie wüssten, dass es der Endspurt ist, die Zielgerade. Meine gute Stimmung überträgt sich auf sie und reißt sie mit, sodass sie ihr Bestes geben. Pierre und Fabien verfolgen meinen Start, ihre Augen leuchten vor Freude. Sie werden kaum damit gerechnet haben, dass wir einen so starken Endspurt hinlegen.

120 Kilometer in einem Rutsch, das ist ein langer *Run*. Bei dem Tempo habe ich Angst, dass sich die Hunde »verbrennen«. Ich muss die Bremse einsetzen, um ihre Geschwindigkeit zu drosseln. Die Piste ist ausgezeichnet, auch wenn ein paar Schrägkurven nicht leicht zu nehmen sind. An einigen Stellen kreuzt die Piste die Straße, an der sich bereits Fotografen und Kameraleute aufgestellt haben, um Fotos zu machen und zu filmen. Darunter sind keine Vertreter französischer Medien. Bei diesem Rennen habe ich alle Angebote abgelehnt. Ich wollte mich auch nicht mit dem Medienrummel belasten. Mir steckten noch die enttäuschenden Erfahrungen mit viel übler Nachrede in den Knochen, die ich hatte erleben müssen. Dabei gestehe ich einigen Medien durchaus ein gewisses Berufsethos zu, aber es gibt eben auch die vielen anderen.

In dieser Hinsicht ist der Yukon Quest nicht mehr zeitgemäß, denn er sucht nicht die Vermarktung durch die Medien. Er akzeptiert sie, behindert sie nicht, aber die Journalisten sollen selbst schauen, wie sie zurechtkommen. Sie nehmen hier nicht den Status ein wie bei den meisten Events, wenn Organisatoren gierig auf schlagkräftige Pressemitteilungen sind, wie es den Interessen der Sponsoren entspricht. Dieses Vorgehen steht in völliger Diskrepanz zu unserer Auffassung von seriösem Journalismus: Journalisten sollen für das Wohl des Rennens arbeiten und Bericht erstatten, sie haben die Chance, ein Abenteuer zu erleben, sollten also einen Journalismus betreiben, der nicht in erster Linie die Profitinteressen des Systems bedient.

Die Journalisten, die den Quest begleiten, genießen keinerlei Sonderbehandlung, sie sind vielmehr Teil einer Gruppe Freiwilliger, *Handler,* Tierärzte und Rennrichter, die den guten Ablauf des Rennens garantieren.

Nachdem ich mit einer halben Stunde Rückstand aufgebrochen bin, stelle ich ein paar Berechnungen an, um herauszufinden, wann ich Mike wohl einholen könnte – vielleicht in zwei oder drei Stunden, wenn unsere Gespanne im gleichen Tempo wie auf der vorherigen Etappe vorwärtskommen.

Die Piste führt an der großen Straße von Whitehorse nach Fairbanks entlang. Viele Fahrzeuge halten an oder fahren langsamer, um vom Auto aus Fotos zu machen und uns anzufeuern. Häufig kennen die Leute meinen Namen, denn der Rundfunk sowie das regionale Fernsehen übertragen das Rennen direkt und geben die Positionen der verschiedenen Teilnehmer durch.

»Los, Franzose!«

»*Well done, Nicolas.*«

Die Hunde drehen den Kopf, als wollten sie danken, und schießen wie die Raketen los, angestachelt von diesen Aufmunterungen, die dem einmaligen *Run* eine feierliche Atmosphäre verleihen. 1500 Kilometer waren wir allein, weit entfernt von allem, in einer anderen Welt. Um mich zu beruhigen, überschlage ich in Gedanken die Risiken, die meine Chancen, es bis zum Ende zu schaffen, noch gefährden könnten. Es sind nicht mehr viele.

Olga, die zusammen mit Miwook das Gespann anführt, läuft in einem wunderbaren Rhythmus. Burka hinter ihr scheint sich sehr wohl zu fühlen. Sie genießt die Piste, befreit von der verantwortungsvollen Aufgabe der Leithündin. Unik, der reine Taktmesser, hebt nur ab und zu den Kopf. Fleißig, pflichtbewusst, mit gespannter Leine wird er bis zum Ende des Rennens keine Schwäche zeigen. Was für ein außergewöhnlicher Hund!

Ich hätte keinen Cent auf Yuma gewettet, diese kleine Hündin mit den schwachen Gelenken. Und doch hat sie sich hier neben Kazan, der seit zwei Jahren ständig Fortschritte macht, tapfer und wacker gehalten.

Und dann wären da Wolf und Dark, die Unzertrennlichen. Der unglaubliche Dark trägt so viel zum Erfolg dieses Teams bei, da er die Hunde mit seiner unerschöpflichen Energie ansteckt. Wolf zeichnet sich durch seine Beständigkeit aus, ist kräftig und immer gut gelaunt. Nie lässt er nach, war schon an allen Fronten und bei den anderen Abenteuern dabei. Wolf beherrscht einen absolut perfekten Lauf, ist mit über 22 Kilometern pro Stunde ungeheuer schnell und ausdauernd.

»Das ist gut, meine kleinen Hunde.«

Seit ein paar Tagen habe ich mich mit meinem GPS ausgesöhnt, das mir Durchschnittsgeschwindigkeiten anzeigt, von denen ich mir nicht hätte träumen lassen, dass ich sie am Ende des Rennens noch erreichen könnte. Wir laufen schnell! Es ist unmöglich, dass wir bei diesem Tempo Mike nicht einholen, es sei denn, er installiert einen Motor an seinem Schlitten. Ich stelle mir die Freude und den Stolz meines Freundes Fabien vor, der die Hunde allein und auch mit mir zusammen trainierte und so viel für dieses Projekt getan hat. In wenigen Stunden wird er hinter der Ziellinie in Fairbanks stehen und zutiefst bewegt sein, umso mehr, als der Beginn des Rennens doch recht katastrophal war. Und ich bin dermaßen glücklich, dass Pierre, dieser unerschütterliche Reisegefährte, an unserer Seite ist, um zu feiern.

Ich weiß nicht, was in den Köpfen meiner Hunde vorgeht, obwohl … ich könnte schwören, sie wissen und spüren, dass wir ankommen werden. Nach dieser »langen« Nacht von drei Stunden bin ich nicht müde oder besser gesagt nicht mehr. Ich bin viel zu glücklich und ziemlich stolz bei der Vorstellung, auf dem zehnten oder vielleicht sogar neunten Platz abzuschließen.

Wir sind bereits seit zwei Stunden unterwegs, kommen in flottem Tempo voran, als ich Mike erblicke. Ich kann es nicht fassen, dass ich ihn so schnell eingeholt habe. Er bringt sein Gespann zum Stehen und blickt mir entgegen.

»Ich wusste, dass ich es abwarten kann, bis du auftauchst, dachte aber nicht, dass es so schnell sein würde.«

Ich betrachte sein Gespann aus der Nähe. Es ist sehr homogen, die Hunde mit dem goldfarbenen Fell, einfach großartig. Ich sage es ihm, und er bedankt sich.

»Ich werde versuchen, mich etwas an deine Fersen zu heften, dadurch gewinne ich ein paar Kilometer.«

»Natürlich. Möchtest du eine Pause einlegen oder gleich wieder starten?«

»Gleich.«

»Okay.«

Die Hunde beschleunigen häufig und erhöhen ein wenig das Tempo, wenn sie hinter einem anderen Schlitten laufen können, wie ein Radrennfahrer, der im Windschatten des Vordermanns fährt. Genau das versuchen wir, Mike schließt dicht hinter mir auf. Da meine Hunde viel zu schnell weiterlaufen, als dass seine folgen könnten, bremse ich, damit Mike nachkommt. Dann lockere ich den Druck auf die Bremse behutsam, um allmählich zu beschleunigen. Schnell fallen seine Hunde wieder zurück. Ich drossle erneut das Tempo, aber vergeblich. Wir sind einfach zu schnell. Mike gibt mir ein Zeichen, wirkt etwas enttäuscht. Er zeigt mir an, dass er die Vorstellung aufgegeben hat, ein Stück der Strecke mit mir gemeinsam zurückzulegen. Ein paar Minuten später sind wir bereits weit vor ihm.

Wir sind Neunte, ich juble.

Wie hätte ich es aufgenommen, wenn man mir in Pelly Crossing oder sogar in Dawson diesen Platz vorhergesagt hätte? Ich fange an zu bedauern, dass das Rennen nicht 3000 Kilometer lang ist. Welchen Platz hätten wir dann erreichen können?

Es bleiben achtzig Kilometer reines Vergnügen. Ein schöner Schlitten mit einem munteren Gespann in Hochform. Doch man darf nicht nachlassen. Lance Mackey, ein großer Champion, wenn nicht gar der größte, hat sich hier verfahren, obwohl er mit fünf Stunden Vorsprung führte. Aber er war einen Augenblick unaufmerksam, übersah einen Markierungspfosten und verirrte sich auf eine falsche Piste. Um ein Haar hätte ihn der Zweite, ohne es zu wissen, eingeholt und überholt, – er hat ihn nicht einmal gesehen –, denn Lance brauchte über drei Stunden, bis er die Piste wiederfand.

Also immer wachsam sein!

20 ANKUNFT IN FAIRBANKS

18. Februar, 18.44 Uhr

Je mehr wir uns Fairbanks nähern, desto zahlreicher werden die Pisten, die in alle Richtungen abzweigen, was besondere Konzentration erfordert. Ich kann mich nicht auf die Hunde verlassen, die instinktiv der Piste folgen, die andere Gespanne vor ihnen genommen haben. Dieser Landstrich hier gehört zu den Gebieten, in denen man weltweit die meisten Schlittenhunde findet. Hier haben sich nämlich die meisten Profi-*Musher,* die an Langstreckenrennen teilnehmen, niedergelassen. In dieser Gegend kreuzen sich die beiden Routen des Yukon Quest und des Iditarod. Es ist daher ein ideales Gelände für Trainingszwecke, da den *Mushern* jede Menge Pisten zur Verfügung stehen. Hier möchte ich den Winter 2016/17 verbringen, um mich auf das Iditarod vorzubereiten. Ich kann hier die Hilfe einiger befreundeter *Musher* in Anspruch nehmen, die dieses Rennen von Grund auf kennen. Ich weiß fast nichts darüber. Dafür bin ich umso motivierter. Ich entdecke gern neue Pisten, unbekannte Landstriche, und die, über die dieses Rennen führt, sind großartig. Da es beim Iditarod mehr Kontrollpunkte gibt, wird das Rennen als leichter eingestuft als der Yukon Quest.

Das Niveau des Teilnehmerfelds ist allerdings sehr hoch. Die weltbesten *Musher* nehmen am Iditarod teil. Jedes Jahr sind es ungefähr hundert. Bei der ersten Teilnahme unter den *top ten* zu sein ist eine hervorragende Leistung, die nur wenigen *Mushern* bislang gelungen ist. Und genau das ist mein Ziel, denn meine Hunde können es mit den besten aufnehmen. Sie beweisen es gerade.

Das Iditarod ist eine Huldigung an eine Heldentat, die 1925 zwanzig Hundegespanne vollbrachten. Damals wütete in Nome, Alaska, eine Diphtherieepidemie. Der Schneesturm und die extrem niedrigen Temperaturen vereitelten jeglichen Transport von Medikamenten mit dem Flugzeug oder dem Schiff. Es waren die Lenker der Gespanne, die das heilende »Serum« von Anchorage nach Nome brachten und somit Heilung für die Kranken ermöglichten. Gunnar Kaasen war der *Musher* des Gespanns, das das Serum auf der letzten Teilstrecke nach Nome brachte. Sein Leithund hieß Balto und wurde später berühmt durch einen Comic mit seinem Namen.

Balto und sein Herr haben Togo, dem Leithund des überragenden *Mushers* Leonhard Seppala, die Schau gestohlen. Togo hat dem Sturm und der extremen Kälte getrotzt und die längste und gefährlichste Strecke zurückgelegt, einschließlich der gefürchteten Meeresbucht von Norton-Sund. Auch wenn jeder der *Musher*, die auf der Strecke von Anchorage nach Nome einander das Serum weitergaben, bei dieser unglaublichen Odyssee eine große Rolle gespielt hat, ist das, was Seppala und sein Hund Togo leisteten, einfach übermenschlich.

Als sie die vom Sturm gepeitschte Meeresbucht überquerten, waren die Bedingungen infernalisch. Das Eis wurde rissig, und überall drohte das Gespann an eisfreien Stellen vom Wasser verschlungen zu werden. Gebeutelt von Windböen mit einer Stärke von über hundert Kilometern pro Stunde,

konnte Seppala den Schlitten nur mit größter Mühe aufrecht halten.

Übrigens brach ein paar Stunden nach seiner Überquerung das Eis in der gesamten Bucht auf. Wie eine große
Glasplatte, die in tausend Teile zersplittert, schoben sich die
Eisschollen auseinander, stießen in dem aufgewühlten Meer
gegeneinander. Seppala kannte das Risiko, doch er bot der
drohenden Gefahr die Stirn. Er wusste, dass jede Stunde, die
das Serum, verschnürt auf seinem Schlitten, zu spät in Nome
ankäme, für die Kranken, darunter mehrere Kinder, Lebens-
gefahr bedeutete. Gunnar Kaasen, der die Kiste übernahm,
musste bis Nome nur noch 120 Kilometer auf einer guten
Piste zurücklegen. Und dafür wurde er dann gefeiert. Bereits
damals galt also der äußere Schein mehr als die Wahrheit,
und so wurde er in Nome als Retter fotografiert. Seppala und
seine Hunde erholten sich derweilen in einer einsamen
Hütte in Alaska von den Strapazen ihrer Tour. Erst viel später wurde Seppala die Ehre zuteil, die er verdiente und die
ihn lebenslang erfreute.

Das Iditarod, das berühmteste Sportereignis in Alaska,
würdigt jedes Jahr erneut diese schöne Geschichte prakti-
zierter Solidarität, bei der die Hunde eine große Rolle gespielt haben.

Auf unserer letzten Strecke begegnen wir nun einigen dieser Gespanne, die für das Iditarod trainieren. Sie fahren auf
unzähligen Pisten, die ein regelrechtes Spinnennetz bilden,
mit und ohne Touristen hin und her. Zum Glück haben die
Pistenmacher unsere Strecke gut markiert. Ich muss lediglich sehr wachsam bleiben.

Plötzlich entdecke ich auf unserer Route die Silhouette
eines zotteligen Bären, den ich sofort erkenne.

»Sebastian!«

Sebastian Schnuelle, der große Champion, erwartet mich mitten auf der Piste mit einem Glas Wein und zwei Croissants. Ich bringe meine Hunde zum Halten, und wir fallen uns in die Arme

»Well done, Nicolas! Well done!«

Sebastian ist in der Welt des *mushing* eine Persönlichkeit – in jeder Hinsicht. Immer fröhlich, originell und ausgeflippt, nicht auf den Kopf gefallen und gut auf den Beinen, hat Sebastian den Höhepunkt erreicht, nachdem er 2009 den Yukon Quest gewann – wie berichtet, knappe vier Minuten vor Hugh Neff. Ein paar Wochen später kam er beim Iditarod als Zweiter ins Ziel, hinter dem großartigen Lance Mackey. Ich habe bei ihm trainiert, wohnte in einer kleinen Hütte, fünfzig Kilometer von Whitehorse entfernt, in einem Camp, das es inzwischen nicht mehr gibt. Ich habe ihn mehrere Male um Tipps gebeten, die er mir großzügig gab, wie vor ihm Frank Turner. Derartige Persönlichkeiten versöhnen einen mit der Welt des *mushing,* während in Frankreich Uneinigkeit herrscht (mehrere konkurrierende Verbände), Feindseligkeit und Neid. Eine Ausnahme bilden einige *Musher,* die zum Glück das sehr niedrige Niveau heben, auf dem sich mehrere Gruppen bewegen, die nichts Besseres zu tun haben, als den anderen Knüppel zwischen die Beine zu werfen.

»Du hast noch 62 Kilometer vor dir, mein Freund! Gute Fahrt!«

Dieser Zwischenstopp hat mir wirklich Spaß gemacht. Ich kann mir vorstellen, in welchem Zustand sich Sebastian befand, als er 2009 an der Spitze des Feldes hier vorbeikam: zugleich in Euphorie und in Stress. Ein tödlicher Cocktail! Euphorisch bei der Vorstellung, vielleicht einen völlig unwahrscheinlichen Sieg davonzutragen, und gestresst von der Vorstellung, von dem gefürchteten Hugh Neff eingeholt zu werden, der lediglich 35 Minuten nach ihm aufgebrochen war. In jenem Jahr betrug die zu bewältigende Entfernung zwischen Two Rivers und Fairbanks nur 65 Kilometer, und zwar über eine direktere Strecke – heute sind es 120. Hugh, der schneller war, hatte gegenüber Sebastian 31 Minuten aufgeholt! Nur noch wenige Kilometer, und Hugh hätte Sebastian überholt. Dieser war sich dessen sehr wohl bewusst und verrenkte sich auf den letzten zwanzig Kilometern den Hals, um nach hinten Ausschau nach Hugh zu halten. Erst als er das Transparent mit der Aufschrift *finish* erblickte, entspannte er sich und genoss die letzten 500 Meter, die großartigsten seiner langen Abenteuerfahrt mit seinen Hunden.

Nach Meinung aller Zuschauer war er der glücklichste Sieger in der Geschichte des Quest.

Ich bin nicht der Sieger dieses Rennens von 2015, weit gefehlt, aber ich bin glücklich. Meine Hunde wissen es und teilen dieses Gefühl mit mir.

In der Schleife eines pittoresken kleinen Flusses, dessen zugefrorenem Bett wir folgen, im strahlenden Sonnenschein und im Schutz des Windes und großer Kiefern bewillige ich uns eine zehnminütige Erholungspause. In meiner Kühlbox habe ich für die Hunde einen dünnflüssigen Brei aus Hackfleisch und Kroketten aufbewahrt. Sie sind verrückt danach. Ich nutze die Pause, um ein paar Booties zu wechseln, andere wieder anzupassen, meine kleinen Wölfe zu streicheln und mich ein paar Minuten zwischen Miwook und Olga in der Sonne auszustrecken. Burka, ganz nah bei mir, bettet den Kopf auf meinen Schenkel und schnurrt wie eine Katze.

Gern würde ich hier ein paar Stunden schlafen, darauf warten, dass die Sonne untergeht, und bei Nacht meinen Weg fortsetzen, aber wir sind im Rennen, und Mike liegt wohl kaum mehr als vierzig Kilometer zurück. Einige Hunde haben sich auf dem Boden ausgestreckt, aber Unik, natürlich auch Dark sowie Kazan und Wolf bleiben stehen, als ob sie beweisen wollten, wie gut sie in Form sind. Ich finde sie umwerfend.

Der Fluss Chena schlängelt sich in endlosen breiten Schleifen dahin, aber es genügt jetzt, sich seinem Lauf auf dem zugefrorenen Flussbett anzupassen, um bis nach Fairbanks zu gelangen. Obwohl der Tag sich seinem Ende zuneigt, schlagen die Hunde weiterhin ein zügiges Tempo an. Von Zeit zu Zeit fahren wir an einigen Häusern vorbei, die entlang des Ufers errichtet wurden. Häufig kommen die Bewohner, die das Rennen mittels GPS-Chips verfolgen, aus den Häusern und rufen: »Bravo! Bravo!«

Sowohl die *Musher* als auch die Hunde mögen es sehr, auf diese Weise aufgemuntert zu werden. Da ich nicht mehr Angst haben muss, mich zu verirren, beginne ich, mich völlig zu entspannen. Ich koste das riesige Glücksgefühl aus, das mich erfüllt und immer größer wird. Ich teile dies den Hunden mit, die meinem seligen Redeschwall ebenso selig lauschen.

Nur noch zwanzig Kilometer.

»Meine kleinen Hunde ... wir sind da.«

In der Ferne erblicken wir einige Rauchsäulen, die über der Stadt aufsteigen, während die Häuser, die an den Ufern immer zahlreicher werden, jetzt ein Ehrenspalier am zugefrorenen Fluss bilden. Überall warten Familien und Gruppen von Freunden am Rand der Piste, um uns zu beglückwünschen. Einige haben ein Feuer angezündet und vertreiben sich die Zeit, indem sie grillen oder Bier trinken. Im Vorbeiflitzen bietet man mir Würstchen an, aber ich möchte meine nächste Mahlzeit mit Pierre und Fabien zusammen auf der Party genießen.

Dieser Empfang am Rand der Piste ist bewegend. Viele Kinder kamen mit ihren Eltern oder Lehrern hierher ans Flussufer, um die Ankunft der verschiedenen Gespanne mitzuerleben. Vielleicht ist dieses Erlebnis für einige so beeindruckend, dass sie später ebenfalls mal Leiter eines Hundegespanns werden wollen.

Noch gute zehn Kilometer.

Ich kenne diese Augenblicke der Fülle, vermischt mit einem Hauch von Nostalgie. Wie viele Ankünfte habe ich in den letzten dreißig Jahren erlebt, wie viele Abenteuer, von denen ich lange geträumt hatte und die sich dann fast zu plötzlich erfüllten. Es gelingt kaum, den lang ersehnten Augenblick richtig auszukosten, so intensiv und so lange, wie man es möchte.

Es ist achtzehn Uhr. Die Bewohner Quebecs nennen diese Zeit »Abenddämmerung«, diese Zeit zwischen Tag und Nacht... Wir gleiten nahezu lautlos dahin, während aus der Ferne bereits die Geräusche der Stadt zu mir dringen, manchmal sogar Polizeisirenen, Lärm, der immer stärker wird. Am Himmel zeigen sich die Sterne, und in der Stadt gehen die Lichter an.

Da ist sie in der Ferne, in Lichter getaucht und von Menschen umsäumt: die *finish line*.

»Ohooooo, meine Hunde!«

Gleich werden wir nicht mehr allein sein. Ich möchte aber keine Zeugen, denn sicherlich wirke ich etwas lächerlich, wenn ich mit Tränen in den Augen meine Hunde umarme, einen nach dem anderen, um ihnen zu danken und zu sagen, wie sehr ich sie liebe.

Dann packen wir es an. Es sind nur noch 500 Meter zu bewältigen. Die Menschen, mit denen ich während dieses Rennens in engem Kontakt stand, Tierärzte, Schiedsrichter und Offizielle, sind versammelt und klatschen kräftig. Auf der Brücke drängen sich die Zuschauer. Sie pfeifen und brüllen. Fabien und Pierre erwarten mich schweigend, Tränen in den Augen.

Ich fahre durchs Ziel und stoppe die Hunde. Eine Welle von Dankbarkeit für meine Hunde durchströmt mich. Und natürlich auch das große Glücksgefühl, nach 1600 Kilometern unter den *top ten* des Yukon Quest zu sein.

ANHANG

Ergebnis des Yukon Quest 2015

Platzierung	*Musher*	Start-Nummer	Datum und Ankunftszeit	Hunde im Ziel
1	Brent Sass	2	16. Februar, 22:52	12
2	Allen Moore	1	17. Februar, 0:06	11
3	Ed Hopkins	20	17. Februar, 20:02	8
4	Damon Alexander Tedford	7	18. Februar, 1:32	12
5	Hugh Neff	26	18. Februar, 3:11	7
6	Normand Casavant	3	18. Februar, 7:25	8
7	Jason Campeau	24	18. Februar, 13:43	9
8	Torsten Kohnert	14	18. Februar, 15:42	11

Platzierung	*Musher*	Start-Nummer	Datum und Ankunftszeit	Hunde im Ziel
9	Nicolas Vanier	5	18. Februar, 18:44	8
10	Mike Ellis	22	18. Februar, 19:40	10
11	Dave Dalton	11	18. Februar, 23:43	10
12	Brian Wilmshurst	17	19. Februar, 2:24	11
13	Ryne Olson	16	19. Februar, 12:56	9
14	Lance Mackey	8	19. Februar, 17:23	9
15	Kristin Knight Pace	12	19. Februar, 21:33	12
16	Rob Cooke	21	20. Februar, 11:13	10
17	Scott Smith	15	aufgegeben in Carmacks	
18	Tony Angelo	10	aufgegeben in Carmacks	
19	Tamra Reynolds	6	aufgegeben in Carmacks	
20	Jeff King	9	aufgegeben in Pelly Crossing	
21	Matt Hall	25	aufgegeben in Pelly Crossing	
22	Rolland Trowbridge	13	aufgegeben in Pelly Crossing	

Platzierung	Musher	Start-Nummer	Datum und Ankunftszeit	Hunde im Ziel
23	Ray Redington Jr.	19	aufgegeben in Dawson	
24	Magnus Feren Kaltenborn	23	aufgegeben in Dawson	
25	Joar Leifseth Ulsom	18	aufgegeben in Eagle	
26	Cody Strathe	4	aufgegeben in Eagle	

Liste der im Buch erwähnten wichtigsten *Musher*

Susan Butcher (1954 – 2006): Diese Amerikanerin hat als zweite Frau das Iditarod gewonnen. Das erste Mal 1986 und in den drei nachfolgenden Jahren. Insgesamt nahm sie siebenmal an diesem Rennen teil.

Jason Campeau*[2]: 40, Kanadier, lebt in Rocky Mountain House, Kanada. Er nahm zweimal am Yukon Quest teil (2014 und 2015).

Normand Casavant*: 51, Kanadier, lebt in Whitehorse, Kanada. Seit 2009 nahm er viermal am Yukon Quest teil und landete dreimal unter den *top ten*.

Dave Dalton*: 57, Amerikaner, lebt in Healy, Alaska. Er hat seit 1988 24-mal am Yukon Quest teilgenommen, landete neunmal unter den *top ten,* 2008 sogar in dritter Position.

Mike Ellis*: 44, Amerikaner, lebt in Fairbanks, Alaska. Seit 2008 nahm er sechsmal am Yukon Quest teil, landete einmal unter den *top ten*.

Hans Gatt: 55, Österreicher, lebt in Whitehorse, Kanada. Er hat achtmal am Yukon Quest teilgenommen, landete

---

2 Die mit einem * versehenen Namen sind die *Musher*, die am Yukon Quest 2015 teilgenommen haben.

sechsmal unter den *top ten,* wobei er viermal das Rennen gewann.

Matt Hall*: 23, Amerikaner, lebt in Eagle, Alaska. 2014 nahm er als jüngster Teilnehmer zum ersten Mal am Yukon Quest teil und belegte den dritten Platz.

Jeff King*: 59, Amerikaner, lebt in Denali Park, Alaska. Seit 1984 hat er siebenmal am Yukon Quest teilgenommen, endete sechsmal unter den *top five.* 1989 ging er als Erster ins Ziel. Er hat viermal das Iditarod gewonnen und gelangte viele Male unter die *top five.*

William Kleedehn: 55, Deutscher, lebt in Carcross im Yukon-Territorium. Er war beeindruckend oft unter den *top five.* 2003 und 2005 ging er jeweils als Zweiter durchs Ziel.

Kristin Knight Pace*: 31, Amerikanerin, lebt in Denali Park, Alaska. 2015 nahm sie zum ersten Mal am Yukon Quest teil.

Bruce Lee: 1998 Sieger des Yukon Quest.

Lance Mackey*: 44, Amerikaner, lebt in Fairbanks, Alaska. Er hat seit 2005 siebenmal am Yukon Quest teilgenommen. Von 2005 bis 2008 ging er jeweils als Sieger durchs Ziel, 2010 war er Zweiter und 2012 Dritter. 2007 war Mackey der erste *Musher,* der sowohl den Yukon Quest als auch das Iditarod gewann, was ihm im Jahr darauf erneut gelang.

Allen Moore*: 57, Amerikaner, lebt in Two Rivers, Alaska. Er hat viermal am Yukon Quest teilgenommen, 2013 und 2014 errang er den Sieg. 2014 nahm er am Iditarod teil und belegte den 27. Platz.

Hugh Neff*: 47, Amerikaner, lebt in Tok, Alaska. Seit 2000 hat er vierzehnmal am Yukon Quest teilgenommen, stand sechsmal auf dem Podest, 2012 als Sieger.

Ryne Olson*: 25, Amerikanerin, lebt in Two Rivers, Alaska. 2014 nahm sie zum ersten Mal am Yukon Quest teil, im selben Jahr auch noch am Yukon Quest 300, bei dem sie unter den *top five* war.

Ray Redington Jr.*: 39, Amerikaner, lebt in Knik, Alaska. 2014 nahm er das erste Mal am Yukon Quest teil. 2013 und 2014 nahm er außerdem am Iditarod teil und landete unter den *top ten*.

Brent Sass*: 35, Amerikaner, lebt in Eureka, Alaska. Seit 2007 hat er achtmal am Yukon Quest teilgenommen, landete siebenmal unter den *top ten*.

Sebastian Schnuelle: 45, Kanadier deutscher Herkunft, lebt in Whitehorse, Kanada. 2009 ging er beim Yukon Quest als Sieger durchs Ziel.

Dallas Seavey: 28, Amerikaner, lebt in Willow, USA. 2012 war er mit 25 der jüngste *Musher*, der das Iditarod gewann. Er wiederholte seinen Sieg 2014 und 2015. Außerdem gewann er 2011 den Yukon Quest.

Frank Turner: 67, Kanadier, lebt in Whitehorse, Kanada. Zwischen 1984 und 2008 nahm er 24-mal am Yukon Quest teil, landete siebenmal unter den *top five,* 1995 sogar auf dem ersten Platz.

Brian Wilmshurst*: 32, Kanadier, lebt in Dawson City, Kanada. Seit 2012 hat er dreimal am Yukon Quest teilgenommen, belegte 2014 den zehnten Platz.

Glossar

Check-in: Registrierungsverfahren für den Teilnehmer bei der Ankunft am Kontrollpunkt.

Check-out: Registrierungsverfahren für den Teilnehmer beim Aufbruch vom Kontrollpunkt.

Checkpoint: Ort, an dem der *Musher* die Beutel in Empfang nimmt, die alles enthalten, was er benötigt: Lebensmittel, Werkzeug etc. Diese Beutel werden im Voraus vorbereitet und von der Rennorganisation zu den verschiedenen Kontrollpunkten transportiert. An den Kontrollpunkten, von denen es auf dem Yukon Quest neun gibt, kann der *Musher* essen, sich ausruhen und von seinem *Handler* die erforderlichen Informationen über den weiteren Verlauf des Rennens erhalten. Die Hunde werden systematisch vom Tierärzteteam untersucht.

Cooker: Großer Blechnapf, der auf einen Eisenrost gestellt und von einem mit Methanol gespeisten Kaffeekocher erhitzt wird. Man benutzt ihn, um Schnee zu schmelzen und das so erhaltene Wasser aufzuwärmen.

Djee: Richtungsbefehl: »rechts«.

Dog Drop: Ort, wo man die Hilfe eines Tierarztes in Anspruch nehmen kann, wo sich die Hunde erholen können und/oder sie »ausgemustert« werden, falls erforderlich.

Dropper: Ein Hund, der während eines Stopps zurückgelassen wird, weil er entweder verletzt ist oder zu erschöpft, um das Rennen fortsetzen zu können.

Food Drop: Beutel, die mit dem Namen des *Mushers* etikettiert sind. Sie werden zu den diversen Kontrollpunkten transportiert und dort aufbewahrt. Nach dem Abgabedatum (fünfzehn Tage vor dem Start des Rennens) kann absolut nichts mehr hinzugefügt werden, weder durch den *Musher* noch durch jemand anderen.

Handler: Der *Handler* hat für den *Musher* dieselbe Bedeutung wie der Stallknecht für den Reiter. Er unterstützt ihn beim Training und bei der Versorgung der Hunde.

Jumble Ice (Packeis): Zonen im Wasser, die aus Eisschollen bestehen, die ineinander verschoben sind. Sie sind in Untiefen oder in Stromschnellen zu finden.

Musher: Der Schlittenführer. Der Begriff leitet sich von »*Mush!*« ab, einem Befehl, den die *Musher* erteilen, wie »Los!«.

Neckline (Halsleine): Eine kürzere Leine, die den Hund auf Kopfhöhe mit seinem Laufgefährten und über die Zentralleine mit den anderen Hunden verbindet.

Overflow: Wasser mit Schnee vermischt, bildet eine Art flüssigen Matsch über der Eisschicht. Dieser gefriert nicht, da er durch eine Schneeschicht geschützt ist.

Run: Renndauer zwischen zwei Stopps, umfasst im Allgemeinen eine Zeit von fünf bis zehn Stunden bei einem Langstreckenrennen, das eine durchschnittliche Länge von sechzig bis 120 Kilometer hat.

Scratcher: Jemand, der das Rennen aufgibt.

Snacker: Verteilung von Energieriegeln, »Snacks«, an die Hunde. Im Laufe eines *Runs* werden diese zwei- bis dreimal ausgegeben, also alle zwei bis drei Stunden.

Slutch: Eine Schicht Wasser mit Schnee vermischt, ergibt einen grauen Brei. Geschützt durch den Schnee, der ihn bedeckt, gefriert er nicht, erstarrt aber bei der Berührung mit Luft und stellt für jeden, der in den *Slutch* geraten ist, eine gefürchtete Falle dar.

Tracking: Gesamtheit der Mittel, die eingesetzt werden, um den Lauf der Teilnehmer in Realzeit zu verfolgen. Diese führen insbesondere ein GPS-Gerät mit sich, das ihre Position anzeigt.

Tuglines (Zugleinen): Leinen, die das Geschirr mit der Zentralleine verbinden.

Yap: Richtungsbefehl: »links«.

Das Hundegespann

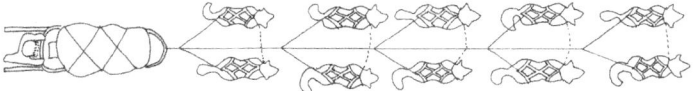

Elastisches Band

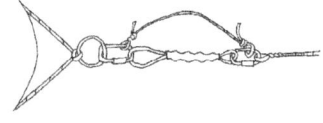

Karabinerhaken

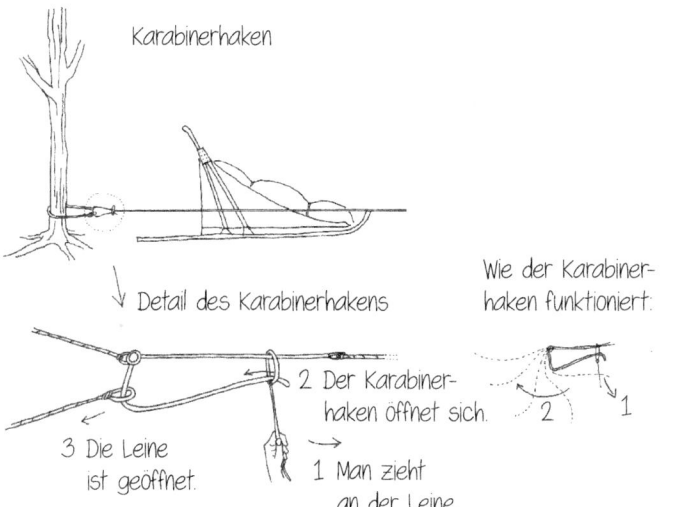

Detail des Karabinerhakens

Wie der Karabinerhaken funktioniert:

3 Die Leine ist geöffnet.

2 Der Karabinerhaken öffnet sich.

1 Man zieht an der Leine.

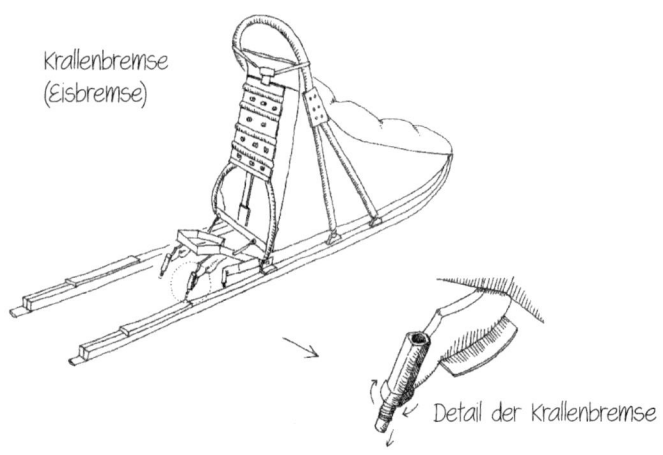

Krallenbremse
(Eisbremse)

Detail der Krallenbremse

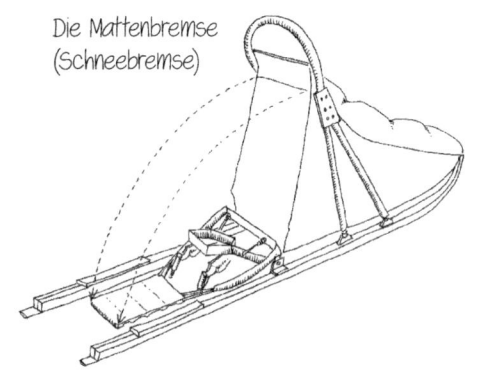

Die Mattenbremse
(Schneebremse)

Kufe

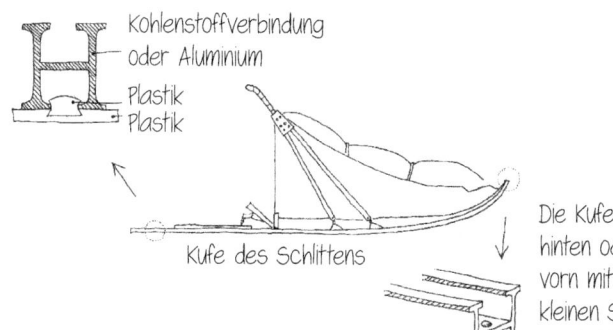

Kohlenstoffverbindung
oder Aluminium

Plastik
Plastik

Kufe des Schlittens

Die Kufe wird ganz hinten oder ganz vorn mit einem kleinen Stahlbolzen am Schlittenrahmen befestigt.

Der Schneeanker

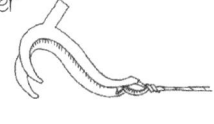

Der Schneeanker hält die Hunde zurück.

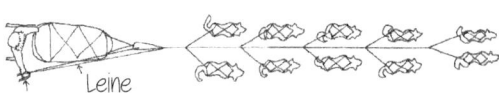

Leine

Schneeanker

Bei einer Abfahrt oder einem gefährlichen Übergang kann man, um die Hunde zum Stehen zu bringen, die Tuglines (Zugleinen) an der Zentralleine befestigen.

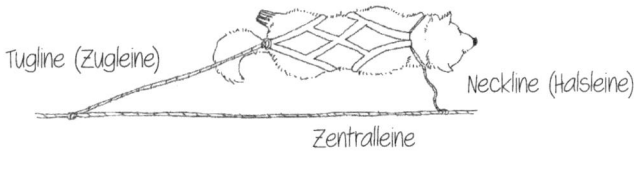

Tugline (Zugleine)

Neckline (Halsleine)

Zentralleine

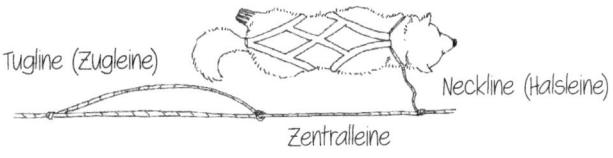

Tugline (Zugleine)

Neckline (Halsleine)

Zentralleine

Slush: Mischung aus Wasser und Eis

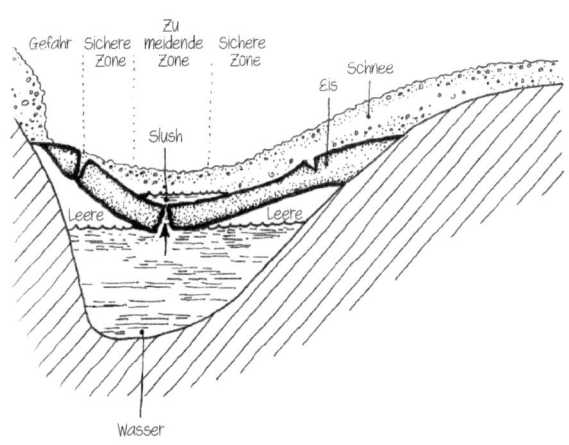

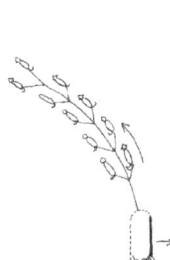

Vor einer Rechtskurve stellt sich
der Musher auf die linke Kufe,
damit der Schlitten die Kurve nicht schneidet.

Vor einer Linkskurve stellt sich
der Musher auf die rechte Kufe,
damit der Schlitten die Kurve nicht schneidet.

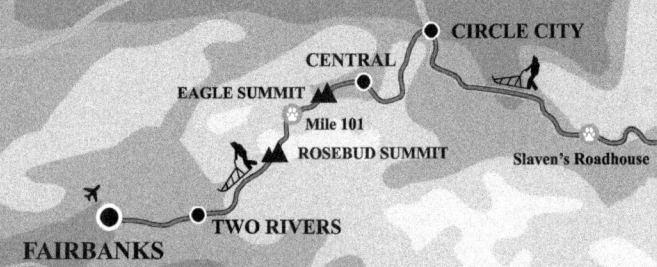

YUKON QUEST

▬▬ Piste	◉ Dog Drop	
▲▲ Gipfel	● Checkpoint	
✈ Internationaler Flughafen	⬡ Hütte	

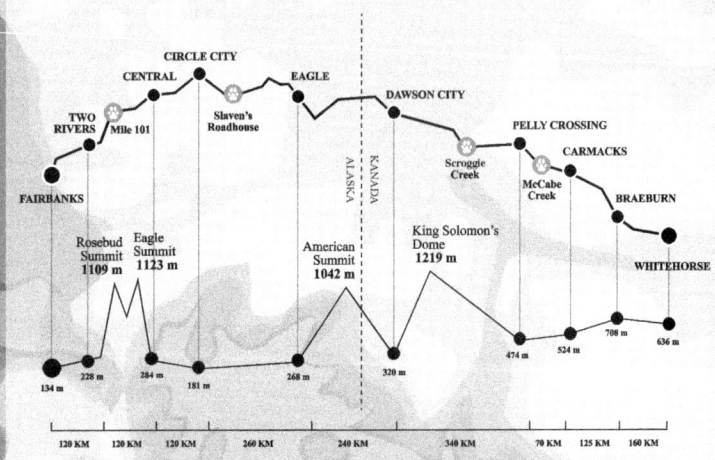

PAZIFISCHER OZEAN

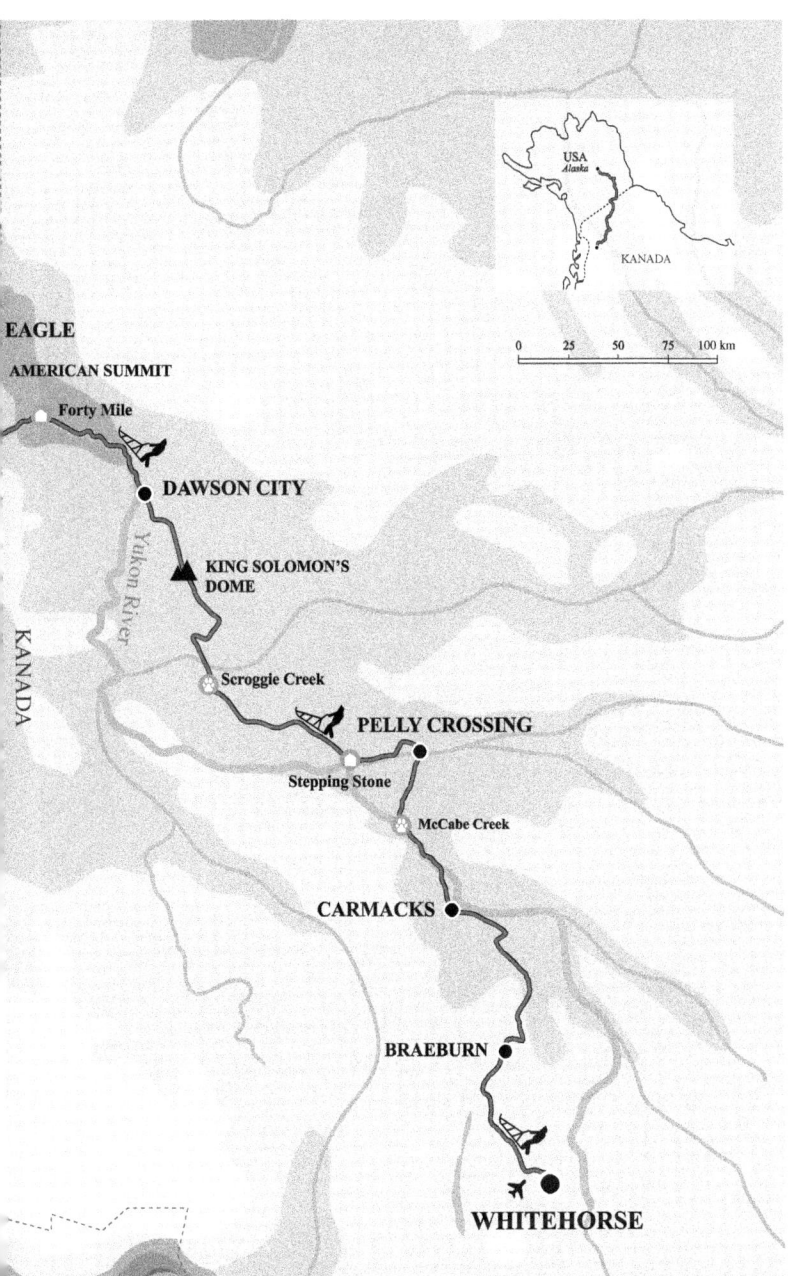

EAGLE

AMERICAN SUMMIT

Forty Mile

DAWSON CITY

KING SOLOMON'S
DOME

Scroggie Creek

PELLY CROSSING

Stepping Stone

McCabe Creek

CARMACKS

BRAEBURN

WHITEHORSE

Yukon River

KANADA

USA
Alaska

KANADA

0   25   50   75   100 km

DANK

Ich möchte all meinen Partnern danken, die mir meine Abenteuer ermöglicht haben:

- Johannes Tryba und seinen Teams für ihr Vertrauen. Tryba, mein Hauptpartner, ist ein atypisches Unternehmen, das mit Vision, Herz und Sensibilität geführt wird. Es hat sich auf das Abenteuer der Weißen Odyssee und des Yukon Quest eingelassen, denn es erkannte darin seine Wertvorstellungen wieder: Umweltschutz und Solidarität.
- Carglass, einem befreundeten Unternehmen, mit dem wir versucht haben, den ökologischen Fußabdruck zu reduzieren.
- Grand Nord Grand Large und Terres d'Aventure, meinen Freunden, mit denen zusammen wir Reisen anbieten, die sowohl dem Land als auch den Bewohnern größten Respekt entgegenbringen.
- Au Vieux Campeur, einem Team, das für mich ein langjähriger Freund und bereits seit dreißig Jahren ein zuverlässiger Partner ist.
- Royal Canin, das meinen Hunden den großartigen »Treibstoff« geliefert hat, den sie benötigten, um dieses Rennen bewältigen zu können.

- Vincent Monteux und seinem Team von Bren-Tronic für ihre höchst leistungsfähigen, wiederaufladbaren Batterien.
- Dem Unternehmen Petzl für die Lieferung der leistungsstarken Stirnlampen.
- Dem netten Team von Editions XO, angetrieben von meinen Freunden Bernard Fixot und Edith Leblond, die mich seit so vielen Jahren begleiten.

Mein persönlicher Dank gilt:

- Fabien, der sein Möglichstes getan hat, damit das Gespann auf höchstem Niveau war, sowie Pierre Michaut, Begleiter vieler Abenteuer und Betreuer meiner Facebook-Seite.
- Frank Turner für seine Unterstützung und seine Ratschläge.
- Sebastian Schnuelle und dem Team des Yukon Quest.
- Olaf Thurau, unserem Nachbarn im Yukon-Territorium, der eine große Hilfe war.
- Tony Pare, mit dem wir Hundeschlittenfahrten in der reizvollen Gegend am Fluss Peribronka, Quebec, planen.
- Jean-Philippe Pontier und Olivier Perroy, die sich um meine Meute junger Hunde gekümmert haben.
- Meinen Freunden Dominique Grandjean und Delphine Clero für ihre Ratschläge, Hilfe und Aufmunterungen.
- Françoise Vincent und ihrem Team von SCTIL, die den Transport meiner Hunde organisiert haben.
- Julien Schroder, Fotograf während des Rennens.
- Johan Demarle und Jonathan Alsberghe für ihre Bildaufnahmen und Videoaufzeichnungen.
- Eric Fievet von France Mushing.

- Diane Vanier, die seit so vielen Jahren während jeder meiner langen Abwesenheiten über »meine« Familie wacht.
- Meinen Kindern, die mir nicht gram sind, weil ich sie so häufig »verlasse«.
- Pierre Vanier, der mich während des gesamten Rennens in Gedanken begleitet hat.
- Didier Lanne, der seit so vielen Jahren »meine« Sologne hütet, wenn ich weg bin.
- Olivia Robert und Sarah Dutertre, meinen engagierten Mitarbeiterinnen.

Für Ihre Reise

Wenn Sie Lust haben, den hohen Norden und seine reizvollen wilden Landstriche zu entdecken und Ihren eigenen Hundeschlitten zu lenken, empfehle ich Ihnen Folgendes: Mein Freund Tony, seit über zwanzig Jahren als Profi-*Musher* tätig, betreut kleine Gruppen in seinem Camp am pittoresken Abschnitt des Flusses Peribronka, im Norden von Quebec, in der Nähe des Lac Saint-Jean. Nach einem Einführungstag können Sie eine mehrtägige Tour unternehmen und dabei die Seen, Flüsse und Wälder dieser wilden schönen Landstriche entdecken. Die Gespanne setzen sich aus den Nachkommen meiner Hunde zusammen: den Söhnen und Töchtern von Burka, Miwook und Quest, den Helden der Odyssee Sauvage und des Yukon Quest. Es handelt sich also um schnelle, sehr folgsame, extrem ausdauernde und durch und durch trainierte Hunde, mit denen risikolos große Etappen zurückgelegt werden können.

Für weitere Informationen empfehle ich Ihnen, im Internet die Webseite von Grand Nord Grand Large unter www.gngl.com aufzurufen oder sich schriftlich oder telefonisch an GNGL, 75, rue de Richelieu, 75002 Paris, Tel. 00 33–1/40 46 05 14, zu wenden.